国家自然科学基金项目（41001095）
国家社会科学基金项目（12CSH082）
国家自然科学基金重点项目（41430635）
江苏高校优势学科建设工程资助项目（PAPD）

多族裔聚居郊区

北美城市的新型少数族裔社区

李唯 著

徐昀 李唯 译

2017年·北京

Written by
Li Wei
Ethnoburb
The New Ethnic Community in Urban America
© 2009 University of Hawai'i Press
(根据夏威夷大学出版社 2009 年版译出)

谨以此书纪念我已故的至爱双亲李麟谟和陈璨夫妇，他们无私奉献的精神和对我无尽的关爱，我将永远铭记心中。

此外，我也将此书献给所有爱我和我爱的至亲好友以及生我养我的祖国和我的第二故乡。

序

周　敏

我衷心地祝贺李唯教授的新作《多族裔聚居郊区：北美城市的新型少数族裔社区》中译本的问世。本书立论新颖，结构严谨，资料翔实，文笔顺畅。书中所提出的"多族裔聚居郊区"（ethnoburb）的概念是李唯教授首创，已被亚太地区、北美和欧洲学界及大众媒体认可并广泛引用。本书将丰富的实证数据和访谈内容与令人信服的学术论证方法相结合，实为一本颇有学术价值的学术专著。同时，本书的论述深入浅出、言简意赅，对非专业的读者来说，也不啻为一本饶有兴趣和增长知识的读物。

对于美国的少数族裔社区和移民社区的发展，传统的美国主流学者早有定论，一般认为这些社区因其特定的地理位置（中心城市）和人口构成（社会经济地位低下的少数族裔）而最终会演变成都市贫民窟。国际移民抵达美国以后，通常因语言、文化的障碍而不得不在都市移民社区落脚，一旦站稳脚跟，有了一定的经济能力以后，便会向更好的都市市区甚至郊区迁移。而"郊区化"（suburbanization）通常被描述成白人中产阶级以及其他少数族裔实现"美国梦"的结果。20世纪80年代以来，随着全球化程度的日益加深，加上美国和加拿大移民政策的改变，越来越多的投资移民和技术移民迁入北美，导致了传统定义的少数族裔聚居区出现了根本性的变化。李唯教授在其1997年的博士论文中对这种新的社会现象最早提出了"多族裔聚居郊区"的概念。与传统的定论不同，"多族裔聚居郊区"具有如下显著的特征：移民的社会经济背景和职业构成多元，与传统的白人中产阶级的郊区社区差别不大；但同时又具有自身族裔的经济、文化和语言的特点，是北美当前郊区化进程中的重要组成部分。本书不仅对这一"多族裔聚居郊区"新现象进行了详尽的描述和分析，还对与之相对应的移民社会的建造和城市管理政策提出了相关的建议。

本书论述的内容是当今国际人口地理学和国际移民研究学发展的一个前沿领域和热点。美国和加拿大作为太平洋沿岸的主要移民接收国，对于国际移民的接收和管理政策较为完善，积累了相当丰富的经验。这些理论和经验教训，一方面，对于中国目前快速增长的省际和区域性人口流动和规模较大的城乡人口迁移的状况，具有一定的借鉴价值，也有一定的政策性考量的参考意义；另一方面，随着全球化进程的加深和自身国力的增强，中国不仅向外输出资本和人口，也正逐渐成为国际移民的迁入地。与之相对应的国际移民政策、城市社区管理、中国人与外国人的族群关系等社会问题，都将很快成为学术研究和政府公共政策的热点课题。有鉴于此，本书的观点不但具有学术价值，对上述政策性的课题和解决方案的形成也具有一定的前瞻性的启迪。对于这方面的研究，目前中文的学术著作屈指可数。因此本书的面世，应可视为填补了国际移民研究中文出版物的空白。

我认识李唯教授已经 15 年有余，见证了她从助理教授到副教授、而后升任为正教授的学术发展历程。我们在学术界是志趣相投的学者，在生活中也有着作为移民和"他者"（the other）的相似的个人经历，彼此经常互相切磋、互相勉励、互相支持。我对本书的出版感到由衷的高兴，也衷心地期望她在未来的学术生涯中百尺竿头，取得更为丰硕的成果！

目　录

序

鸣谢

引言

第一部分　**多族裔郊区探讨** …………………………………… 1
　第一章　种族和空间 …………………………………………… 3
　第二章　多族裔聚居郊区：非传统少数族裔集中区 …… 27

第二部分　**洛杉矶华人多族裔聚居郊区** ………………… 55
　第三章　华人居住形式变迁 ………………………………… 57
　第四章　建设多族裔聚居郊区 ……………………………… 90
　第五章　从族群服务中心到全球经济前哨 …………… 117
　第六章　多族裔聚居郊区剖析 …………………………… 143
　第七章　多族裔聚居郊区华人众生相 …………………… 184

第三部分　**北美多族裔聚居郊区** ………………………… 207
　第八章　多族裔聚居郊区的机遇与挑战 ……………… 209
　主题词对照表 ………………………………………………… 227
　参考文献 ……………………………………………………… 238
　中文版后记 …………………………………………………… 249
　译后记 ………………………………………………………… 251

鸣　　谢

　　如果没有洛杉矶的华人社区的参与和支持,我根本无法完成这项研究。我由衷地感谢华人社区对我的帮助,它在空间的变迁触发了我写这本书的灵感,它的友情让研究过程充满喜悦。我要感谢所有受访者与我拨冗长谈,并分享他们个人的经历。我要特别感谢赵美心、苏何玉琳和威尔伯·温(Wilbur Woo),他们不仅提供了重要信息,而且成为我与华人社区之间的桥梁。远东国民银行的创办人亨利·黄(Henry Hwang)在1999年面临职业生涯中至关重要的时刻和我有过一次深入访谈,他为我提供了关键性且富有洞察力的观点和看法。他不幸于2005年去世,我希望这本书的问世可以告慰他的在天之灵。许多当地华人和亚裔美国人组织和机构通过各种渠道给我以帮助。亚洲系统媒体公司总经理吴(T. C. Wu)和杰森楚(Jason Chu)无偿提供了20世纪90年代南加州华人公司的相关数据。大华超市公司广告和推广部副经理乔斯·楚(Joss Chu)提供了该公司建立和发展的重要信息。在我任亚美经济发展公司志愿者的数年间,公司前任执行董事长菲利普·波登(Phillip Borden)博士和前任项目发展部经理墨西·墨菲

（Mercy Murphy）为我提供了很多与中国城和圣盖博谷华人社区成员们一起工作的机会。

本书的完成也离不开很多机构和个人的帮助。我在南加州大学做博士生以及随后做访问学者的时光极为愉快。我的导师玲妮佛·沃尔科（Jennifer Wolch）对我恩重如山，她开阔了我的学术视野，指引了我的研究方向，给我很多研究建议和学术灵感。她不仅仅是我的学术导师，更是我的为人楷模和良师益友，无论我遇到个人问题或职业挑战，她总会予以支持、鼓励。我自托马斯·贾布隆斯基（Thomas Jablonsky）处受益良多，他在蒙特利公园和坦佩市居住二十余年的经历使他亲眼目睹了圣盖博谷社区的重大种族变迁。他带领我考察这些地区，他的洞见和建议对我思考多族裔聚居郊区的形成颇为重要。我要由衷地感谢爱德华·帕克（Edward Park），他为我提供了亚裔美国人研究的社会学视角；劳拉·普利（Laura Pulido）对种族与种族关系批判性的观点对我理解美国种族关系历程至关重要。我还要感谢南加州大学地理系的米歇尔·笛尔（Michael Dear）和柯蒂斯·罗斯曼（Curtis Roseman），他们帮助我夯实理论基础并完善研究设计。还有很多南加州大学的同仁为我的研究提供了各种各样的帮助：城市规划与发展学院杜维尔·梅尔斯（Dowell Myers）和辛西亚·克劳福德（Cynthia Crawford）在 SAS 编程中提供了关键技术指导，发展研究部的劳拉·李·秦（Laura Lee-Chin）帮助我编辑修改了初稿，并以华裔美国人兼朋友的身份为我提供很多重要的修改建议。

康涅狄格大学富有远见地成立了跨学科的研究机构——亚

美研究所,并为我提供了在美国的第一份预备终身教职职位,也因此使我有幸成为美国第一个亚美研究和地理学两专业合聘的助理教授。康涅狄格大学校长办公室、研究基金会和人文与科学学院院长基金的共同资助使我的研究得以拓展。地理系主任迪恩·汉尼克(Dean Hanink)和亚美研究所主任罗杰·巴克利(Roger Buckley)为我提供了研究指导和支持。我的研究助理保罗·弗纳尔德(Paul Fernald)提供了出色的帮助,利用他的统计和地理信息系统的专长重绘全部原始图件并绘制了人口中心移动图。我的本科生助理凯伦晃(Karen Hoang)、丹尼尔·赖特(Daniel Wright)和李喆如成功地承担并完成了访谈录音的整理与其他繁复的工作。洛斯-桑托斯(Fe Delos—Santos)和珍妮斯·劳·特雷克(Janice Law Trecker)阅读并编辑了本书的初稿。我衷心地感激地理系的同事们在精神和学术上为我提供支持;感射亚美研究所的周夏茵和洛斯-桑托斯、大学联络部的埃里森·汤普森(Allison Thompson)(现在斯坦福大学任职)以及我的好朋友。特别要感谢地理系的罗斯·卡波西(Rose Kaposi)和亚美研究所的安妮·特里奥特(Anne Theriault)为我分担烦冗的文案工作并提供了行政支持。现在在德安扎学院工作的周夏茵和我相识于1997年,既是同事也是私交甚笃的好友。还记得那个阳光明媚的旧金山八月午后我和她在博德书店共度的数小时时光,共同修改润色本书的的最后章节。我从她那儿领略了很多她的切身感受,因为她是华裔南加州人,从小在哈仙达岗和拉蓬特长大,她的家族见证了圣盖博谷的变迁。

我的研究在我加入亚利桑那州立大学后得以继续，亚美研究系的前主任托马斯·中山（Thomas Nakayama）和梁春兰以及地理科学学院前主任李察德·阿斯皮诺尔（Richard Aspinall）都给予我的研究以帮助和指导。我的同事卡罗尔·卡儒斯（Carol Caruss）、梅林达 L. de·耶稣（Melinda L. de Jesus）（她现在在加州艺术学院任教，参予编辑了本书的部分章节）、凯伦郭（Karen Kuo）、约翰·罗萨（John Rosa）和饶依森·卢比奥（Roisan Rubio）共同见证了我从助理教授成长为终身副教授的历程。我还得益于罗克·安希琳（Luc Anselin）领导下亚利桑那州立大学地理学院的发展使我得以兼任该院教职，并受惠于全体同事。尤其要感谢巴巴拉·踹皮都-劳瑞（Barbara Trapido-Lurie），她高质量并准时重新绘制了本书的所有图件，更新了图件的数据，与她的合作令人愉悦。在此还要感谢我的研究助手阮庆（Hanh Nguyen）、王丹、王可迪、曾维、钟玮和周芸在本书最终成稿过程中做出的贡献。

南加州大学地理系、加州大学伯克利分校族裔研究系和洛约拉玛利曼大学亚美研究系为此项研究分别在1998年和1999年暑期、2000年和2001年春夏学期提供了支持。由衷地感谢洛约拉玛利曼大学的爱德华·帕克（Edward Park），加州大学伯克利分校的王灵智、潘威驰（Weichi Poon）和布丽吉德·童（Brigid Tung），南加州大学的道格拉斯·谢尔曼（Douglas Sherman）、约翰·威尔逊（John Wilson）以及比利·捎特楼（Billy Shotlow）。

我亦受益于少数族裔银行研究项目的同仁，尤其是项目负责人加州大学河滨分校的加里·戴姆斯科（Gary Dymski），来自韩国的安贤孝和张杓港（Jang-Pyo Hong），加州州立大学圣博那迪诺分校的卡洛琳·阿尔达纳（Carolyn Aldana），弗吉尼亚大学的徐惠玲和瓦瑟学院的周宇。该项目研究少数族裔拥有的银行在南加州地区社会经济发展中所起的作用，其中一个子课题由美国国家科学基金赞助（SES－00747754）用于研究美国当地华资银行及来自大中华圈的外资银行在洛杉矶的形成与发展，尤其是它们如何改变圣盖博谷地区的商业结构和居住景观。本书中有关华资银行的讨论部分源于该项目。

诸多对移民及移民整合有兴趣的美国学者或国际学者的研究也给了我很多启发和灵感。我要特别感谢美国学者杰姆斯·艾伦（James Allen）、托马斯·鲍斯威尔（Thomas Boswell）、范芝芬、苏姗·哈德维克（Susan Hardwick）、胡其瑜、戴维·卡普兰（David Kaplan）、马润潮、珍妮斯·蒙克（Janice Monk）、加里·俄魁黑尔（Gary Okihiro）、卡比拉·潘（Kavita Pandit）、克里斯托弗·史密斯（Christopher Smith）和洛伊丝·高桥（Lois Takahashi）；加拿大学者母尼尔·希伯特（Daniel Hiebert）、奥德丽·小林（Audrey Kobayashi）、何戴维（David Ley）、李胜生、卢佩珍、瓦莱丽·普雷斯顿（Valerie Preston）和卡洛斯·特谢拉（Carlos Teixeira）；澳大利亚学者凯文·邓恩（Kevin Dunn）；新西兰学者李察·贝德福德（Richard Bedford）和何式怡；英国学者简·波拉德（Jane Pollard）；中国学者和我北大的硕士生导师张景哲教授

（已于 2011 年 8 月 25 日仙逝）。我和这些学者一直保持着亦师亦友的良好关系。

作为一名移民学者和华人，我还要感谢一群与我经历类似的在美国、加拿大华人学者们。我们具有共同的背景和相似的工作经历，分享和探讨所感兴趣的全球化、跨国主义、移民以及发展中的中国等研究主题。他们中间有些人亦长期在南加州居住。令狐萍、刘海铭、王清芳、王露、王作跃、杨凤岗、杨飞（又名杨群生）、尹晓煌、郑达、赵小建、周敏和宗力，谢谢你们的友情，感谢机缘眷顾让我从你们身上学到许多许多。

夏威夷大学出版社编辑池田昌子（Masako Ikeda）意识到多族裔聚居郊区现象对美国城市景观的潜在但重要的作用，因此她对我的论述相当认同。她的编辑远见对本书帮助极大，我们愉快的合作关系始于我主编的题为《从城市贫民窟到多族裔郊区：环太平洋国家的新亚洲移民社区》一书。我还受益于本书的两位审稿人以及夏威夷大学出版社总编辑克瑞·邓恩（Cheri Dunn）。玛格丽特·布莱克（Margaret Black）不仅在校阅书稿上做了大量卓有成效的工作，还与我分享了她对移民及其住区的看法。

最后我要深深地感谢我中国式的大家庭，尤其是我至亲至爱的已逝父母双亲。我出身书香世家，曾祖父与其亲家两兄弟是通过晚清科举考试的同榜进士，曾祖父在光绪年间还被任命为当时最高学府的翰林院学士。我的父亲是教授，母亲是行政官员，他俩分别任职于北京最好的两座高等学府；父母辈的亲戚大多也是教授或是高中老师。我已过世的大姨在 20 世纪 30

年代大学毕业并将毕生献给了高中英语教学事业,在那个年代能够完成高等学业的女性凤毛麟角。当我还是个小女孩的时候她就开始教我英语,可惜好景不长被文化大革命打断。在我十四岁母亲去世后的日子里,家族中的姨妈姨父、姑妈姑父、伯父伯母、表叔表婶、堂表兄姐、侄子侄女千方百计各尽所能地帮助我。我还记得儿时眼中的父母常常阅读、写作至深夜,他们的不懈努力和无私奉献将我引向学术研究之路。尽管我很难清晰地记起母亲的脸庞,但她留给我的印象仍然是睿智、独立和富有爱心的母亲形象。她文革期间惨遭迫害,四十六岁罹患肝癌撒手人寰。母亲过世后父亲矢志不再续弦并独自将我抚养成人。父亲与我而言既是良师益友,更是关爱我的慈父。当我1988年赴美后他就独自生活,从未让我担心过他的生活起居,还不断地鼓励我追求自己的梦想并完成学业。在他过世前一年,他看到梦想得以实现,我成为整个家族中的第一个博士。尽管我的双亲永远也不能手捧着我的著作哪怕是读一页也好,但我始终相信他们在天堂微笑着看着他们的女儿并为我的所作所为而骄傲,因为这是他们生前对我的期盼。我父母对工作、对社会无私奉献的精神始终是我生命中的重要榜样,它指引着我努力工作并尊重他人、尊重其他文化。因此我以此书献给二老、献给所有爱我的和我爱的至亲好友,还有生我养我的祖国和我的第二故乡——美利坚合众国。我真诚地祝愿本书能够为加强各族裔和各文化间的沟通和理解尽绵薄之力!

引　言

本书主要介绍北美地区出现的一种新型族裔景观和当代城市族裔社区的新模型即多族裔聚居郊区。多族裔聚居郊区的出现受到国际地缘政治和全球经济结构转型、国家的移民和贸易政策改变、本地人口、经济和政治背景以及跨国网络和联系的多重影响。多族裔聚居郊区是大都市郊区少数族裔住宅区和商业区在空间的聚集，人口结构上往往是其中某一少数族裔比例较高但并不一定构成人口多数。该类型郊区既具有"民族飞地"的某些特点，但同时又缺乏任何特定传统少数族裔社区的特征。多族裔聚居郊区在当今美国社会中与传统族裔聚居区和城市飞地并存。

受文化地理、人口学、种族研究和社会学等传统理论框架影响的族裔地理学试图解释移民如何在社会和空间整合的过程中融入美国主流社会。目前研究更加注重了解种族的社会化形成和种族化动态、少数族裔社区的社会空间结构、族裔经济和全球化进程在少数族裔社区发展中所起的作用以及移民的跨国联系。受后现代思想影响的新文化地理学重新关注在当代多元文化社会中被西方社会所排斥和经常被列为"另类"的族群——妇女和少数民族的研究。基于这一新的研究视角对洛杉矶华人社区的地理认知是本书的核心内容。

作为美国种族最多元化的地区之一的洛杉矶县（Allen and Turner，1989，1996，2002）不但是全美人口最多的县，同时也是华人比例最高的县。与很多其他美国城市类似，洛杉矶的华人历史上集中居住于市中心的"中国城"，其历史可以追溯到19世纪。当代洛杉矶的中国城依然是一个拥挤喧闹的集中着大量特色商业的社区和旅游胜地，该地区大部分华人居民由老一代讲粤语的华人和来自东南亚的新移民组成，其中大多数人较为贫穷并仅接受有限的正规教育。

自20世纪60年代许多洛杉矶华人已迁离毗邻市中心的中国城，到郊区去寻找条件更好的房屋、社区和学校，这些华人选择分散居住并希望以此融入美国主流社会。与此同时一种新趋势出现，即很多具有高学历、高收入、具有专业技能的新移民直接选择到郊区安家而没有在市中心中国城生活过的经历。这与以前历代移民（包括华人）大为不同，早期移民通常首先落户市中心，之后随着个人社会经济地位的提升才搬移至郊区。这种由20世纪20年代芝加哥学派所阐述的传统模式（见Park and Miller，1921）一直被广泛接受并在大多数美国人头脑中根深蒂固。但是随着新一代移民的涌入在郊区出现了另外一种具备完整的经济活动、社会机构和文化生活的华人社区形式。1990年在圣盖博谷就有超过158 000名华人，使其成为全美最大的华人郊区聚居区。[1]

就空间尺度论，圣盖博谷的华人聚居区远远超过中国城模型，它所涵盖的区域包括城市、人口普查指定区（CDP）和其他无行政建制的地区。华人新移民来自台湾、中国大陆、东南亚、香港和世界其他地方，人口来源复杂，教育、职业和经济地位两极分化，很多人讲国语。该地华人居民积极参与地方经济、政治和社会生活，从而导致华人住宅区和商业区的快速增长。

过去几十年在洛杉矶郊区的华人社区的出现引发了众多学者、媒体和公众的兴趣，顶优方（Timonthy Fong）的《郊区第一华埠》（1994年）跟踪研究了蒙特利公园市不断变化的人口和经济结构；约翰·霍顿（John Horton）在其《多样性政治》一书中（1995年，该书部分基于加州大学洛杉矶分校蒙特利公园研究项目）追踪了该地区的政治变化；斋藤利兰（Leland Saito）《种族与政治》（1998年）讨论了社区变化导致的国会选区重划过程中种族政治代表性与跨种族联盟的建立。其他来自不同学科的学术期刊文章和学位论文也揭示出对这一地区浓厚的学术兴趣。[2] 主流媒体，包括洛杉矶时报和福布斯杂志，曾对这一主题进行了大篇幅报道。[3]

过去的研究为圣盖博谷华人社区提供了大量有价值的信息和见解，但仍存在些许不足。一些研究称这一地区为"郊区中国城"，意味着这种新的多族裔聚居区是传统民族飞地在城市不同区位（即美国郊区）的延续[4]。"中国城"在美国人的想象中唤起的印象是城市中心社会经济条件不佳的华人拥挤飞地和特色民族商业区，该地区集聚大量的服装店、餐馆和商店或是具有浓郁异国情调的东方风味的旅游区。虽然一些学者和媒体已经逐渐接受"郊区中国城"这一概念，笔者则认为这一定义很不准确，因为圣盖博谷华人社区并不具有传统中国城的典型特点。市郊华人社区许多社区领导人和活跃人士都持有与笔者相同的观点，他们认为将蒙特利公园定义为"郊区中国城"并不恰当甚至是误导。[5] 若要对圣盖博谷这样的地区做出准确的定义显然需要更多相关研究加以支撑，其中包括郊区的新民族定居点性质和发展轨迹的深化研究。随着人们对跨太平洋沿岸地区亚裔郊区化的认知的日益深入，[6] 现在是反省全美第一个大型郊区华人社区形成发展进程的最佳时机。笔者在本书中试图阐述相关论题，特别是在 20 世纪后半叶圣盖博谷变成多族裔郊区的驱动力和整个过程。此项研究意义重大，因为人口普查数据显示在 21 世纪美国少数民族（包括移民在内）越来越多地将美国城市郊区视其为家园。很明显传统市中心少数民族聚居区和多民族郊区均已成为新一代移民的入口（Singer，Hardwick and Brettell，2008）。

基于圣盖博谷华人的经历，笔者提出一种少数族裔居住形态的新模型——多族裔聚居郊区[7]。美国移民模式和族裔社区的形成与社会、经济及政治环境密切相关，而多族裔聚居郊区的形成可能更清楚地表明其是如何受到国际、国内和地方各层面因素的综合影响。作为一种城市少数族裔居住类型，多族裔聚居郊区的建立是经济全球化、国际国内政治斗争和美国主要移民政策转变与地方条件之间相互作用的结果。

在本书中笔者梳理了大量有关全球经济结构转变、地缘政治变化与美国移民和社会政策的相关文献以及上述议题与城市种族的社会化形成、族裔社区和民族经济关系的文献，以此全面了解当代城市少数族裔和移民社区的复杂性以及他们在全球经济和美国社会中的地位和作用。正是基于多元视角的研究，多族裔聚居郊区模型可以为种族和族裔的理论解释框架提供空间维度的视角，并有助于我们加深对种族化过程的了解。正如与源于同化理论的传统的"入侵-继承"与"上城-下城"模式一样，多族裔聚居郊区模型的归纳也源自于新近出现的相关理论，它可成为当代种族/民族研究的一种空间表达。

传统少数族裔聚居区以及飞地在欧美主流社会中仅扮演边缘性角色，往往被视为来自受排斥和被忽略的底层群体的亚类，上述地区必须要解决自己关切的问题。由于地区、国家和全球的状况已发生根本性的转变，基于孤立社区角度所归纳出的贫民窟和民族飞地传统空间模式很难充分解释当代族裔社区与不同空间层级因素间的动态联系，而多族裔聚居郊区已经成为当今美国城市中现实存在的一部分。他们为少数族裔民众提供了抗拒被彻底同化进入美国社会和被非西语裔白人文化社会"规训"的机会，更为重要的是多族裔聚居郊区模型挑战白人中心论的主流观点——同化无可避免而且是移民和其他少数种族/族裔群体在美国居住的最理想解决方案。通过保持各自的多面的身份认同和建立独特社区，多族裔聚居郊区居民仍然可以通过经济活动、政治参与和社区生活融入美国主流社会，同时这样的过程也是相互的，这些少数族裔群体在改变自身的同时也改变着当今美国社会。

在本书中，笔者尝试以下几方面的工作：

(1) 详尽阐述郊区少数族裔定居点的新模型"多族裔聚居郊区"的形成机制,解释其形成是在复杂的大都市地区影响下族裔社区的形成和生长、特定地区的种族化过程以及种族空间化的当代全球/国家/地方的多层级因素作用下的结果;

(2) 通过对大洛杉矶华人社区的空间转型过程的实证分析(从市中心华埠到圣盖博谷多族裔聚居郊区),归纳多族裔聚居郊区模型;

(3) 从经济结构和居民的社会经济特点等角度,评估多族裔聚居郊区作为全球经济前哨站和作为复杂的城市族裔空间隔离中所扮演的角色;

(4) 寻找华人多族裔聚居郊区和广泛存在的"中国城"之间的主要差异;

(5) 探寻其他主要北美城市类似的多族裔聚居郊区。

本研究采用实证的方法,通过综合分析多族裔聚居郊区模型,以人口普查区为基本空间分析单元,结合研究区的人口分布趋势数据和时间序列的企业空间分布数据,探寻居民住宅和民族经济扩张之间的内在联系。而后进一步分析案例区域人口普查微观数据揭示多族裔聚居郊区的社会空间结构及其在更为广泛的社会经济中扮演的角色,最后定性分析多族裔聚居郊区的发展路径,以此展示多族裔聚居郊区形成过程中起主导作用的人物、政治斗争和种族化进程的整个图景。

结合二手数据和现有文献的文本分析,作者详细揭示了结构因素、制度条件以及关键人物在圣盖博谷多族裔聚居郊区的形成发展中的作用。多族裔聚居郊区的形成是一个复杂的过程,包括结构因素如全球地缘政治和经济结构调整、美国移民和贸易政策改变,制度因素如地方政府和机构法规和政策,以及关键代理人和行动者的活动,上述分析试图解释圣盖博谷多族裔聚居郊区如何发生、形成以及为何坐落在其特定位置。本书的文本分析还包括全球经济如何转型以及在多大程度上改变移民母国与美国之间的关系,移民母国持续提供大量投资移民和劳动者,此外笔者还着重分析了移民涌入和重要全球地缘政治事件的相关性,美国移民政策的改变如何导致大规模移民潮;以及地方经济转型、人口特征和政治变化如何使多族裔聚居郊区更有可能在某些特定地点出现。关键人物的组织和倡议(包括当地官员、企业家、房地产发展商等等)如何有助于多族裔聚居郊区的形成。多层次综合分析揭示了不同层级因素相互组合的作用结果,使多族裔聚居郊区的形成成为现实。

全面比较多族裔聚居郊区和市中心中国城在空间、人口和经济结构方面的差异。笔者采用人口普查数据空间分析揭示华人人口分布变化,并研究华人企业的空间变化与居民住宅之间的内在关联,华人住宅与企业分布数据能够揭示在美国洛杉矶华人社区时空变化的内涵。收集和绘制洛杉矶县以人口普查区为空间单元的人口普查数据(1980、1990和2000)和当地华人企业数据(1982、1996和2001),回溯洛杉矶华人社区的演变过程。地图将随时间演变的多族裔聚居郊区、中国城中的华人住宅区、商业区以及华人人口的空间分布演化过程直观化,显示住宅与商业区位之间存在广泛联系,例如上述地图能够显示出哪些类型的民族经济活动位于华人住宅区内,哪些与华人住宅密度不相关。由此产生的结果能让研究者比较这两个地方民族经济结构的不同性质,并显示各自民族经济差异是如何连结到全球经济网络中,以此还能衡量出华人民族经济为地方经济的创收和就业做出贡献的大小。

多族裔聚居郊区模型背后形成机制不同于传统的城市中心"中国城",因此表现出独特空间形态和内部社会经济结构。笔者通过分析1990年人口普查微观数据样本(PUMS)比较了圣盖博谷多族裔聚居郊区和洛杉矶市中心"中国城"的人口、社会经济和职业差异。该部分的分析同时显示出两地华人之间的异同并揭示多族裔聚居郊区内居民社会经济两极分化程度更高——既有富裕受教育程度良好的专业人士和企业家,也存在低教育程度低技能劳动者,这与传统"中国城"相比,多族裔聚居郊区的复杂性和非均质性程度更高。

为进一步分析关键机构/人物在洛杉矶华人社区空间转型中承担的角色,评估多族裔聚居郊区形成的制度障碍和种族因素,笔者还与民选官员、公司和社区领导人以及华人银行高管进行深度访谈(华人银行高管访谈是少数族裔银行研究项目的一部分)。

笔者还采用定性研究方法,诸如通过志愿服务参与观察社区活动,尽管此类研究法有其固有缺陷(例如表述、利益关系),笔者仍具有田野调查的优势:首先本人是华人,能讲一口流利国语;此外笔者在中国出生长大并经历了中国历史变化的关键时刻,认同中华文化规范和价值观。一方面作为第一代的成人移民,笔者与众多多族裔聚居郊区华人共同分享相似的生活体验，一些访谈还反映出笔者个人的知识体验并凸显出作为同文同种局内人的角色。此外，笔者还在洛杉矶地区建立了广泛的社会联系并直接参与当地的社会生活。这些优势无疑能帮助与访谈对象建立起良好关系并赢得受访者（尤其是那些讲国语者）的信任；另一方面，笔者作为一名学者受到严谨规范的学术训练，使我能以"局外人"的视角多角度地进行研究。"局内人"与"局外人"角色的从容变换，使笔者在研究过程中获益匪浅，它让笔者既能从被访者的角度理解思考同时也使笔者得以将这种定性的印象与其他来源的数据从客观的角度加以综合分析。

全书共八章，围绕三个中心议题展开：第一部分介绍多族裔聚居郊区模型及其背景。结合族裔关系、移民与融合的理论，笔者介绍概念并比较新形式的多族裔聚居郊区与传统少数族裔聚居区以及飞地之间的差异。第二部分以洛杉矶的华人多族裔聚居郊区为实证案例，着重研究不断变化的华人聚居区空间动态过程，多族裔聚居郊区的形成和空间表现，人口社会经济特征及族裔商业模式等方面与市中心民族飞地的主要区别。第三部分探讨洛杉矶多族裔聚居郊区的未来，审视北美其他主要大城市中类似的多族裔聚居郊区和多族裔聚居郊区的出现所产生的机遇与挑战。

注　释

1. 根据美国人口普查局1990年人口和住房普查STF1a数据计算得出。
2. 见Fong，1996年列出的80年代源自加州大学洛杉矶分校"蒙特利公园项目"资助的所有出版物清单。关于圣盖博谷华人社区其他学术著作还包括 Fong，1994；Tseng，1994a、1994b、1995；M. Zhou，1998、2003、2008；Y. Zhou，1996a、1996b、1998a、1998b。
3. 20 世纪 80 年代至 90 年代部分新闻媒体报道的相关报道，请参见 Arax，1987；Deng，1995；Hamilton，1997；Klein，1997；Kotlin，1991；Schoenberger，1993；和 Tanzer，1985。
4. 见 Arax，1987；Fong，1994；和 Lai，1988。
5. 作者访谈：赵美心，1995、苏何玉琳，1995。
6. 见 W. Li，2006。本书第 2 章以该书导言部分为基础。
7. W. Li，1997；同时见 Li，1998a、1998b、1998c、1999；和 Li et al.，2002。

  本书第三至六章部分以上述发表文章为基础。感谢这些期刊授权准许在本书使用有关材料：包括 Li，1998b《城市地理学》19（6）：502～517（版权所有 Bellwether Publishing，Ltd.，8640 Guilford Road，Suite 200，Columbia，MD 21046）；Li，1999，1～28 页在获得《亚裔美国人研究》期刊的许可下修订了部分内容；Li et al.，2002 修改发表的权限从《美国地理学会会刊》，94（2）：777～796 获取，http://www.informaworld.com。

第一部分
多族裔郊区探讨

第一章　种族和空间

美国很大程度上是一个由世界各地移民和其后裔组成的国家，因此种族和族裔研究在美国有着悠久的历史。众多社会科学领域的学者，尤其是社会学家和人类学家对不同种族群体进行大量的实证分析，创立了各种种族和族裔理论。与其相比，种族和族裔地理研究起步较晚，20世纪70年代地理学研究者才开始关注"少数群体地理"的研究，20世纪80年代至90年代种族地理研究通过吸收社会理论、转变研究重点、拓展研究方法经历了重大转变，到90年代族裔地理、种族和种族主义领域的地理研究逐渐成熟。传统种族地理试图解释移民如何通过社会和空间的整合融入美国主流社会，最近的评论则主张研究要对种族的社会化形成、种族化动态过程、少数族裔社区的社会空间结构以及族裔经济在少数族裔社区发展中所起的作用等方面更加注重。

一、美国社会的种族和民族

大量现有的经典理论主要探讨在美国主流社会中少数族裔群体与"主导群体"之间的关系,其中大体上分为两个不同学派:文化适应/同化学派与种族多元化学派。

(一) 传统学派

19、20世纪大规模移民涌入美国,公众和学术界普遍强调移民的文化适应与同化。当时的移民往往因受教育程度低、缺乏英语语言技能,被期望能逐渐通过提高经济地位而融入美国社会。有一个比喻是将美国社会视为"大熔炉"——在这个大熔炉中所有不同族裔群体均被纳入盎格鲁美国人的规范体系中。"盎格鲁整合"要求移民完全放弃祖先文化并以符合盎格鲁撒克逊行为和核心价值体系为行为准则。"大熔炉"模型描绘出一种盎格鲁-撒克逊人与其他移民群体相结合,各自文化混合形成一种美国本土类型的美好前景(Gordon,1964,85页)。每个移民群体都将历经"种族关系周期"的不同阶段,即"接触、竞争、适应与最终同化",最终融入美国主流社会,这一周期被视为"是累进的和不可逆转的过程"(Park,1950,150页)。

简言之,"文化适应与同化"模型认为不同族裔群体逐步融入东道国社会的同时也失去了他们的独特身份认同。观念与行为改变、文化转变、移民团体结构变化以及异族通婚，最终使得移民群体与东道国的社会价值和权力冲突逐渐消融，唯一剩下的种族遗迹可能就是甘（Gan，1979）称之为的"象征性族裔认同"，甘认为尽管种族性可能会持续数代，但它只具有象征意义而无实质性的社会或心理内容。

20世纪初芝加哥社会学派首次提出"同化模型"，20世纪60年代中期戈登（Gordon）进一步发展完善，它是移民群体与美国社会整合研究中最常用到的概念，学术研究中往往使用各种不同指标进行衡量并对其密切监测。1964年戈登将同化模型又细分为以下几个阶段：文化或行为适应、结构化、婚姻融合、认同、态度行为接纳与公民同化（Gordon，1964，71页）。

20世纪60年代受全球独立运动和美国民权运动的影响，美国学术界和大众媒体开始重视"种族多元主义"而非一味强调文化适应与同化。"种族多元主义"强调种族的生命力与各族裔群体之间的差异，并认为这种差异随时间推移包容共存，使美国社会成为各民族的共同体（Alba，1992；Gleason，1992）。亨德尔曼（Handelman，1977）认为种族是在社会互动过程中群体成员之间共享规范的整合程度，他还从种族类别、社会网络、协会和社区等方面对种族组织维度进行分类。科恩（Cohen）指出，"多元主义是指社会中存在可能由种族界定或不由其界定的多样的政治利益集团，多元化社会则是由多个不同种族所组成的相关政治联合体"（1978，398页）。种族多元主义学派强调种族的持续存在与多元化的重要性，霍勒斯·凯伦（Horace Kallen）认为"如果尊重多元化，各族裔群体能够凭借他们独特文化遗产做出有价值的贡献，美国社会发展将更进一步"（Alba引用，1985a）。

此外，美国社会中的种族发展并非静止，而是动态的并伴有代际变化。"少数族裔模式"已经发展到深入区分特定族群的经历，特别是那些非欧洲裔、被种族标识的族群（通常称为"种族少数群体"）的经历。相比之下"文化适应与同化"模型往往反映大多数欧洲裔族群的经历，甘（Gan）提出的"象征性族裔认同"概念细致入微地阐述了众所周知的"族裔模型"（Alba，1985b；Padgett，1980）。

地理学界的研究者与人类学和社会学的同事们一起重视民族问题的研究。克拉克等（Clarke et al.，1984）编写了一本基于地理视角研究族裔群体的著作，该书指出族裔群体有着明确立足于共同传统（包括语言、种族或生物遗传性以及共同领土）的认同感。族裔认同感包括种族和文化的元素，但并非所有的文化都是族裔认同，也不是所有种族都存在族裔认同。因此移民经历涉及种族、族裔和文化，移民融入美国社会是"通过从个人到公共领域的制度分化创造出社会的多元化"（Clarke，Ley and Peach，1984，54页；请参阅Colin et al. 1984）。

总体来看，"文化适应与同化"和种族多元化理论，这两个族裔关系相对立的理论——贯穿于传统美国民族研究中并影响着族裔地理学。在20世纪80年代至90年代社会科学家开始意识到民族研究传统方法的不足。学者们提出了有关民族和种族在美国社会中的含义和根本原因的新疑问，并指出传统方法包含的现有制度的偏向。"文化适应与同化"和种族多元化理论都被认为是属于"秩序理论","倾向于包容特定种族和族裔群体向核心文化和社会模式进行有序的整合和同化"（Feason and Feason，1994，29页）。奥米和韦恩特（Omi and Winant，1994，48页）将上述两学派归为为"民族理论"的一部分，其重点是"少数群体融入主流社会的动态过程"。

基于传统理论视角的学者认为每个种族群体都应该遵循同化路径，却并未注意到许多种族发展与这种"规范路径"大相径庭。主流社会的歧视使得"同化"只是很多非欧洲移民遥不可及的梦想。例如，同化概念的鼎盛时期（1870—1925）就是亚裔移民被以白人为主的美国主流社会人身攻击和禁止入籍成为公民的时期。当时的信念是只有"好种族"（定义为某些欧洲国家的移民群体）才能很好地融入美国主流社会（Feason and Feason，1994；Hing，1994）。虽然种族多元化承认各群体之间的差异，并强调多元化符合美国社会的利益，但这一理论并未解释种族和族裔差异以及不平等为什么存在，也没有指出具体在何种社会、政治和经济状况下能够促使不同群体和文化形成美国和谐共同体。事实上这一理论甚至从未提出这种共同体是否可以生成的问题，从而导致移民同化融入美国社会和谐共同体只停留在假设阶段。此外，"文化适应与同化"和多元主义理论都不重视国家、全球的社会经济和政治背景，只是将同化与融入过程与个人态度和行为相联系。

(二) 种族和种族理论重建

目前研究者正在试图将移民研究从只考虑移民模式、隔离和同化转型为更加自觉地试图解释政治经济背景以及移民与种族/族裔方面的关联。[1]这些新的方法隶属于"权力冲突学派",该方法旨在解释与种族、族裔和性别关系有关的持续不平等的权力和资源的分配。该学派的学者强调"不平等与资本主义经济制度相关联;政府在合法化地剥削、种族隔离、界定种族和族裔关系以及压制受统治和压迫者的抵抗方面扮演着重要的角色"(Feason and Feason,1994,44页)。上述方法通常将种族/民族、阶级和性别视为是相互关联的。

就种族而言,最近的研究不仅认为它是主流社会用来区分不同类别的人群的一种分类方式,而且将其视为一种被美国社会政治和权力关系密切相关的社会结构施加影响的形成过程。(Omi and Winant,1994)回顾了现有美国种族关系的三种范式:族裔认同范式(文化适应和同化)、阶级范式(阶级和劳动力市场矛盾冲突)与国家范式(内部殖民主义),同时提出另一种被选的范式即种族形成范式。他们将种族形成范式定义为"社会历史进程中种族类别的创建、继承、转型与消亡。"他们指出"人体和社会结构均有代表性和条理性"并认为种族形成与"霸权主义、社会的组织和统治方式的演变"相关联(Omi and Winant,1994,55-56页)。他们强调种族和种族主义是社会组织和文化代表性的产物,并论证了种族形成是宏观层面的社会过程与微观层面的日常经验共同作用的结果。奥米和韦恩特（Omi and Winant）同时认为美国是一个"种族国家"，其种族形成过程可以追溯至 1790 年制定的移民归化法，其中明确指出只有"自由白人"才具有归化公民的资格。1790 年的法律开始规定并重新定义属于"自由白人"的族群，这一过程贯穿于美国整个历史时期。例如美国接管加州后，墨西哥人被认为是"半文明"可具有公民身份的族群，但他们从没有与白人一样被平等对待。此外，美洲原住民、非洲裔美国人和亚洲人都被认为是"异教徒"，因此不准归化，尽管这三个族群的劳动力在加州建设中不可或缺而且他们还是被招聘来的（Almaguer，1994；Barrera，1979；Saxton，1995）。

奥米和韦恩特在其著作的较早版本中将种族化概念中的种族涵义扩展到未被种族分类前的关系、社会实践或族群；他们强调"种族化是一个特定历史的意识形态过程"（1986，64 页）。因此，种族不仅是区分人的方法，更是通过种族形成过程改变权力关系和社会实践的理念。埃斯皮里图（Espiritu，1992）认为近几十年来出现的"泛族裔认同"的概念是主流社会不愿承认或有意忽略有关族群的差异，甚至可能是两者兼而有之的结果。这种泛族裔认同包括但不仅限于"亚裔美国人"、"拉美裔美国人"和"美洲原住民"。泛族裔认同既有自愿的基础也有强迫分类的因素。笔者认为泛族裔认同分类也是一个种族化的过程，将不同族裔归并为一个种族群体。这种种族化过程不仅被应用于少数族裔而且也发生在某些非西语裔白人族群。美国历史上一些欧洲移民群体最初并不被认为是"白人"，尽管他们有浅色的肤色。爱尔兰人、意大利人和犹太人被视为不如盎格鲁人种，随着时间的推移他们成为了"白人"（Ignatiev，1995；Roediger，1991）。泛族裔认同现象成为"白种人"概念的基础，该概念已演变为应对人口多样化并体现于许多中学和大学校园中出现的欧美裔俱乐部。

基于新观点的地理思考强调以下几点：①重新评估种族的社会构成；②检验社会关系与空间结构间的复杂耦合；③认识社会进程中的空间表达以及社会的空间构成（Jackson，1987）。杰克逊（1987）呼吁研究"种族主义地理"，他认为要更充分地将空间和地方的理论构架注入种族主义和种族的研究中，地域维度的添加具有十分重要的潜在意义。只有通过分析社会经济和政治背景我们才可以更好地了解族裔群体的状况。研究者们必须不只仔细地研究他们已经研究的"被分类者——各种族/族裔群体"，同时也需要更多审视"分类者——白人主导的社会结构"。[2]

安德森（Anderson，1987，1988，1991）仔细研究了"分类者"，尤其是联邦、省和地方政府在种族化过程中扮演的角色。她的研究揭示了欧洲移民和加拿大本地人如何造就"华人意识"与"中国城"的形象。她指出"华人意识"源于欧洲白人社会信念和制度实践，中国城是其物质表现。尽管她的案例研究仅限于温哥华，但她认为这种情况能够代表更深层次的全球化的主题，上述主题"涉及权力和种族话语、身份认同与地方的社会建构、意识形态与制度实践之间的关系以及从概念架构到实物形态"（Anderson，1991，250页）。

族裔性也在同样研究框架下被重新评估。卡特和琼斯

(Cater and Jones，1987）得出结论：虽然族裔性作为真实的活力繁荣兴盛，但对其进行分析必须考虑主导阶层的利益。笔者近年也指出存在一种"种族性同化"现象，与"分段同化"理论相互补充，它指出恰恰由于当代美国社会的种族原因，移民融合进程不单单只有阶级因素也存在种族维度的因素。[3]

很明显，这些分析种族和民族的新观点将族裔分析放在更广泛美国的社会、经济及政治背景下加以探讨。因此他们对族裔/种族和社会之间关系的研究比已有的传统理论解释更为恰当。再者，种族和族裔有其空间构成和空间表达，两者均在大规模的政治经济进程中发生发展（例如殖民主义和阶级形成），同时也反映当地经济和文化。种族和族裔研究理应包括空间表达、族裔/种族的经济特征及其多层次性；事实上，地理学者近期强调种族/族裔的身份认同不只是社会建构亦有空间构成的参与。[4]地理学家最擅长研究种族的空间维度，不仅能够对种族的空间变化进行全景的观察，也能够将种族和族裔社区的空间形态与种族形成的社会建构联系起来。

二、族裔和种族的空间形态

已有若干理论方法对族裔社区的形成加以解释。族裔社区不同的空间位置、聚居程度和所采取的形式是美国种族关系与社会经济环境变化的良好指标。历史上少数族裔群体受歧视，被迫居住在封闭的社区，种族歧视导致的空间隔离是美国城市房屋市场的特征。不断变化的政治和社会经济已导致少数族裔居住相对分散,同时也出现了新的形式,[5] 上述两进程能够改变族裔社区甚至是更大范围的美国社会。

(一)贫民窟和民族飞地

传统上少数族裔聚居区主要有两种形式:贫民窟和民族飞地。两者皆因外部主流社会的推力(偏见和歧视)和内部拉力(民族团结与共同利益)形成。贫民窟是"几乎完全保留一个种族或文化的城市住宅社区,其中所形成的民族聚居区是种族歧视结果"(Johnson,1994,231页)。波特(Philpott,1991)进一步以种族区分贫民窟和聚居区:单是贫穷被定义为贫民窟,贫穷并伴随种族因素形成(黑人)贫民聚居区。种族主义严重限制非洲裔美国人和其他有色人种的城市空间分布。飞地则更为复杂,是"少数族裔群体成员拥有和经营关键机构与工商企业相聚集的街道或社区"(Jaret,1991,327页)。因此贫民窟是缺乏族裔群体内部经济体系运作的民族居住区,而民族飞地是在其边界内运行的社会和经济统一体。

种族隔离是到目前为止种族/族裔地理研究中探讨最为彻底的主题。事实上"少数族裔地理"最初就是从市中心黑人区作为地域实体的研究开始的。对单一少数族裔群体的研究——非洲裔美国人及其居住隔离模式成为20世纪60年代和70年代美国种族地理学的研究重点,然而上述研究仅限于对住宅选择与约束条件的分析。[6]

当前,将少数民族飞地视为美国族裔社区研究的文献众多。这些研究基于不同观点但均试图描绘出复杂的飞地肖像，其中纽约中国城可能是被研究最多的民族社区。作为美国最早和最大的中国城之一，近几十年来它经历了人口构成、经济结构、政治代表和社会重构的快速变化。有关它的几本书从不同角度探讨其丰富的内涵。邝治中（Peter Kwong）的《新华埠》（1987，1996）把它作为一个结构严密的社区审视其内部结构、劳资争议与阶级斗争，尤其对非法移民的剥削进行了重点研究。周敏的《唐人街》（1992）描述了作为飞地的中国城如何为新移民（尤其是那些缺乏正规教育和英语能力者）提供就业和最终向上流动的机会。林简（Jan Lin）的《重建中国城：民族飞地、全球变化》（1998）解释在全球化的趋势下，国际、国家和区域结构要素连同机构和个人因素如何塑造了中国城的变化。林的研究通过记录中国城经济中财政和劳动密集型部门活动展示了飞地性质改变的证据。上述著作显示中国城的变化是由外部力量（包括全球经济转型、民族经济二重性、移民来源国的情况以及联邦地方政策）和内部分化与团结、社区动员和社会变革等内部因素所引起。

（二）入侵和继承

对社区从一个族群变为另一族群最具影响力的解释是芝加哥社会学派的"生态演替"模型，尤其是帕克、伯克斯和麦肯齐（Park, Burgess and Mckenzie）在 20 世纪 20 年代和 30 年代对住宅演替过程的研究。"入侵和演替"模型表明中产阶层离开市中心迁往郊区，新的少数族裔便在市中心建立贫民窟。[7]

该理论认为新移民往往较贫穷并将最初的居住地选择在市中心，之后其中一些经济富裕人士在融入美国主流社会的同时搬到郊区去寻找更好的居所，留在市中心的移民大多数住在种族隔离的居民区。搬离市中心到郊区的移民经历各不相同：有些完全分散，有些相对集中，有些则完全隔离。居住的状态取决于不同的族群以及时间、地点等因素。这种关注住宅社区的变化和演替的模式符合许多白人族群的体验。[8]

入侵和演替模型显然与民族关系的文化适应和同化理论紧密联系。居住型态和同化程度之间的关系能够清楚地说明居住分散化加速了文化适应和同化过程。实证研究表明居住空间隔离的原因是经济和种族因素，居住隔离（不论是在市内或郊区）与同化程度（例如，公民身份、异族通婚、能讲英语和职业结构）有很强的负相关性。目前的社会趋势尽管导致城市居住隔离程度有所降低，但并未表明跨种族联系和社会同化因此增加。[9]

（三）上城与下城

上城与下城的概念最早出现在纽约。在 20 世纪初已出现相关文献记录同一族裔住在郊区和市中心的人群之间的区别，如纽约的犹太人（Sowell，1981）。上城与下城模型指出一个族裔群体中住在市中心飞地的人通常较为贫穷、受教育程度低并且居住集中，而上城（即郊区）居民往往较为富裕、受过专业训练并且生活在种族混合居住区。邝治中描述如下：华人基本上由两个不同的群体组成：其中超过 30% 是专业人员，他们接受超过全美平均水平的教育,获得超过全美平均水平的收入,他们不在华人聚居区生活,被称为"上城华人";体力劳工和服务工人占华人人口构成的30%,相当比例是新移民,可能住在华埠、只讲一点英语,从事低工资没有前途的工作,他们是"下城华人"(Kwong,1996,5页)。

此模型尽管不是地理学家所提出的,但具有很强的空间性。这两组人群在许多方面有显著区别,诸如地理分布、经济状况和社会地位。大多数聚居在市中心的华人远离主流社会,在民族劳动力市场就业,往往在餐馆、杂货店、成衣店和礼品店等典型的市中心民族企业业主经营的公司打工。市中心华人和他们的民族商业活动不仅使华埠成为商业和文化的中心,也成为市中心民族飞地。受过良好教育的上城华人分散住在种族混合郊区街道社区中,他们具有高水平的专业职业技能,可以向社会上层流动,与主流社会在更高层级上进行互动。这种传统"中国城"与郊区居民在社会经济上的差异在许多大都市地区仍普遍存在,如华盛顿特区和旧金山湾区(W. Li,1990;B. P. Wong,1998)。

类似模式在日裔美国人中也存在。早期日本移民在洛杉矶、旧金山和其他城市建立"小东京"和"日本镇"。今天一些日裔老人仍住在这种市中心少数民族聚居地,而那些较富裕的后代则住在郊区(Lyman,1988)。这种双重性也可能存在于其他少数族裔群体中。

在上述两个空间模型中都能找到文化适应和同化理论应用的踪迹。根据同化理论,移民同化现象只有"在东道社区生存且不会遇到有偏见的态度或歧视性行为"的情况下才会发生（Gordon，1964，63页）。无论在城市还是在郊区的居住隔离是同化的主要障碍之一。关于经济状况、社会地位与同化之间的关系，入侵-演替和上城-下城模型都暗示着那些住在郊区的中产阶级相对更容易融入主流社会。群居在市中心贫民区和飞地的少数族裔人士是穷人和未被同化的人群，而那些住在郊区的则是被非西语裔白人美国主流社会在空间分布和行为上同化了的人。

三、种族和族裔经济结构

族裔和种族研究不仅考虑美国社会与族裔群体之间的关系，还涉及种族/族裔群体内部的经济结构以及它们与更广泛的社会经济结构之间的关系。最近的研究焦点集中在种族经济性质上，尤其关注种族/民族和经济结构之间的联系。很多研究都符合奥米和韦恩特（Omi and Winant，1994）所提出的"种族的阶级范式"，他们认为"社会分工表现为某一特定种族或民族的特征，由其经济结构和过程加以解释"（Omi and Winant 引述 Stuart Hall，1994，24页）。这种经济结构和过程包括市场关系（交换）、分层系统（分配）与阶级冲突过程（生产）。奥米和韦恩特强调社会底层群体的地位是主流社会经济、种族和文化统治的结果，其中最好的实例是拉丁裔移民农场工人和非工会移民工人令人沮丧的状况。阿尔·马格尔

（Almaguer，1994）和巴雷拉（Barrera，1979）认为在整个加州历史中，由于种族化过程，美洲印第安人、墨西哥人和亚裔美国人（特别是华人和日本人）都集中从事某些特定行业。因此，我们在研究各族人口职业选择和社区经济结构时需要考虑这种社会力量。

当移民抵达目的地国家或地区后他们不可避免地成为经济体系的一部分：劳工、中产阶层雇员或企业所有者/企业家，同时也成为消费者。移民和本地人口之间的关系随着经济周期而变化。在经济困难时期有时不同群体之间的求职竞争会导致冲突。历史上许多种族/族裔群体之间因生存所需的就业竞争导致冲突。然而，最近的冲突涉及诸如平等机会、经济正义等更复杂的问题（Pulido，1996；Saxton，1995）。

为了能在接收社会中生存，许多移民群体不仅集中于某些职业，而且建立自己的公司与经济联系，这种族裔所有和经营的企业被称为"族裔经济"。一些移民和其后裔作为独立个体参与主流经济系统中，虽然他们有时集中在特殊职业领域。相比之下，族裔经济包含各种各样移民所有的公司，这些公司常常聘请同一族群的成员做雇员，而他们的客户则可能跨越种族的界限。族裔经济随时间和空间不断演变，形态各异，他们与更广泛的社会经济系统的关系也在大幅改变。

这里的重点在于讨论族裔经济，因为它在美国洛杉矶华人社区的历史和现代发展中发挥了重要作用。族裔经济大致分为三种类型：特种领域族裔经济、族裔飞地经济与当代综合族裔经济。

（一）传统族裔经济：特种领域族裔经济和飞地经济

特种领域族裔经济是最早在美国发展的族裔经济形式。某些特定职业或个体经营成为第一代移民谋求经济生存的通路。有时某一移民群体的大多数拥有或从事一个或几个族裔经济领域，并且很高比例的移民在当地从事这种工作。例如希腊冷饮店、意大利水果摊、犹太服装店、亚美尼亚垃圾收集服务与华人洗衣店和餐馆。邵（Siu）指出移民的职业选择是"不同族裔群体为在美国维持基本社区生活的新社会发明。职业选择作为一种调整形式，一旦形成便开始制度化并具有自己的特征模式"（Siu，1987，1-2页）。

美国历史上形成的特种领域族裔经济并非全是移民的自由选择，反而常常是主流社会强加所致。正如"双重劳动市场"理论所描述的，这些类型最有可能属于劳动力市场的次生部分，主要为非熟练工人和不受工会保护的职位。移民从事这些行业并不是因为他们特别合适，而是因为其他各种形式的就业限制。缺乏金融资本、英语语言技能和工作经验迫使许多移民成为体力劳动者或小型企业经营者。他们建立的企业通常不直接与白人企业竞争且需要很少的初始资本。邵的"移民经济"想法类似于这种特种领域族裔经济的概念，他指出移民职业通常不是原本他们在其母国从事的行业。不过也有例外，譬如许多早期日本移民从事蔬果/花卉养殖和捕捞，这与他们在日本所从事的行业相同。

这些特种领域族裔经济的特点之一是，它们尽管是整个经济结构的一部分并与主流社会保持商业往来，但相对独立。经常在主导经济的边缘活动，相对整个系统并不那么重要。特种领域族裔经济的空间分布因为其活动特点也有所不同。如果客户主要是同族裔，企业往往空间集中，早期族裔社区往往集聚在市区的一小部分。但是如果他们客户的范围更广或者主要目的是为了服务自己族群之外的人，企业往往会分散分布。例如早期的中国餐馆倾向于空间集聚因为主要服务自己的社区，而早期华人洗衣店往往分散分布因为它们为所有客户服务。在这种特种领域族裔经济中因为很多人属于同一阶级（如劳动者或业务伙伴），没有收入和社会地位上的差异，他们参与经济活动增进了彼此间的民族亲和力，因此族群内部严重冲突很少出现。

"飞地经济"是一系列特种领域族裔经济活动的集合，形成一个基本独立的经济体系，与主导经济的关系相对较弱。飞地经济是一种公认的族裔经济形式被社会科学家广泛研究。[10] 威尔森和泊特斯（1980）将"飞地经济"定义为一系列移民企业家建立的公司，"雇佣同族裔工人从而推动和延续其族群的劳动力市场分化"（Hiebert，1993，247页）。较好的例子诸如洛杉矶的韩国人和迈阿密的古巴人。[11]

（二）一体化的族裔经济

当代族裔经济中的民族企业与主流经济逐渐一体化，但仍带有不同民族烙印。类似于民族飞地经济，一体化的族裔经济通常拥有和经营自己族裔的民族企业，某种程度上他们的劳动力与支持网络由自己族群所提供。不过由于近几十年来大规模的社会经济转型，越来越多的族裔经济都变得比以往与国家和国际经济系统联系更为紧密，他们已成为主流经济的一部分。硅谷众多印度人和华人从事 IC（集成电路）产业的公司被戏称为"印度和华人（Indian and Chinese）产业"（Saxenian，1999，2002）。

当代族裔经济与经济转型过程密切相关，并成为经济转型的结果。经济结构的调整导致了工厂倒闭、城市败落、迁移模式改变以及社会关系的变化。经济转型的目的是降低成本（尤其是劳动力成本）、增加市场份额与获取利润。降低成本是由向海外转移劳动密集型产业并在美国国内新建雇用廉价劳动力的企业得以实现。不断恶化的劳资关系使雇主更愿意雇佣非工会、低工资的劳动者，其结果是移民与族裔经济变得更加积极地参与到美国经济体系中。某些族裔经济产业的发展和繁荣（像在纽约中国城和旧金山制衣业的发展）是美国经济转型、劳动保护和移民法律以及世界日益贫富两极分化等因素综合作用的结果。再工业化使美国国内产生大量需要填补的劳动密集型工作岗位，而族裔经济可以绕开美国劳动保护法规为其提供必要的工人，因为在多数情况下移民劳工受雇于同族裔公司而不是由大型美国公司雇用。这些工人通常英语语言技能有限，有些是非法移民缺乏保护自己的手段。此外，美国移民法强调家庭团聚，因此形成了巨大廉价劳动力储备。国际极化进一步加速了富有资本家和贫困劳动者之间的分化，前者来美国作为投资者与企业家，后者只能以低工资的工作谋生存，这导致移民社区内部的分化。当代一体化族裔经济越来越接近典型资本主义遵循的成本最小化和利润最大化准则,其结果是产生相互重叠的种族内部和族裔群体之间的紧张关系和冲突。新跨国资本及少数族裔百万富翁(其中一些人成为循环移民的核心成员,诸如跨太平洋"航天员"或跨国企业家)不仅扩展族裔经济的规模,同时也扩大了雇主和雇员之间的差距。[12]

通过广泛的特许经营和分包业务,族裔经济本身更直接地融入主流经济。类似于垂直解体,一方面特许经营利用间距和定价协议,仰仗冒险精神、艰苦工作、节约成本,同时受益于廉价劳动力;另一方面在许多领域中的分包合同可以涉及低于最低工资标准付费、无薪强制加班和不负担社会保障税、家庭工厂、使用童工和不达标的工作环境等内容。上述状况普遍存在于新一代血汗工厂中。与此同时一些民族企业因为从事本国与美国的贸易而直接参与全球商业循环,进而创造出一种新型贸易类型——"少数族裔贸易商"(Hiebert,1993)。例如在洛杉矶大量华人企业公司从事国际进出口贸易。

(三)族裔经济、族裔社区和族裔关系

族裔经济与族裔社区的空间关系是一个激烈辩论的话题。争论的焦点是飞地是否可以与特定的空间住宅形式有关或仅将其视为一种经济形式加以考量。波特斯和詹森强烈反对任何飞地与移民社区之间可能的"混淆",并严格定义民族飞地为工作场所。赫伯特、桑得斯和聂、汤普森则认为两者之间存在某种联系(Hiebert,1993;Portes and Jensen,1987;Sander and Nee，1987；Thompson，1979）。瓦尔丁格、麦克沃伊和奥尔德里奇（Waldinger，McEvoy and Aldrick，1990，106、125页）认为族裔经济与社区之间的关系"是复杂的，依据不同类型的商业业态并随着时间推移而演变。"他们指出族裔社区往往是民族企业的起始点，并提出族裔人口集聚与族裔经济专业分工的两两矩阵。

虽然工作场所和居住地分离是现代资本主义社会的特征，严格区分民族工作场所和住宅的研究是不必要的并可能产生负面影响。只有通过整合家庭和工作的地理分析，我们才可以得到对族裔社区内部动态和族裔经济在社会经济大系统中位置的更深入理解。许多族裔经济企业可能远离业主的住宅。示例包括在洛杉矶城中南部的早期犹太店主和后来的韩国店主。族裔经济和社区也有可能彼此靠近或在同一地方，例如19世纪上半叶的多伦多很多服装企业在犹太人聚居区内。在很多传统和当代少数民族聚居地，紧密联系的族裔社区和族裔经济彼此加强和促进飞地的增长。这种情况取决于经济活动、族群、地理区域和时间段。一种假说认为族裔经济和其所有者/工人的住宅相互接近会增强民族意识和亲和力。民族认同还能整合分散的民族企业业主经济和政治上的诉求。[13]瓦尔丁格、麦克沃伊和奥尔德里奇（1990，34页）提出民族企业发展互动模式以展示空间集聚和种族之间的关系。他们指出民族集聚可能提高共同民族利益，并加强认同感。此外工商业的集聚促进竞争性的跨族群接触，这反过来进一步促进民族意识和团结。

此外，在主流和族裔经济中似乎都出现工作地点和居住地重新聚合的趋势。例如，高科技高工资的工人和低技术低工资移民工人均在被称为"边缘城市"的郊区聚居。在加州许多移民在靠近橙县的高科技地区生活和工作，因此族裔经济和族裔社区越来越多地不仅在功能上彼此连接而且在空间上相互靠近。[14]

四、民族和种族的跨国联系

一个将国际迁移、族裔和种族认同、全球经济变化和国家等内容相联系的当代理论是跨国主义理论。跨国主义学者探索了近几十年来日益扩大并达到前所未有的程度和范围的人口、商品、信息和财政资源的跨国流动。在这个研究领域内移民不再被视为被连根拔起移植融入接受国社会的移徙者，而是会与其原籍国和接收国及其他国家保持密切联系的"移居者"（Basch，Glick Schiller and Blanc-Szanton，1994；Glick Schiller，Basch and Blanc-Szanton，1992，1995）。他们将跨国联系定义为"跨越国家边界连接人或机构的多重纽带与交往"（Vertovec，1999，447页）。

跨国主义在以下几个方面值得当代国际迁移与城市种族研究的特别重视：

（1）跨国主义是一种多维现象。它被视为至少具有三重维度：经济、政治与社会文化。经济上的跨国主义已被广泛研究——包括移民汇款、移民和少数民族的跨境经济往来以及大型跨国公司所进行的经济活动；政治跨国主义研究包括公民身份、非政府组织（NGO）以及其他组织形式；跨国主义的社会文化维度研究"关系"和"体验"，前者描述个人移动，后者主要涉及个人身份和归属感。事实上许多跨国联系的实证研究主要讨论因个人和职业原因产生的跨国旅行及其联系的频率、模式和机制。[15]

（2）跨国主义跨越阶级界线并涉及多个层次，从个人、家庭到机构组织。交通运输和通信的发展使跨洋旅行不再是精英们的奢侈特权，很多普通人都可以承受。跨国联系极大地改变了国际迁移和连接的动态。

（3）最后，跨国研究的一个特定主题是调查跨国社会领域/空间，包括新节点和地方（Dunn 2005；Satzewich and Wong, 2006；Vertovec, 1999）。因此跨国主义研究是特定地点和空间的连接，这也为地理学家提供更广大的探索舞台。

跨国维度的探索可以分析移民的全球根源和联系，增进大部分移民称之为家园的市区及郊区的种族、经济和社会多样性的研究，移民和少数族裔的研究能够从中受益。

虽然种族和族裔地理学和社会科学研究自20世纪60年代以来在美国有了极大的发展，仍有四个主要问题值得更深入地研究：

（1）种族/民族与种族空间分布理论之间的关系。被普遍认可的文化适应和同化理论与入侵-继承和上城-下城这两个空间模型相关。多元主义理论和新种族/民族理论（强调种族化过程）还需要与之相关联的当代种族/民族的空间表达。

（2）种族/民族和阶级之间的关系。由于历史传统、经济转型、移民潮和国际竞争，族裔群体内部和族裔群体之间的阶级矛盾冲突日益增加，这一进程可能会有一定的空间模式或地区性，这些应该由种族地理学更好地加以研究。

（3）种族/民族与更广泛的社会经济环境之间的关系。虽然有很多探讨族裔社区、族裔经济结构与更广泛社会经济背景的研究，但很少有将它们视为"复合体"的综合研究。这就需要探索社会经济改变是如何影响民族认同和团结的，反之亦然。

（4）随时间推移和跨空间少数族裔演变的实证比较研究。目前仍然缺乏同一地方或国家的不同族裔群体以及他们在不同地方、不同国家和全球场景的直接比较的研究。[16]

注　释

1. P. S. Li，1998，2003；Saito，1998；Sanchez，1999；Waters，1999。
2. Hollinger，1995；Jacobson，1998；Lipsitz，1998；Mitchell，2004。
3. W. Li，2006 对种族化同化和 M. Zhou，1997 对分段同化的诠释。
4. Bonnett，1997；Kobayashi and Peake，2000；Pulido，2002。
5. 当代移民和少数民族分散居住形态不是本书研究的重点。感兴趣的读者可以参阅以下出版物：Ling，2005；Skop and Li，2003；Zelinsky and Lee，1998。
6. 大量的案例研究发表在地理期刊和书籍中；包括 Clark（密尔沃基的案例），1972；Ernst（金洛克），1976；Morrill（西雅图），1965；Rose（迈阿密），1976a；Sanders and Adams（克利夫兰），1976；Winsberg（芝加哥），1986。其中只有少数尝试探讨黑人贫困区的成因（Harvey，1972），或者将贫民区视为一种复杂的社会现象和过程

（Rose，1970，1971，1976b）。
7. 例如 Aldrick，1975；Ward，1971。
8. 例如，对费城不同族裔群体居住格局的分析显示各族裔呈现逐步扩散的模式。1960 年爱尔兰裔移民几乎均匀地散布在整个费城地区；波兰裔已经分散分布；意大利裔移民聚居形成一些尚可辨识的集聚区，其余则相当分散；而非洲裔美国人存在几个高度聚集的中心（Jakle、Brunn and Roseman，1976）。
9. Farley，1986；Hwang et al.，1985；Jakubs，1986；Lieberson，1961；Miller and Quigley，1990；Stearns and Logan，1986；Torrieri，1982。
10. Hiebert，1993；Bonacich，1988；Light、Bhachu and Karageorgis，1993；Light and Karageorgis，1994；Light and Rosenstein，1995；Light、Sabahg、Bozorgmehr and Der-Martirosian，1994；Modell，1977；Portes and Bach，1985；Portes and Jensen，1989；Siu，1987；Tsai，1986；Wilson and Portes，1980。
11. Hiebert，1993，247 页；并参阅 Bonacich、Light and Wong，1977；Light and Bonacich，1988；Portes and Bach，1985。
12. Beauregard，1989；Kotkin，1991；Kwong，1987；Leung，1993；Scott，1988，1993；Storper and Walker，1989；Thompson，1979，1989；Wolch and Dear，1993；B. P. Wong，1982，1988。
13. Bonacich and Modell，1980；Hiebert，1993；Light，1987，1996；Lin，1998；Min，1994；M. Zhou，1992。
14. Garreau，1992；Scott，1988；Soja、Morales and Wolff，1989。
15. Portes、Guarnizo and Landolt，1999；Ip et al.，1997。
16. 一些案例包括 Rose，1972；Adjei-Barwuah and Rose，1972；Hune et al.，1991；Levin and Leong，1973；Roche，1982；Waldinger and Zseng，1992；M. Zhou and Kim，2003；Y. Zhou，1998a。

第二章　多族裔聚居郊区：
非传统少数族裔集中区

本章提出多族裔聚居郊区模型，这是笔者试图对这些种族地理学悬而未决问题进行探讨的尝试。第二部分中的章节运用该模型解释洛杉矶华人社区从市中心中国城向圣盖博谷多族裔聚居郊区空间转型的动态过程。

传统定义中的美国郊区是由上班族爸爸、全职妈妈和他们的孩子们所构成的白人中产阶层家庭所组成。由此推论少数种族和族裔大多聚居在市中心的贫民窟（ghetto）或民族飞地（ethnic enclave）。如果少数族裔试图实现郊区化的美国梦，他们被预期也往往可能在空间上分散分布的同时在社会经济上融入主流社会。

上述概念与现实并不吻合，一种新型郊区"多族裔聚居郊区"近几十年来逐步兴起。多族裔聚居郊区是国际地缘政治与全球经济结构转型、美国移民与贸易政策的改变以及当地人口、经济和政治背景等综合作用下的产物。多族裔聚居郊区是一系列当代族裔关系的表达，这些关系涉及在独特空间形态中跨族裔和族裔内部不同阶层的冲突与合作，它具有内部社会经济结构。多族裔聚居郊区是大都市区内郊区少数族裔聚集的住宅和商业区——是多种族/多族裔、多文化、多语言与多国籍社区，其中某一少数族裔显著聚集但并不一定占到该社区的人口多数。多族裔聚居郊区可能是在某一少数族裔苦心经营下建立起来的。多族裔聚居郊区复制了民族飞地的某些特征，但缺乏特定少数族裔郊区的特质，因此多族裔聚居郊区是当代非传统的美国城市少数族裔集中区，与传统民族贫民区和市中心飞地共存。运用文本分析，本章界定多族裔聚居郊区的概念模型，并与上一章中提出的理论框架相联系。

一、多族裔聚居郊区的形成

国际、国内和地方各级变化动态格局推动形成多族裔聚居郊区。全球经济和地缘政治重组改变经济关系和世界秩序，使资本、信息和劳动力的流动日趋国际化，为建立多族裔聚居郊区创造了必要条件。国家政策的改变造成对企业家和投资者以及廉价劳动力的新需求，为不同背景移民进入美国打开了大门，移民可能在多族裔聚居郊区生活。这些全球和国家的条件与地方具体情况相互交织，不同层级地缘政治、经济和社会驱动力的改变相互作用使多族裔聚居郊区得以成为某些特定地方出现的空间表达形式。所有这些改变为多族裔聚居郊区的形成奠定了基础，但每个因素可以不同的程度地扮演不同的角色。

（一）全球和国家经济转型

图 2-1 提供了一个全球和国家的经济结构调整趋势与多族裔聚居郊区可能产生地之间关系的解释框架。近几十年来，美国和世界经济体系均经历快速转型以及相关联的空间转换。由于美国经济已经全球化，它同时经历了两个过程：去工业化和再工业化。去工业化是由长期结构性趋势（全球竞争和技术发展）和短期趋势（经济萧条期）所引起。当今世界，一个国家的经济为了保持或增加其在全球市场的份额需要更强的竞争力。美国在某些产业一直面临着激烈地竞争，从二次世界大战后的日本和德国，到20世纪60年代的亚洲"四小龙"——中国香港、新加坡、韩国和中国台湾，直至最近的中国、印度和其他亚洲和拉丁美洲国家。为降低成本增加利润，很多美国跨国公司已关闭其在本土的生产工厂，转移资本至海外设立工厂或外包某些服务功能给第三世界各国。此举造成美国国内高工资、受工会保障的工作职位大量流失。由于小企业不具备足以与跨国公司抗衡的资源，去工业化使小型独立公司难以生存，也摧毁了大量传统形式的创业活动。同时，美国经济的主导产业已经从制造业转向服务业和高科技行业，导致了制造业的高失业率、低工资服务业工作机会和高工资专业性工作机会的增加，经济衰退已造成工厂关闭和大量裁员。

然而许多美国工业并未消亡而是正在转化为新的形式，即沿着后福特化形式重组，并呈现再工业化的新趋势。在制造业方面已经出现若干变化，其中之一即垂直解体。纵向一体化是

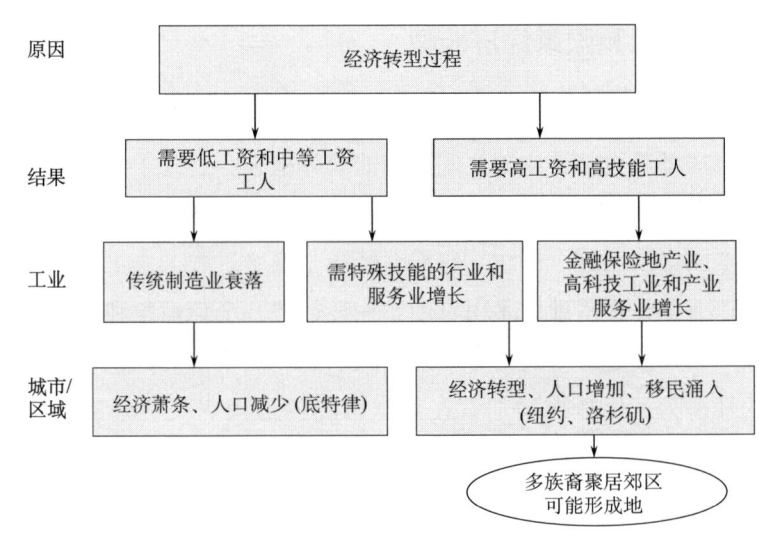

```
原因          ┌─────────────┐
              │  经济转型过程  │
              └─────────────┘
                     │
         ┌───────────┴───────────┐
结果  ┌──────────────┐    ┌──────────────┐
      │需要低工资和中等│    │需要高工资和高 │
      │  工资工人     │    │  技能工人     │
      └──────────────┘    └──────────────┘
         │         │              │
工业  ┌──────┐ ┌──────────┐ ┌──────────────┐
      │传统制│ │需特殊技能的│ │金融保险地产业、│
      │造业衰│ │行业和服务业│ │高科技工业和产业│
      │  落  │ │   增长    │ │服务业增长     │
      └──────┘ └──────────┘ └──────────────┘
         │                        │
城市/ ┌──────────────┐    ┌──────────────────┐
区域  │经济萧条、人口 │    │经济转型、人口增加、│
      │减少(底特律)  │    │移民涌入(纽约、    │
      └──────────────┘    │洛杉矶)            │
                          └──────────────────┘
                                 │
                          ╭──────────────╮
                          │多族裔聚居郊区 │
                          │  可能形成地   │
                          ╰──────────────╯
```

图 2-1　经济重组和多族裔聚居郊区

历史上的大工业组织的主导形式，由一家公司包办从原材料到生产和营销，现在许多大公司为降低成本和风险，已停止原有生产过程并外包大部分的生产。这一改变需要新的创业环境同时为小承包商提供了机会。后福特化工业组织形式的第二个标志表现在美国的地理迁移和重新集中，工厂通常会迁移至能提供更低劳动力成本和具有其他比较优势的地区。后福特化工业组织形式的第三个特征是两极分化的再工业化，即高科技、高收入行业与低技术、低工资的部门同时发展。一方面，高科技计算机、生物科技、先进通信设备公司在整体经济中更为重要，并越来越多地依赖具有高技能和受过良好教育的专业移民；另一方面，越来越多技术并不复杂的行业重获新生，如高度集中与垂直解体的服装业。这些低工资的行业在移民比例较高的大都市地区尤为盛行。两极分化的再工业化的趋势不仅为高技能人才（国内及移民）提供就业机会，还为少数族裔企业家分包和低技术、半熟练工人求职提供机会。经济转型还发展了其他行业，例如，经历数十年间转变的金融部门，美国大银行已整合国内分支机构转向国际贷款而促进日益全球化的资本流动。外国资本在美国的投资进一步导致了金融资本全球化（Davis，1992；Dymski and Veitch，1996a，1996b）。不断变化的美国和世界贸易政策对美国经济全球化做出了贡献。为了增加其在美国的市场份额，规避贸易壁垒和配额，外国跨国公司已在美国境内设立生产工厂。1994年1月实施的北美自由贸易协议中的自由贸易区涵盖了3.6亿人和每年超过6.5万亿美元的经济活动。北美自由贸易区协议在15年间消除了横亘在加拿大、美国和墨西哥之间的所有经济壁垒，不仅包括制造业产品，也包括农业、知识产权、投资和服务。这一条约被很多人认为"创造了基于扩张、增长和变化的我国与劳动力的未来蓝图"。[1] 北美自由贸易协议尽管是三个北美国家之间的贸易协议，亦对其他国家产生影响。它为外国跨国公司利用三国间的自由贸易提供了巨大的机遇，即在低工资的墨西哥建立分公司然后向美国和加拿大出口成品。北美自由贸易协议也促进了国际关贸协定（GATT）"乌拉圭回合"谈判的结束并促使旨在减少世界各地贸易壁垒的世界贸易组织（WTO）的形成。随着环太平洋地区经济实力的增长，美国与亚太经贸合作组织（APEC，其中包括所有三个北美国家、澳大利亚、新西兰和

13个亚太及拉美国家）国家的贸易蓬勃发展。在20世纪90年代早期亚太经合组织成员对美国出口每年已达1 280亿元，为美国创造5.3万就业机会；相比之下，美国每年对欧洲出口额为1 020亿元和创造4.2万个就业机会（Grayson，1995）。这些区域与全球国际贸易协议不仅降低了国家之间的贸易壁垒，而且不可避免地促进资本、信息、技术、管理人员和劳动力的全球化，并加速了美国经济转型。经济转型已在美国各地产生深刻影响。它已通过取消受工会保障的制造业就业机会，增加低工资、低技能服务和制造业就业机会，与创造高工资、高技能的金融、技术和管理工作等方式，造成更为极化的城市劳动力市场。这一过程增加了高收入和低收入家庭数量，中产阶层数量下滑。这已引起美国收入分配两极分化，同时扩大了不同群体之间的收入差距（Bluestone and Harrison，1982；Peterson and Vroman，1992）。

经济转型的后果对各地区产生显著的不同影响。一方面，那些传统制造业集中的大都市区，像底特律和其他一些地处美国传统制造产业带的城市经历了绝对衰退，仅有少数新兴工业替代消失或减少的部门；另一方面，具有更多元化经济结构的大都市区，尤其是那些全球/区域金融资本和贸易交易/活动中心的"世界城市"（例如，纽约和洛杉矶）则处于较好地位（Allen and Turner，1996；Sassen，1994）。与其他城市相同，这些世界城市也经历了经济转型和经济规模缩减，但是它们具有恢复和重组以应付变化的较大潜力。在这些受青睐的地区，国际范围的环境改变提供经济机会，尤其是新企业家（例如，分包商和从事国际贸易、金融以及制造业企业家）和特定阶层的劳动力（包括高工资高技能劳动力和低工资低技能劳动者）。这些大都市地区成为潜在的多族裔聚居郊区形成地点，因为他们为企业家和劳动者创建新型族裔经济提供理想的地理位置和发展阶段。这些地区通常具有大规模的、现存的少数族裔社区和民族经济结构，吸引少数族裔新来者（企业家和劳动者）与他们的投资。这些已存在的少数族裔聚居区为新来者提供消费品和文化机构以满足其需求。

（二）变化中的地缘政治和美国移民政策

美国历史总是涉及到移民，美国移民政策历史上受到国内和国际经济环境、地缘政治变化和美国的战略利益影响。移民政策对美国的人口和社会经济结构产生了巨大影响。

美国移民法历史上歧视非盎格鲁-撒克逊起源的种族，少数族裔人士没有被赋予与欧洲白人移民同等的机会。1790年归化法指定仅有白人自由移民有资格归化入籍为公民。1882年排华法案旨在禁止中国劳工进入美国。1907年"君子协议"限制日本和朝鲜人入境。1917年的移民法拒绝印度人入境并创立亚洲移民禁区，该禁区旨在遏制所有来自亚洲的移民。上述族裔在19世纪和20世纪上半叶均无权归化为美国公民。1924年国家来源法没有给无权归化为美国公民的族群任何移民配额，包括所有上述族群；同时限制南欧和东欧移民入境。1934年Tydings-McDuffie法案将菲律宾人纳入限制入境名录。国会也一再试图限制墨西哥移民配额，大萧条时期墨西哥工人被驱逐出美国。[2] 这些移民限制阻止了某些移民群体进入美国，将诸如否认他们成为公民的权利的歧视行为合法化。这些排斥性立法导致某些族群种族化，使其转化为缺少法律权利的种族化少数族裔，并成为易受歧视的目标。因此，美国的种族主义社会不仅事实上存在过（一般公众的反移民情绪和行为），而且法律上也存在过（针对某些种族群体的法律歧视）。

在20世纪60年代不断变化的国际和国内背景下，1965年国会通过移民和国籍法，该法案在美国移民历史上具有标志性象征意义同时也有实质性的改变。就全球而言，非殖民化和第三世界国家独立已成为世界性的运动，在国际舞台上时常可以听到发展中国家的声音。此外，第二次世界大战赢得的道德胜利和美国所享有的经济繁荣使其成为自由世界的领袖；而冷战时期东欧社会主义国家的崛起改变了全球战略地缘政治版图。为了赢得冷战，改善自己作为一个民主国家和世界领袖在自己国家和国际社会的形象包括不歧视非白人族群，美国认为有必要修改其传统的歧视性移民法条。在美国国内，20世纪60年代由非洲裔美国人领导的少数族裔争取政治权利和经济实力的民权运动导致1964年民权法案、1965年投票权利法案和1968年公平住房法的通过。在海外民族主义运动和国内民权运动的推动下，国会通过具有历史影响的"1965年移民和国籍法"，成为美国移民政策的里程碑。美国历史上首次在东半球（除美洲外的世界各大洲）的所有国家均被授予各两万人的相同的年度最大移民配额。

图2-2总结过去40余年移民法案的主要内容及其后果。

第二章 多族裔聚居郊区：非传统少数族裔集中区

1965年移民和国籍法影响深远，该法案不仅带来更多来自第三世界国家（特别是亚洲和拉丁美洲）的移民，还改变了美国移民的人口和社会经济结构。1965年立法将所有潜在移民划分为两种主要类型：其一是基于家庭团聚；其二是专业移民，专业移民又可细分为六个类别。家庭团聚类优先给予美国公民和永久居民的家庭和亲属，占所有配额的80%，美国公民的直系亲属（配偶、未成年子女和父母）享受配额以外的豁免入境。它还为美国经济所需的熟练劳动力和专业人员提供移民机会，但被限制在所有签证的20%，如果家庭配额用不完有可能超过20%。第三类优先目标是训练有素的专业人才（包括工程师、技术人员和大学教授），第六类优先目标倾向于国内劳动力短缺部门所需移民。因此，1965年立法为经济和社会分层的移民敞开方便之门。

大量涌入的低技能缺乏正规教育的移民为低技能工作提供潜在劳动力，并有助于一些传统市中心少数族裔聚居区的复苏。因为这些移民大多不会讲英文，生存的重要途径之一就是在少数族裔聚居区内生活和工作，希望最终能够实现"美国梦"。一些在母国受过良好教育的专业人士移民因为没有足够的英语能力面临类似问题。在频谱的另一端，很多曾在美国或其他西方国家受过专业训练的有工作经验和较强英语能力的高技能移民，倾向于在主流经济中找到工作，随着他们政治经济地位的提高，在空间上外移到郊区居住。这些移民是通常被视为"普同化"融入主流社会的人，因为他们逐步接纳了美国人的生活方式。

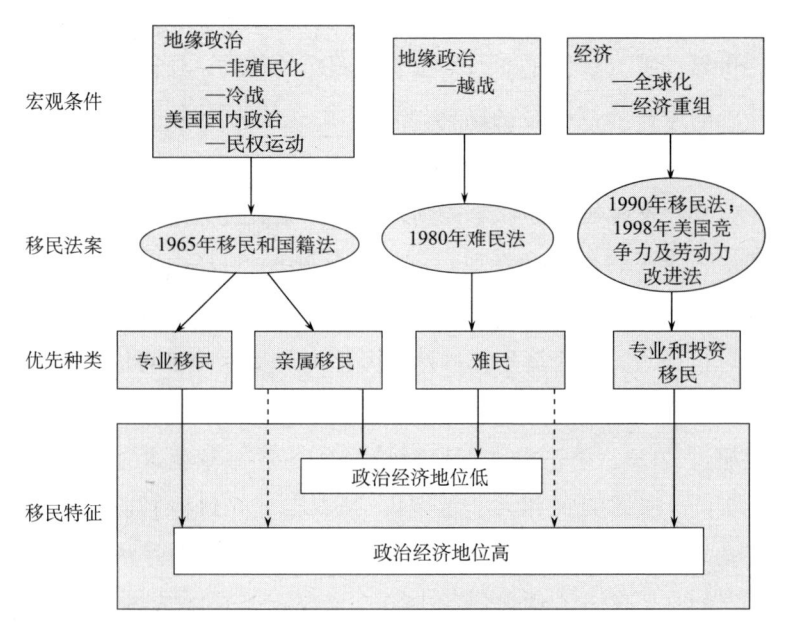

图 2-2 美国移民政策和移民特征变化

宏观条件：
- 地缘政治——非殖民化、冷战；美国国内政治——民权运动
- 地缘政治——越战
- 经济——全球化、经济重组

移民法案：
- 1965年移民和国籍法
- 1980年难民法
- 1990年移民法；1998年美国竞争力及劳动力改进法

优先种类：
- 专业移民、亲属移民
- 难民
- 专业和投资移民

移民特征：
- 政治经济地位低
- 政治经济地位高

冷战时期，美国在国外的经济和军事参与极大地改变了美国和移民来源国的状况。美国海外投资造成移民来源国的两极分化的潜在移民群体，美国军事介入产生受战争影响的难民和流离失所者。二战后，为了在国际舞台保持美国霸权，防止苏联在亚洲扩展影响，美国在许多亚洲国家实施了经济和军事援助计划。这些计划类似于欧洲的马歇尔计划但规模较小。美国鼓励这些国家发展出口导向型经济，该类型经济增长战略使当地经济与美国相连接并促进美国经济转型，因为美国经济中的劳动密集型行业被转移到低工资国家，这些亚洲国家的经济增

长造成了快速的城市化,但同时却难以容纳本国经济的剩余劳动力。美国还通过师生交流项目在许多发展中国家投资教育系统,这些教育交流不仅输出美国民主价值观念和意识形态,也带来发展中国家的人才流失(Liu and Cheng,1994)。所有这些因素导致新移民浪潮(包括非熟练、半熟练劳工和高度熟练的专业人员)在1965年移民法案通过后涌入美国。

美国在海外的军事介入也对特定移民政策和状况的改变产生重要影响,韩战造成来自韩国的移民增加。美国在印度支那地区[3]十几年的军事干预不仅造成美国和印支地区国家的重大人员伤亡,而且在1975年西贡沦陷后导致大量难民潮。为了安置此次美国历史上最大的难民潮,国会通过"1980年难民法",将难民与定期配额移民系统分隔。根据该法案,总统与国会协商决定每年多少难民可以进入美国。与典型的移民不同的是越南、老挝、柬埔寨难民在战争爆发前并没有打算迁移到美国,也不准备"融入"美国社会;他们的到来是美国在其母国军事干预的直接结果。因此,很多东南亚难民经历了被迫撤离迁移到美国的过程,在战争和长途旅行期间失去了一切——家庭、朋友、财产和物品。他们不得不在一个完全不同于他们自己国家的土地上重建人生。虽然很多人感谢美国所提供的机会,但他们的调适过程往往比其他"普通"移民更为困难。

1991年10月1日生效的"1990年移民法"为适应经济转型、资本全球化和人才流动对移民政策进行了进一步调整。所有移民被分为三类:家庭担保、就业和多元化移民。并在1991年、1992年和1993年财政年度为香港提供每年1万名移民配额。这项立法是对国际舞台地缘政治变化的直接反应,即中国和英国之间达成的协议——香港于1997年7月回归中国。"1990年移民法"为就业移民提供每年14万签证:包括4万名"优先工人"("具有非同寻常能力的外国人;杰出教授和研究人员;某些跨国公司主管和管理者");4万名"持有高级学位或具有特殊能力的专业人士";4万名"技术工人、专业人员和其他工作人员";"某些特殊的移民"和"创造就业移民"各1万名。创造就业类移民是与加拿大和澳大利亚等国直接竞争的结果,用以吸引提供金融投资移民,申请"创造就业"类别的移民(即申请EB-5签证者)需要在美国投资100万美元,建立新商业企业并创造至少十个新就业机会,法律鼓励这些移民在"有针对性的就业地区"、农村或高失业率的城市地区建立企业,在上述地区符合"创造就业"类移民资格的移民雇主只需投资50万美元。L-1签证("公司内部调动人员")也鼓励跨国公司在美国投资和设立分支机构,并使其跨国管理人员成为潜在的移民。这些L-1签证持有者在美国成功经营业务一年后有资格申请永久居住权。国会在这项法案中还设置"专业职位"的新H1-B非移民签证,其申请者需要至少拥有学士学位或同等学力或具有工作经验。成功申请者可以在美国工作长达六年,他们和直系亲属在此期间有资格申请在美国永久居住权。20世纪90年代特别是自"1998年美国竞争力及劳动力改进法"(ACWIA)通过后,在美国高科技企业急于招聘受过良好教育和高度熟练的外籍专业人士的压力下,国会一再大幅增加H1-B签证配额。H1-B签证的年度配额从

第二章 多族裔聚居郊区：非传统少数族裔集中区

6.5万增加至11.5万，而后增加到19.5万，直到2004年财政年度后重新回落至6.5万。2005年以来在美国知识产业公司密集游说下，国会额外增加2万名额给获得美国硕士以上学位的外国学生。高等教育机构和非政府组织（NGO）获豁免可不受配额限制招聘H1-B签证人员。

除了强调家庭团聚的传统价值观，1990年移民法和其他最近的移民政策很明显突出就业移民和资本投资，以适应日益全球化的经济转型过程。这些新的移民法规已极大地改变移民的社会经济构成，尤其是从迅速发展的第三世界国家和新兴工业化国家（NIC）、东南亚国家联盟（东盟）、印度和中国等迁入的移民。这些移民法案特别为受过良好教育的专业和管理人才提供机会。与传统的移民不同的是，这些新移民通常并不仅仅受过良好教育和专业培训，他们往往富有并持有便于携带资产，不过他们可能没有很高的英语水平，或是可能不愿意完全融入美国主流社会。一定的英语熟练程度足以处理他们的业务，英语技能不一定成为事业成功的先决条件。这些新移民往往选择同宗同族人口众多的大城市定居，以便保持和发展业务和个人关系网。这些移民中的很多人处理国际贸易和金融业务涉及其母国、美国或其他国家，融入美国社会并非第一要务，跨国或全球关系的发展才是关键。最新美国移民政策的结果是一种新型旅居者（Sojourner）的出现，对他们而言穿越海洋和国界犹如在美国国内城市穿越主要街道般自如。

1965年移民法对各地的影响一直不一。有些州成为新移民的主要接收地，而移民更多集中在大都市区而非乡村地区。

传统移民集中的大城市，如芝加哥、洛杉矶、纽约、旧金山和华盛顿特区吸引大批新来的多元化移民。这些全球资本、商品、信息和人员流动中心的世界级城市，更有可能是多族裔聚居郊区形成的地点。

（三）地方条件

国际和国家层面的经济转型和政策变化可能为多族裔聚居郊区的发展提供基础，但他们本身并不保证多族裔聚居郊区是否在特定都市区发展。多族裔聚居郊区的建立在一定程度上取决于地方的具体条件。地方条件不只是全球和国家背景的反映，也有其自身特定的变化。它们受到地理区位/物质环境、人口/政治/社会经济条件和上述因素历史表现的影响。正如上文所提到的，在资本、商品、信息和人员全球化中发挥着重要作用的世界城市，为多族裔聚居郊区的形成提供更大潜力。那些已经出现少数族裔聚居区、民族商业区和相关网络的世界城市对多族裔聚居郊区发展尤为理想。然而，并不是每个世界城市都能目睹多族裔聚居郊区的发展，每一个多族裔聚居郊区也不会都在相同条件下建立起来。

在本节中，笔者将重点阐述洛杉矶地区的地方条件和多族裔聚居郊区形成之间的关系。正如芝加哥通常被视为典型的工业城市，洛杉矶常常会被视为21世纪后现代化的世界城市。"洛杉矶模式—分散模式低密度增长—可能会成为城市发展的新范式"（Dear，1996，1-2页；请参阅 D. Miller，2000）。洛杉矶是美国第二大都市区，20世纪80年代末以洛杉矶市中心

第二章 多族裔聚居郊区：非传统少数族裔集中区

为圆心 60 英里为直径的区域占整个加州国际贸易的 56%，其年总产值近 2 500 亿美元。洛杉矶人均生产总值位列世界第四大经济体并且因巨大的海外投资总额洛杉矶城成为国际资本之都（Dear，1991；Soja，1989）。

洛杉矶大都市区始终以空间分散的方式增长。到 20 世纪 90 年代有超过 1 400 万人口、5 个县和至少 132 个市。当代洛杉矶宣称自己是"全美密度最大的专业技能和军工聚集体"（Soja，1989，224 页）。它包含鲜明对比：既有很多高科技公司（特别是在橙县），也存在血汗服装工厂区；在那里既有最好的科学家和技术人员，也有无数蓝领和低技术移民劳工；既有美丽的海滨城市和富裕的山坡社区，也有贫穷和经济低迷的贫民窟。洛杉矶既是美国最富有人的家园，也是集中在衰落区域迅速增多的无家可归者的聚集地（Rowe and Wolch，1990）。已不再是人口多数的非西班牙裔白人大部分住在都市边缘地区而很多少数族裔移民则居住在市内或近郊。其结果是，洛杉矶是美国种族最为多元化的地方之一。洛杉矶城市系统内在机制导致该区域经济和社会的两极分化。大量不同群体被摒弃在美国城市主流社会之外：依赖社会福利的失业贫穷人口与（合法和无证）的新移民群体，这些新移民对美国社会认知有限，但他们的文化和价值观被混合到主流社会中。洛杉矶经济基础和社会关系如此复杂、多元化，这座城市展示了一种新奇的、后现代化风格的、高度不确定的区域环境，形成一种具有全球大都市特征的新时空组合。

作为世界级大都会，洛杉矶为移民提供从事国际业务和民族经济转型的机会。洛杉矶-南加州以其太平洋沿岸的大港口具有日益重要的环太平洋沿岸的区位优势。1994年洛杉矶港区（包括洛杉矶、长滩和怀尼米）、洛杉矶国际机场和麦卡伦货场的货运吞吐量超过纽约成为全美最大的进出口海关区（Lowenthal et al.，1996，28页）。洛杉矶拥有多样的移民社区，如中国城、小东京和东洛杉矶西裔集居区，加之可扩展的商业网络以吸引更多的新移民。洛杉矶的空间分散发展方式有助于郊区少数族裔社区的建立。所有这些地方条件使洛杉矶也许比任何其他城市更能成为多族裔聚居郊区形成的理想场所。

二、多族裔聚居郊区的形成过程

像大多数美国人一样，少数族裔群体在20世纪50年代和60年代为了获得更好住房条件和社区环境搬到郊区。一些早期少数族裔郊区居住者（包括经济条件较佳的移民和他们在美国出生的后代）形成小规模住宅集居区。该阶段这些在郊区的集聚可能是自然生长的结果。在这些先行者迁移到特定邻里后不久，他们的亲戚朋友基于相同原因随后在同样的邻里社区购置物业。这些原因包括具有支付能力、较新的房屋、好学校、好环境，最后但也是最重要的原因是原有居民对少数族裔邻居逐渐增加的接受程度。这些早期低密度集居区可能成为多族裔聚居郊区发展的先驱。

地缘政治和全球经济的改变与美国移民政策转型相结合使

多族裔聚居郊区得以生根和成长。移民涌入和新经济网络的建立促成在都市区内的特定位置多族裔聚居郊区的建立。"1965年移民和国籍法"的实施造成亚洲和拉丁美洲移民以前所未有的数量移居到美国。传统小型拥挤的市中心少数族裔聚居区已经不再能够容纳所有的新移民。其结果是,许多移民直接在郊区定居而从未经历过市中心民族飞地的生活。圣盖博谷地区即为一例,大量亚洲新移民直接迁居于此,部分原因是因为圣盖博谷已有很多亚裔美国人。许多高科技地区,例如硅谷和许多新泽西州的城镇,可以为移民(特别是高科技人才,包括 H1-B 签证持有者)提供在靠近工作单位的郊区定居,并确保他们的后代接受美国最佳教育,因为这些地方往往拥有优越的学区。之后,移民链又为这些地区移民的进一步集聚发挥了重要作用。

不论郊区少数族裔增加的理由为何,少数族裔人口的存在为建立特定民族企业和专业服务提供需求,例如超市、房地产公司、移民事务/金融和法律服务、语言学校和旅行社。随着少数族裔人口增加、民族企业繁荣发展,加之两者彼此助长吸引更多的新移民居民和工人。发展有时会导致长期居民与新移民之间的紧张局势,而这反过来又促进少数族裔居民参与政治活动。更多移民成为美国公民,很多人积极参与基层活动和政治选举,并参与到地方社会、文化和经济事务中去。正是在这些条件下,一些郊区形成或转化为多族裔聚居郊区。多族裔聚居郊区形成的阶段,新移民进一步集聚的过程可能是少数族裔群体有意为之共同努力的结果。例如,少数族裔房地产经纪人可能引导新移民至某些地区居住，少数族裔金融机构通过类似的方式为特定地区的居民提供住宅和商业贷款。

(一) 多族裔聚居郊区：地位与关系

作为一种郊区的少数族裔集中区新类型，多族裔聚居郊区在当代社会经济和政治结构中占据独特地位，具有各种不同的社会和经济关系。多族裔聚居郊区是有着自身内部社会经济结构的完整功能社区，并被纳入国家和国际的信息交换、业务连接和社会活动网络之中。

相比传统少数族裔聚居区，多族裔聚居郊区为少数族裔人口提供了更广泛的空间和更多元化的经济活动。多族裔聚居郊区的经济活动不仅包含传统民族经济，还涉及资本全球化以及商品和劳工（包括熟练、半熟练工人，或非熟练工人）国际流动的功能。少数族裔拥有和经营企业的建立吸引越来越多的移民企业家、劳动者和客户搬到郊区，多族裔聚居郊区中的少数族裔社会经济结构随之增强。然而这也可能造成多族裔聚居郊区不同阶层间的紧张和冲突。多族裔聚居郊区在一些美国大都市区已经取代或正在取代传统市中心少数族裔聚居区作为新移民重要入口与门户。多族裔聚居郊区一旦建立，将持续在空间上增长和蔓延，在社会经济上逐步发展。

(二) 社会经济背景下的多族裔聚居郊区

图 2-3 描述多族裔聚居郊区的民族经济与全球化的资金、人员流动之间的关系。

第二章　多族裔聚居郊区：非传统少数族裔集中区　45

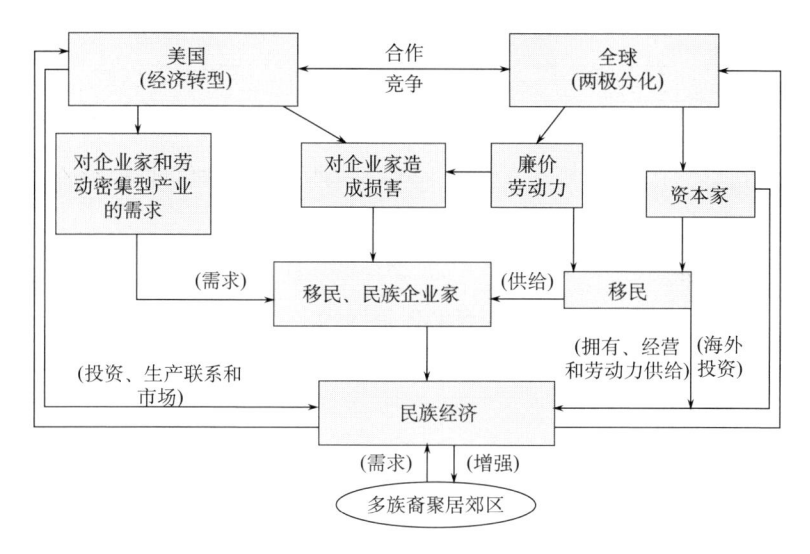

图 2-3　民族经济与社会经济环境中的多族裔聚居郊区

资料来源：据 Light and Bonacich，1988，427 页图 5 修改。

世界经济中竞争与合作刺激了日益增加的全球富人与穷人的两极分化并带来美国经济转型。例如，再工业化和廉价的国内劳动力为新兴企业和劳动密集型企业与海外竞争提供了机会。全球性两极分化的趋势加剧了不同经济状况的人口的分化，使廉价的劳动力和资本家之间的贫富区别日益增大。不断变化的移民政策和地缘政治刺激劳动者和百万富翁加入到新移民浪潮中。因此，少数族裔经济从民族资本家（包括移民和那些留在自己的国家但在美国投资者）手中接收投资资源，同时也依赖于贫穷移民为主的劳动力。多族裔聚居郊区吸引民族百万富翁投资并为穷困的移民提供工作机会。多族裔聚居郊区的形成需要强大的族裔经济而族裔经济又增强了多族裔聚居郊区。多族裔聚居郊区族裔经济与主流社会经济间形成投资、生产和市场联系。族裔经济本身的形成进一步加速经济转型与国际财富极化,因为它越来越多地融入国家和全球经济体系中。

(三) 多族裔聚居郊区中的社会经济关系

图 2-4 说明了在多族裔聚居郊区内的社会经济关系。它描述了族裔社会形成与种族/阶级矛盾(包括少数族裔内和族裔群体之间的关系)。

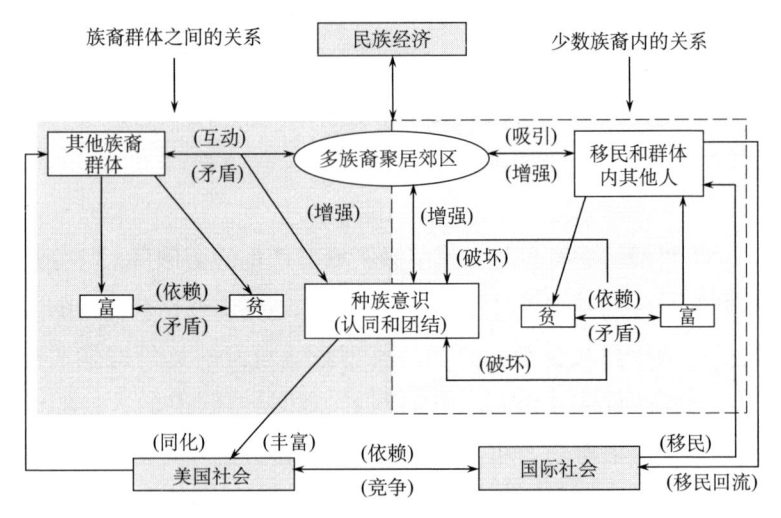

图 2-4　社会经济背景下多族裔聚居郊区

新兴的多族裔聚居郊区产生族裔经济要为其消费市场提供服务要求。这种经济为多族裔聚居郊区创造商业机会并为少数族裔提供就业岗位，族裔经济的建立吸引更多人在多族裔聚居郊区生活和工作。越来越多的新移民利用他们的技能和劳力开办和经营少数族裔企业并光顾其他店铺，反过来加强了民族社会经济结构并提高了多族裔聚居郊区居民的民族认同感。

与此同时，移民大量涌入传统美国白人的领地——郊区，迅速改变着地方的居住景观和商业运营环境，有可能导致新的少数族裔和长期居民之间的误解、不信任和各族裔群体的紧张关系。有时这种紧张关系被种族化升级为有关经济发展、社会适应、文化环境和政治参与之间的冲突。但这种冲突也使少数族裔和主流群体了解认识自己的民族意识和身份，在某些情况下增进其内部团结。换言之，多族裔聚居郊区的出现可能会增强各族裔的种族意识并强化其现有分化。

多族裔聚居郊区也可以为从同一种族背景分化出的人群提高阶级意识，并可能增加同一种族背景不同阶层的潜在冲突。贫富之间的相互依赖性增强了种族意识而他们之间的冲突则破坏民族团结。在多族裔聚居郊区中少数族裔与其他族群存在互动，但这些群体之间的冲突倾向于增强民族意识。有时阶级利益超越种族界限成为冲突的主要原因。因此，同一种族和不同族裔之间的紧张局势和冲突不仅与种族有关，也基于各个阶层利益的不同。

三、多族裔聚居郊区：
与贫民区和飞地的区别

多族裔聚居郊区在以下方面不同于传统少数族裔聚落类型的贫民窟和飞地（表 2-1）。

表 2-1 少数族裔贫民窟、飞地和多族裔聚居郊区

特征	贫民窟	飞地	多族裔聚居郊区
成因	强制隔离	强迫和自愿	自愿
空间形式	小规模	小规模	小到中等规模
人口密度	高密度	高密度	中等密度
位置	内城	市内和郊区	郊区
经济	缺乏自主经济	服务业和劳动密集型行业	各类企业
内部分层	不明显	不太明显	明显（族裔内部和跨族裔）
交往	族裔内部	主要为族裔内部	族裔内部和跨族裔
紧张关系	跨族裔	主要为跨族裔	族裔内部和跨族裔
社区	内向发展	主要为内向发展	内向和外向发展
示例	传统华埠（19世纪）	当代华埠	多族裔聚居郊区 圣盖博谷

（1）动态特征。多族裔聚居郊区的形成可能因某少数族裔刻意建立自己劳动力和消费市场并为了融入更广泛的国家和国

第二章 多族裔聚居郊区：非传统少数族裔集中区

际社会经济地缘政治背景所致。与贫民窟居民缺乏经济实力不同的是，多族裔聚居郊区的建立者因其经济实力较强，能够选择潜在的区位。贫民窟的各族居民缺乏自主经济，多族裔聚居郊区的少数族裔居民拥有其社区的大部分或关键性企业。多族裔聚居郊区中的经济活动不仅涵盖传统意义上的族裔经济，而且还参与资本全球化、商品和技术熟练/高科技/管理人才的跨国流动。这种状况可能因不同族裔群体而有所不同，取决于他们的人口规模、迁移意愿以及经济能力；同时还受地方应对的影响——主流社区可能的抵制，政府推动或限制的政策。与贫民窟被强制隔离不同的是，多族裔聚居郊区是各族人民为扩大个人网络和商业联系建立的熟悉语言和文化环境的社区，它是自愿集中的结果。

（2）地理区位和密度。多族裔聚居郊区位于郊区，比贫民窟和飞地的地理范围更大、少数族裔人口较多且密度低。它们可能包括许多自治市和无建制地区，而不像市中心贫民区和少数民族聚居区只是个别街区或区段。少数族裔人口在多族裔聚居郊区可能会比传统民族社区更多，但某一特定族群所占比例并不比传统街区高。在一些地方多族裔聚居郊区中少数族裔的占比例可能低至 10%—15%，他们难得占人口多数，但他们的存在可以改变当地居民构成、商业结构以及对当地景观烙下不可否认的民族印记。少数族裔的住宅和企业往往在多族裔聚居郊区相对集中形成可识别集中区，但他们并不高度集中在一个地方。与贫民区和飞地清晰的边界不同，多族裔聚居郊区的边界往往是模糊的，很大程度上带有随机性。

(3)内部分层。多族裔聚居郊区中的各族居民比在贫民窟和飞地居民的社会经济状况与职业结构更为极化。其后果是多族裔聚居郊区可能不仅产生不同族裔群体之间的种族紧张,而且可能有同一族群内部不同阶层间的冲突。富有和贫穷的人均在多族裔聚居郊区定居,但经常居住在同一社区的不同部分或邻近的不同社区。少数族裔拥有和经营企业(包括传统意义的民族企业和现代意义的专业企业)吸引了更多新移民在这些郊区聚集生活和工作。越来越多的移民强化了族裔社会经济结构,但该结构同样也增加了族群内部不同阶层冲突的潜在可能。

(4)功能。19世纪欧洲裔美国人在郊区聚居主要是"入侵和继承"的结果,在此过程中经济条件较佳的长期移民或后代离开市区迁往郊区。与之相反,多族裔聚居郊区则作为不同社会经济背景的新移民的"入境口岸"。与内向发展成为孤立社区的传统少数民族聚居和贫民区不同,多族裔聚居郊区对主流社会更为开放成为多种族和多元文化的郊区。许多美国人作为游客去市中心民族飞地,像中国城,游玩一天后回家,得到一种"异国情调"的体验。但在多族裔聚居郊区,你的隔壁邻居是少数族裔居民,你附近的商店可能看起来就像在中国城看到的店铺。考虑到多族裔聚居郊区的混合环境以及少数族裔居民与不同背景的人们日常接触,使其在社会、经济及政治的追求上既有内向发展的趋势也有外向发展的诉求。他们与其他民族在经济活动、社会事务和政治参与方面有着更多的接触与互动。他们比贫民区和飞地的居民更积极地参与主流政治和社区事务。但他们也正是通过多族裔聚居郊区的建立保持和展示其民族的亲和力。一旦多族裔聚居郊区建立便成为该族裔的新中心，族裔意识通过经济、社会和政治关系的网络得到增强。虽然族裔内部存在分歧和冲突，一旦权利受到威胁该族裔经常团结一致争取他们的权利。民族意识的培养导致发展和繁荣。

四、多族裔聚居郊区与理论思考

仍居住在市中心飞地的少数族裔人口大多教育程度较低、较为贫穷，通常是少数族裔就业市场中的低技术工人。因为多族裔聚居郊区的出现，在郊区已被同化、生活小康、居住分散的少数族裔人口的传统形象已经发生改变。在多族裔聚居郊区少数族裔人士不只在住宅和商业区空间集中，同时在经济和社会结构中发生分化。由于这样的集聚，少数族裔的同化过程在多族裔聚居郊区放缓并呈现不同的形式。

"同化"在少数族裔群体内继续。不过，一个人口规模较大、相对集中、持续移民和跨国关系密切的少数族裔群体可能象征性地同时实质性地维持高水平的民族意识、认同和亲和力。因此，"同化"与族群认同可能成为共存互补的进程。此外，多族裔聚居郊区模型可以通过社会理论基本原理空间维度的展示阐述多元化与新出现的新观点，这些新观点关注种族、阶级和性别之间的社会化建设及其相互联系。

多族裔聚居郊区的兴起最终从根本上挑战传统同化理论。

同化理论假定民族意识是一种临时和静态的功能，并将逐步消失；全美各族人民最终将融入基督教美国白人社会。但是由于多族裔聚居郊区的建立和新型移民的大量涌入，同化未必是一个不可避免的过程。虽然这些新移民可能是守法居民或美国公民，他们（一些难民）不见得准备好或（一些跨国人员或投资移民）不愿意充分同化。全国性的反对移民浪潮和新文化种族主义的崛起，尤其是谁应该是"美国人"的争论，公众和国家机器会多大程度的容忍多族裔聚居郊区现象以及上述反应会如何塑造或限制多族裔聚居郊区的未来，仍然有待观察。

　　同化本身需要一定的社会条件。只有当社会为每个民族提供公平的竞争环境，没有偏见和歧视，少数族裔同化才有可能。许多非欧洲族裔在美国遭受严重歧视甚至暴力袭击，同化对他们而言只是一个遥远的承诺。种族化依然存在并在社会中起作用，很难让人相信同化是移民和少数族裔相关的所有社会问题的答案。此外，不同族裔的文化和行为都同化为单一基督教美国白人社会是美国的最佳利益所在吗？这仍然是一个悬而未决的问题，全球化与跨国主义则提供不同答案。

　　或许同化过程应该被重新定义为一个双向分离集成连续过程，各个族群可沿任一方向移动，而不是将移民最低程度的、象征性地变成"美国白人"的单向转变过程。洛杉矶圣盖博谷多族裔聚居郊区的华人社区代表一种新的类型，在美国社会经济和政治上部分融入，但仍保留其身份认同与文化遗产。他们最终可能会改变美国主流社会，而他们自身转化过程说明同化过程可能会越来越多地成为双向道路。

第二章　多族裔聚居郊区：非传统少数族裔集中区

通过几个不同空间尺度的多族裔聚居模式与政治、社会、经济状况等因素相关联，多族裔聚居郊区概念提供了一种在强大社会理论基础上理解民族关系变化的依据，这比仅依赖同化或多元主义理论更为可行，同时还更好地阐述了当代少数族裔聚居区社会空间的动态特征。

注　释

1. 华盛顿邮报援引国会议员罗伯特 T. 松井（民主党-加州）1993 年 11 月 18 日，A-10。
2. Hing，1994；Hutchinson，1981；Ong and Liu，1994；Sassen，1994。
3. 为方便起见，作者使用"印度支那"代表受越战影响最大的三个国家：越南、老挝和柬埔寨。

第二部分
洛杉矶华人多族裔聚居郊区

第三章　华人居住形式变迁

作为最早在美国西海岸定居的移民群体之一，华人与其他种族少数群体一样是种族歧视的受害者和经济困难时期的替罪羊。他们面临偏见和暴力、排斥和递解出境，并被迫避难于他们的社会和空间世界——市中心中国城。他们在美国的命运是不断变化的全球、国家和地方状况的反映。当中国与美国是盟友时，在美国的华人成为两国友谊的象征；当两国在国际舞台处于敌对时，即便是成为美国公民的华人也面临敌意。

美国华人移民的状况在"1965年移民和国籍法"通过后大为改变。被称为"链式迁移"的现象造成许多新移民的迁入，因为一个移民的迁入不仅激发了家庭成员也促成亲戚朋友的到来。受过良好教育和专业培训的人才和仅为寻求工作的劳动者，都对美国的经济、政治和社会做出了重要贡献。随着华人人口构成上的变化，他们的定居形态亦随时间推移而改变。在美国许多城市地区，中国城已经从传统的民族聚居区或飞地转化为国际投资与都市更新的地点。此外，少数族裔定居的新形式——多族裔聚居郊区，业已出现并趋于成熟。

一、1965 年前的美国华人聚落

华人是最早迁移到北美的亚洲移民。[1] 自 1850 年起,他们大批迁往美国。据称 1820—1850 年仅有 46 名在中国出生的华人来到美国,其后十年数目增加至 41 397 人(美国人口普查局,1864,xxii 页)。19 世纪下半叶中国清政府的繁重税收、腐败和压迫,加之人口压力和自然灾害,导致粮食短缺、社会动乱和叛乱丛生。很多人,特别是来自广东省南部的农民,登船赴海外求生。美中之间"1868 年蒲安臣条约"进一步鼓励华人自由移民至美国,以便为美国提供稳定的劳动力供给。这些早期华人移民被美国的淘金热和工作机会所吸引,成为"寄居者",他们希望能找到财富,赡养家庭,最终返回中国。他们大多为男性青壮年选择在西海岸尤其是在加州定居。这些华人被雇用以满足美国西部边疆经济发展对劳动力的需求。他们在矿山、铁路建设工地、制造业、农业及渔业从事体力劳动。1880 年在美的华人数量达到 105 000 人(表 2)。[2] 仅加州一地,华人占人口总数 10%,占当地劳动力的 1/4(Chinese Historical Society of America,1994;Mangiafico,1988)。

尽管中华文化与欧裔美国人文化差别极大,但社会紧张局势和经济竞争才是挑起对华人仇恨的主要原因。最初雇主们欢迎华人并常雇用他们替代罢工者,因为他们是廉价勤奋的劳动力,这引起了华人和白人劳工之间激烈的就业竞争。果然不出所料，19 世纪末期那些反华的白人暴徒大多是工人阶级。1872 年股市崩盘后经济形势恶化，随之而来的 1876 年的严重旱灾造成大规模企业倒闭和失业。在"劳工党"带领下武装分子要求"华人必须离开"成为主要口号，西部数州爆发反华暴行。文化差异只是在后来被用于团结白人反对华人，此时华人被指责为"不能同化"。因此华人成为经济衰退时期的替罪羊，并在美国持续的社会经济压力下成为被种族化的族群。

尽管早期反华情绪明显与经济竞争有关，但它也反映出根深蒂固的对非白人的种族主义态度——强调白人优越和"黄种劣势"。Page 法案（"有关移民法案的补充法案，1875 年 3 月 3 日"）是第一个限制女性移民的联邦立法。该法案明确地假设中国女性移民中的很多人是妓女，以此特别试图阻止华人女性移民入境。在 1878 年 2 月 25 日一份国会教育和劳工委员会报告中特别指出华人男性为"不受欢迎的公民"，原因有三：对劳动力市场的影响、对社会的负面影响和无法同化（Chinese Historical Society of America，1994；Leong，1994）。1879 年加利福尼亚通过第二个州宪法，其中宣布华人为"不受欢迎者"。这些法规反映出种族和性别意识形态相互交织的关系，以此阻止华人特别是华人女性移民。此外，至少对华人来说它们清晰地表明，同化不是移民想要融入美国社会的自愿目标，而是强加于他们的文化接受条件。当他们被认为不能满足这些文化要求时，华人被贴上为"无法同化"的标签。因此同化成为一个族群是否应该获准移民的重要标准。

西部数州反华情绪促使国会通过排华法案（"执行某些有

关华人条约规定的法案"），由亚瑟总统于 1882 年 5 月 6 日签署生效。它是首个和唯一一个完全基于种族与阶级而禁止某一群体移民的联邦法律。排华法案规定在十年期间禁止熟练和非熟练华人劳工来美。它在开篇伊始便指出"美国政府认为中国劳工的到来危害到这个国家一些地方的良好秩序"（U. S. Congress，1882，211 页）。排华法案在 1884 年、1888 年、1892 年、1893 年、1898 年、1901 年、1902 年被修订或更新，直至 1904 年被无限期延长。在此期间排华在美国国内政治中被称为"中国问题"，1882—1913 年国会总共颁布 15 个反华法案。例如，1892 年 Geary 法案要求所有华人向任何执法人员提供合法居留证明，否则可能会导致关押和递解离境。不难看出 102 年后加州选民通过的 187 提议中一项条款与 Geary 法案极为相似，即移民任何时候必须携带合法居留证明，法院后来裁定 187 提议违反现行州法。

  排华法案还开辟了日后用以对付美国其他少数族裔群体的先河，并成为其他国家效仿的范本，加拿大和墨西哥通过了类似法律。加拿大自 1885 年至 1923 年向所有华人移民征收人头税并在 1923 年颁布了自己的排华法案。在排华法案实施的前 40 年中，1920 年在美国华人总数（包括在美国出生的下一代）下降到 62 000 人，刚刚超过 1880 年人数的一半。在西海岸加利福尼亚和俄勒冈等州，华人人口减少更为严重（表 3-1 和图 3-1）。[3]

表 3-1 在美国华人数量 (1850—2010 年)

年份	总数	男性	女性	男女比例	外国出生：美国出生比率
2010	4 010 114	1 884 819	2 125 295	0.89∶1	1.64∶1
2000	2 865 232	1 387 290	1 477 942	0.94∶1	1.63∶1
1990	1 648 696	821 542	827 154	0.99∶1	2.26∶1
1980	812 178	410 936	401 242	1.02∶1	1.73∶1
1970	433 469	227 163	206 306	1.10∶1	0.89∶1
1960	236 084	135 430	100 654	1.35∶1	1.53∶1
1950	117 140	76 725	40 415	1.90∶1	0.63∶1
1940	106 334	73 561	32 773	2.24∶1	0.92∶1
1930	74 954	59 802	15 152	3.94∶1	1.43∶1
1920	61 639	53 891	7 748	6.96∶1	2.41∶1
1910	71 531	66 856	4 675	14.30∶1	3.84∶1
1900	89 863	85 341	4 522	18.87∶1	8.97∶1
1890	107 487	103 618	3 869	26.78∶1	35.69∶1
1880	105 000	无数据	无数据	无数据	88.15∶1
1870	63 199	58 649	4 550	12.89∶1	121.25∶1
1860	34 933	无数据	无数据	无数据	无数据
1850	758	无数据	无数据	无数据	无数据

资料来源：T. Almaguer，1994，156 页；S. Chan，1991，94 页；M. Zhou，1992，44 页，表 3-1；

U.S Bureau of the Census，以下为人口普查年份：
1860：第 xxviii 。
1890：表 12，第 474 页；
1910：表 4，第 79、82 页；
1920：表 20，第 94 页；表 22，第 104 页；表 71，第 302 页；
1930：第三卷，第一部分，表 17，第 123 页；第二卷，表 1，第 25 页；
1940：第二卷，第一部分，表 22，第 52 页；
1950：P E No. 3B，表 5，第 19 页；表 29，第 87 页；
1960：表 4，第 4 页；表 26，第 91 页；
1980：PC-80-2-1E，表 1，第 2-3 页；
1990：CP-3-5，表 1，第 6 页；
2000：http://factfinder.census.gov/servlet/DTTable；
2010：SF2，表 PCT3 表 PCT4。

62　多族裔聚居郊区——北美城市的新型少数族裔社区

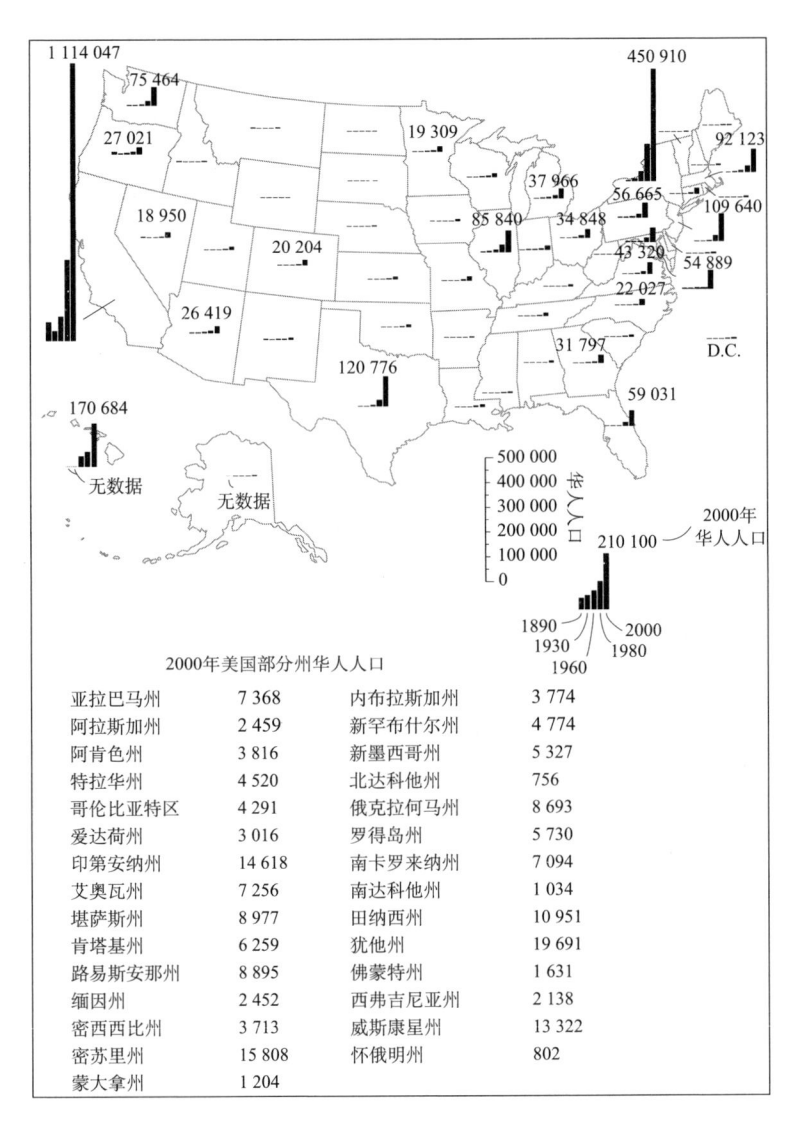

2000年美国部分州华人人口			
亚拉巴马州	7 368	内布拉斯加州	3 774
阿拉斯加州	2 459	新罕布什尔州	4 774
阿肯色州	3 816	新墨西哥州	5 327
特拉华州	4 520	北达科他州	756
哥伦比亚特区	4 291	俄克拉何马州	8 693
爱达荷州	3 016	罗得岛州	5 730
印第安纳州	14 618	南卡罗来纳州	7 094
艾奥瓦州	7 256	南达科他州	1 034
堪萨斯州	8 977	田纳西州	10 951
肯塔基州	6 259	犹他州	19 691
路易斯安那州	8 895	佛蒙特州	1 631
缅因州	2 452	西弗吉尼亚州	2 138
密西西比州	3 713	威斯康星州	13 322
密苏里州	15 808	怀俄明州	802
蒙大拿州	1 204		

图 3-1　1890—2000 年美国各州华人人口

迫切希望挣钱养家并为了避开排华法律，20世纪初许多抵美的华人成为"假证儿子"。1906年旧金山地震和大火摧毁了包括出生证书等的官方文件之后，华人立即抓住机会自称是美籍华人的子女。美国随即在旧金山湾天使岛成立了拘留讯问中心，意欲揪出试图蒙混进入美国的华人。据报道，在1910—1940年约5万华人被拘留数周、数月，甚至数年，其间被反复审讯来决定其命运。

在排华和暴力阴影下的华人为了应对美国社会施加的苛刻条件，变更了其经济战略、居住模式和分布区位。他们不再从事与白人劳工直接竞争的职业，并开始转向所需初始资金少的商业业务。因此洗衣房和餐馆成为直到二战结束后华人在美的两类主要商业活动。具有讽刺意味的是华人男性在祖国极少从事这两种类型的工作。华人离开小城镇和农村在城区建立中国城以激发社会凝聚力和民族团结，直到20世纪60年代"中国城"主导了华人在大城市的居住模式。中国城通常位于市区衰败地带，移民在此生活工作并设法保护自己免受东道国社会的歧视。中国城成为"一个避难所、住宅区、经济区和实践传统文化的地方"（B. P. Wong，1982，77页）。Loo and Mar（1982，95页）指出"中国城为很多居民提供购物、交通、餐饮、食物和工作的便捷途径；并为与说中文的人一起居住提供机会"。大多数华人在中国城内餐厅和相关服务性行业吃住并工作。那些在城市其他地方开设小企业（主要是手工洗衣）并居住的华人是少有的例外。很多华人避开受敌视的西部地区彻底迁移到其他地区，包括东部沿海大城市，在此期间该地区的华人人口和中国城数量增加。

排华法案对华人社区影响严重。它造成了华人在美国所有主要族裔群体独特的状况。华人男性的权利受到极大地限制：他们不能携妻子来美，反跨族裔通婚法禁止他们与白人妇女形成持久的法律关系，上述限制加剧了赚够钱回中国是其唯一选择的感觉。数代华人在中国与美国之间旅行，以探望家人娶妻生子，"旅居"成了他们的生活方式。一项 1934 年的法律（H. R. 3673）规定，美国公民子女要想成为美国公民在 18 岁之前至少要连续五年在美国居住。因此华人男性美国公民的孩子不得不在 13 岁以前离开他们在中国的母亲，仅有少数中国女孩来到美国。针对华人女性移民和建立华人家庭联系的限制造成美国华人性别比严重失衡（表 3-1）。中国城是父子、叔侄以及男性亲属和朋友的社区。这种人口状况反过来催生了华埠的赌博卖淫等恶行与社会问题。由于歧视和移民的语言困难，华人被迫留在他们自己的社会世界中。[4]

排华时期一直持续了 61 年直到 1943 年中国成为美国战争盟友，排华法案才被废除。二次世界大战期间地方和国家各级都出现要求废止排华法案的强烈呼声。到 1943 年 9 月初很多地方机构（特别是西部各州）通过决议支持废除排华法案。一家旧金山华文报纸列出以下支持者：美国军团加州分部、外国战场退伍老兵加州分部、加州地方议会、旧金山市政府和商会、俄勒冈州议会、波特兰/西雅图/休斯敦商会。

几项废除排华法案条例草案在国会出台，历数主要原因有三项："①作为一种战争权宜之计以激励中国士气；②改变早该修正的针对友好人士的侮辱性歧视；③作为对一个伟大国家的善意表示，与其战后贸易将会带来高收益"（Chinese Press，1943，"废止排华法案"Chinese Historical Society of American，1994重印，8页）。在1943年10月11日致国会书信中，富兰克林·罗斯福总统表示"通过废除排华法案，我们可以纠正历史错误，终止日本扭曲的宣传……华人移民配额将每年仅有约一百个。没有理由担心会导致失业或给求职带来竞争"（L. Wang，1994，69页引用）。

国会的理由和罗斯福的信无疑都表明废除排华法案主要不是出于为华人伸张正义的动机，更多是为了改善美国形象的措施和加强其战争中战略利益。[5] 总统在1943年12月17日签署废除排华法案（"废止所有排华法案，设立移民配额及用于其他用途，公法199"）。这一页纸的法案废除所有以前的排华法案，允许华人移民入籍成为公民，并根据1924年移民法案计算得出每年给予华人105名移民配额。此法案特别指出"最多不超过75％的配额可以给予在中国出生者或中国居民"（U. S. Congress，1943，217页）。这其实将每年直接来自中国或在中国出生的华人移民限制在71人的规模。总共383名华人在1944—1949年以此移民类别获准进入美国。

1946年12月28日通过的"战争新娘法"（公法713）和1946年6月29日"未婚妻法"导致美国的华人移民数量上升，这些法律允许美国公民（尤其是军人）的华人妻子和未成年子女以不占移民配额的方式进入美国。这使得5 687名华人来美并使美国本土华人男女性别比从1940年的2.85降低到

1950 年的 1.89（W. H. C. Chen, 1952; H. M. Lai, 1994）。1949 年中华人民共和国成立与 20 世纪 50 年代初期韩战爆发逆转了中美地缘政治关系和美国人对华人的友善态度。1956 年至 1966 年美国实施"坦白计划"，允许以虚假身份（例如假证儿子）进入美国的华人向移民当局坦白，调整其移民身份并让其家人来美。在此十年期间共有 13 897 名华人参加了这一计划（Lai, 1994）。该计划是麦卡锡时代的产物，它通过相互猜疑、精神压力和焦虑不安来达到揭露所谓"红色代理人"和"红色中国"同情者以严格掌控华人社区的目的（Zhao, 2002）。

反共热情促使国会颁布程序帮助当时在美国大学求学的中国学生和学者[6]使他们毕业后留居美国，并帮助其他华人移民——政治难民、商人、专业人士和前政府外交官在美国寻求庇护。这些高学历、精英阶层的 20 世纪华人"四九年移民"的涌入，改变了在美国华人人口的组成。与 19 世纪华人主要是劳工和旅居者的状况不同，这些新"四九年移民"是中国社会的精英并在来美后定居下来。他们是第一代自己带来财富的华人移民，而不是设法赚钱寄回中国。很多人并不居住在中国城，而成为当今迁往城市郊区移民的先驱。

二、1965 年以来的华人移民

正如 S. H. 蔡（S. H. Tsai）所指出的"民族和阶级区分

明显以及政治倾向复杂的人口是1965年之后形成的华裔美国人社区特点"(1986,157页)。与传统的大多来自广东省和持各种粤语方言的"老侨"不同的是,新移民(新侨)来自不同地方包括中国大陆、台湾、香港和世界其他地区,他们拥有更高层次的教育程度和更好的工作技能。新移民中既有百万富翁也有局限于族裔经济的穷人。

1960—1990年,在美国华人人口几乎每十年就翻一番,同时保持相对均衡的性别比。至1990年华人人口已达到1 645 472人,成为美国第四大少数族裔群体(前三大少数族裔是墨西哥人、波多黎各人和美洲印第安人)。20世纪90年代历经了又一个42.5%的华人增长。由于移民配额增加之故,美国为中国大陆及台湾每年各提供2万张入境签证,华人移民的数量超过了在美国土生土长的华人数目。1970年在美国出生的华人人数多于移民,移民与美国出生华人的比率为0.89,这一趋势在最近几十年被扭转(表3-1)。在1982—1992年间每年共有约5万或更多根据配额和不占配额的华人合法移民进入美国(U. S. Immigration and Natualization Service,移民及归化局统计年鉴,1993)。2000年在美国的1 825 285名华人中的42%是20世纪90年代移居到美国的,同年中国(包括香港和台湾)成为第二大移民来源国(仅次于墨西哥)。2010年美国人口普查数据显示,华人人口总数达到了4 025 055人。

2010年华人人口继续在加州、纽约州、夏威夷州、得克萨斯州和新泽西州等州集聚,上述五州华人数量占华人总数的64.8%。1980—2000年佛罗里达州、佐治亚州、弗吉尼亚州和华盛顿州也经历了华人人口的快速增长（图3-1）。华人倾向于住在城市地区，2000年98%的华人居住在城市，远高于全美平均水平的79%，纽约、旧金山、洛杉矶三大都市区的华人占2010年全美华人的43%，仍是华人分布的最主要区域。

1965年以来华人剧增意味着市区拥堵的中国城再也不能容纳所有新移民。很小一部分的华人继续住在中国城，主要是老年人和贫穷新移民。大多数中国城依然住房条件差、拥挤且犯罪率高。"居民要留下来并不是因为它是理想的居住地，而是由于他们相对于白人美国社会的社会、经济和语言上的弱势"（Loo and Mar，1982，95页）。今天很多城市的中国城主要功能是吸引旅游，展示小型民族商业以及提供合适价位的住房（W. T. Chow，1977）。然而近几十年来大城市的中国城经历了绅士化过程，使得住房负担能力日益成为受关注的焦点。例如曼哈顿的中国城正成为年轻城市专业人员聚居地。

近几十年来，很多经济条件较好的华人迁到有着更好居住环境和邻里的郊区。正如同化理论所预言，很多人在空间分散的同时融入主流社会。他们有些是经济状况良好的第二代或后几代的华裔美国人，另一些则是获得高学历和专业技能的移民。但在社会经济及政治转型背景下，华人社区已相对集中在一些大都市区的郊区，诸如洛杉矶、芝加哥、休斯敦、纽约、旧金山和华盛顿特区。居住在郊区不见得意味着族裔人口的空间分散，而是在某些情况下形成新型少数族裔聚居区。与经济条件较佳的上一辈华人移民和从市中心迁往郊区的美国土生土长的华人不同,这些新移民从未有过在美国市中心生活的经历,他们避开城市中心直接在郊区定居。在郊区定居的移民是多样化的组合,既有带着现金的有钱人,也有贫穷的非熟练工人。

三、洛杉矶华人社区的空间化与种族化

(一) 早期历史

据报道,1781年创建"el Pueblo de Nuestra Senora La Reina de Los Angeles"村的12个住户之一——安东尼奥·罗德里格斯是有着基督教西班牙裔姓名但有华人血统的男子。这是在洛杉矶最早的华人定居者的记录。1850年人口普查称在洛杉矶有两名华人男性佣人阿卢斯和阿四(Alluce and Ah four)。据报道第一位华人女性在1859年抵达洛杉矶。十年后华人总数增至16人(表3-2),他们在洗衣店工作或受雇于白人家庭成为其佣人或劳动者。最早被报道的华人商号是位于法院大楼对面春街的杂货店,它成立于1861年7月13日,光顾者大多是白人客户。随后成立的几个华人商号有药草店、餐馆、古玩店和几个洗衣房,其中大部分满足美国白人社区的需要。[8]

表3-2 洛杉矶县华人人数（1850—2000年）

年份	总数	占总人口%	男性	女性	男女比例
2000	323 093	3.39	156 931	166 162	0.94：1
1990	248 033	2.80	120 850	124 183	0.97：1
1980	93 747	1.25	47 090	46 657	1.0：1
1970	40 798	0.58	21 073	19 725	1.1：1
1960	19 286	0.32	10 836	8 450	1.3：1
1950	9 187	0.22	5 574	3 613	1.5：1
1940	5 330	0.19	3 751	1 579	2.4：1
1930	3 572	0.16	2 701	871	3.1：1
1920	2 591	0.28	无数据	无数据	无数据
1910	2 602	0.52	无数据	无数据	无数据
1900	3 209	1.88	无数据	无数据	无数据
1890	4 424	4.36	无数据	无数据	无数据
1880	1 169	3.50	1 302	69	21.0：1
1870	234	1.53	195	39	5.0：1
1860	16	0.14	无数据	无数据	无数据
1850	2	0.06	2	0	2.0：1

资料来源：美国人口普查局以下年份人口普查：
1890：表2，第9页；表13，第477页；表14，第516页；
1910：表13，第33页；
1930：第三卷，第一部分，表17，第226页；
1940：第一卷，第一部分，第122页；
1950：第一卷，表5，第5-12页；第二卷，第五部分，表47，第179页；
1960：第一卷，第六部分，第6-22页；表28，第196页；
1970：PC (1) -136，表34，第6-310页；
1980：第一卷，第六部分，表50，第六部分，679页；
1990：CP-1-6，表55，第270页；
2000：http://factfinder.census.gov/servlet/DTTable？_ts=41623892875.

1870年华人人数已增加到234名，其中39人是妇女，男女性别比为5∶1。共有108户，其中约一半（52户）是家庭户。这表明即使在华人定居初期，洛杉矶移民人口组成不仅仅只是男性。约1/3的华人住在洛杉矶建市广场南侧紧邻的第一个中国城，其主要街道被称为卡德洛斯内格罗斯或黑人巷。在19世纪70年代早期，华埠至少有周鸿和宁勇（Hong Chow and Nin Yung）两个华人兄弟会（Lou，1982；Mason，1967）。

19世纪70年代中期南加州铁路建设带来了当地华人的经济繁荣。华工受雇建造连接旧金山和洛杉矶、圣塔莫尼卡和洛杉矶之间的南太平洋铁路，其中还要挖掘圣费尔南多隧道。这些工人光顾当地的华人店铺，铁路项目完成后一些人最终在洛杉矶定居。因此华埠扩大到洛杉矶河以东并向南扩展。尽管多数人都认为与洛杉矶河相邻的地区不理想，但它要比广场以西地区更便宜。由于此时出生在国外的华人被禁止拥有土地，他们只能支付业主高昂的租金租用土地。19世纪70年代中期下列三种类型的商业在华埠经济中占有主导地位：第一类主要为美国白人提供商品和服务，如职业介绍、劳动承建商、洗衣店和菜贩；第二类主要为华人服务，包括放债人、理发店、神父及华人杂货店。此类业务的增加主要是因为华人人口增长加之为白人服务的企业不愿意服务华人所致；第三类是既满足华人又服务白人客户的商业，包括零售商店、餐馆、杂货店、肉铺、珠宝商、裁缝和医生。第三类中的杂货商和医生往往最初是为了服务华人，但因其性价比高吸引来了白人顾客。据富国银行1882年编制的华商目录，洛杉矶有41家华人商号，包括

18家洗衣房和11间商店。[9]

　　至1880年，洛杉矶县有1 169名华人，占全县人口总数的3.5%（表3-2）。由于男性劳工的涌入华人男女性别比扩大到21∶1，华人家庭数量增加到约240户。1890年华人人口达到高点的4 424名，创全县总人口4.4%的历史新高。超过2/3的华人都住在洛杉矶市的华埠，华人成为该市最大的少数族裔群体。

　　20世纪之初排华法案开始对洛杉矶产生重大影响。洛杉矶县整体人口增加迅速，但华人居民数量下降到3 209人，只占总人口的1.9%（表3-2）。华人住户数目略有增加至290户。因为他们被主流经济活动所排斥，华人被迫经济上自给自足，这影响到本地职业的分布。从1880年至1900年，华人从事商业（包括所有零售业务）的人数从50人增至285人，华人洗衣店从152家增至575家。华人在这段期间主导了洛杉矶县的洗衣业务。餐馆、干货店、杂货店等为华人客户提供服务的商店蓬勃发展，并于1882年首次在洛杉矶时报发布华商广告。华人服装业正在兴起，1894年洛杉矶有六家中餐馆。然而在同一时期劳动者的数量则从195人降至132人，从总劳力占比的28%下降到2.1%。例如华人菜农从19世纪80年代的208人（占全县的89%）减少到20世纪初的95人（占21%）。当地华人在1900年的四个主要职业分别是农业（44%）、洗衣业（19%）、厨师（11%）和商业（9.5%）。[10]之后虽然洛杉矶县人口总数稳步增加但华人人数持续下降，1920年仅有2 591名华人占县总人口的0.3%，华人人数从1890年高峰迅速下降。

在此之后的缓慢增长主要得益于人口自然增长，直到 1940 年才超过 1890 年的高峰值，达到 5 330 人（表 3-2）。

在华人聚落形成之初，华人是白人暴徒固定攻击的目标。1870—1900 年共有 34 起抢劫案和八起杀人案的受害者是华人。据报道，每五年有 11 至 27 起排华暴力事件（虐待、殴打、抢劫和谋杀）。1871 年 10 月 24 日最臭名昭著的黑人巷屠杀暴力事件在华埠爆发，起因是一个白人男子在两个华人社团竞争间的交火中死亡。几百名白人暴徒施以报复将 19 名华人枪杀、吊死或刺死，之后的劫掠造成华人 20 000 至 40 000 美元的损失。另一个广为人知的案例是华人在 1885 年被逐出帕萨迪纳市，华人涉嫌纵火引起市中心大火，所有华人被勒令在 24 小时内离开市中心，绝大多数华人立即离开搬到洛杉矶的华埠，而其他人被赶至远离帕萨迪纳中央商务区的最南端边界。华人还被强行赶出诺瓦克、伯班克、弗农和今天的好莱坞。[11] 这些事件是在此期间美国西部广泛排华暴行的一部分。

洛杉矶华人也受到另一类有组织的骚扰，尤其针对华人小企业——洗衣店、商店和小贩的经济型排斥。由于华工主要从事两个不受白人欢迎的职业——家政服务和农业，农工和帮佣不是南加州反华运动的主要目标。限制华人参与地方经济的首次努力重点针对洗衣业，市议会于 1872 年通过针对手工洗衣场所的"5 元许可税条例"，实际上所有 15 家华人洗衣店都拒绝支付，其业主被拘捕并送上法庭。其中一些人交纳了税款，其他人则被监禁 5 天。1874 年《晚间快报》发表社论要求在市议会采取行动，通过将华人洗衣店店址限制在居民区内以应对其扩散。针对华人洗衣店的这些地方性的努力加剧了全国性的反华活动。尽管有这些限制，华人所有和经营的洗衣店在 1890 年达到 52 间的峰值，估计雇用超过 500 名员工。

另一个事例是洛杉矶市清除华人菜贩的尝试。华人移民几乎垄断了南加州所有生产销售新鲜蔬菜的业务，他们种植、分销、推广和销售。1880 年 60 个注册蔬菜商贩中有 50 个是华人，他们成为持续骚扰的目标。市议会于 1876 年通过条例要求菜贩在市界内销售前必须获取许可证。该条例直接针对华人因为白人农民不受此项限制。1878 年劳工党获得压倒性胜利后市议会将许可税税额增加为每月 10 美元。直到华人菜贩数周不提供蔬菜供应罢工成功，市议会终于将许可税费降至 5.25 美元。

（二）洛杉矶华埠的迁移

排华政策将华人控制并限定在自己的社会世界内。没有丝毫选择的余地，华埠成了华人避难所。一位本地学者承认"孤立的中国城是我们文明的半成品"（Sterry, 1923, 326 页）。但即使是作为避难所的华埠的生存也一再受到威胁。除了暴力和有组织的限制，经常有完全取缔华埠的努力。被社会边缘化的华埠不得不在 50 年期间历经两次搬迁，才终于得以在今天的位置建立起来。

最早取缔华埠的尝试始于 19 世纪 70 年代，一项建议提出将洛杉矶街延伸直接贯穿黑人巷华埠中心。在一份题为"中国城：我们都市极恐怖的邪恶"的报告中，市议会的"华人委员会"谴责华埠是各方面最大的社会邪恶势力。在同一时期表面上是防止过度拥挤,但其实是专门针对华人居住建筑物的"立方空气条例"被更严厉的加以实施。还有几次烧毁华埠的企图,1887年6月纵火犯放火摧毁了黑人巷的几乎整个街区,但嫌犯未受惩罚。当时的代理中国领事比(Bee)上校来到洛杉矶进行独立调查,但未得出结论。白人居民说服了他,尽管他们需要华人商业所提供的服务,但他们不希望华人成为邻居。比认为这些要求"合理",并答应满足他们,而且确实在远离市中心的地点为华人找到一个新的落脚点。

1888年1月洛杉矶街延长工程开始,洛杉矶第一个中国城的大部分建筑被拆毁,通过奋力争取华人得以保留黑人巷的东侧。华人居民区和商业的其余部分不得不疏散到新的区域"第二中国城"——即现在联合车站所在的位置。新华埠包括广场、北大街、春街、洛杉矶街和弗格森巷,北自梅西街起,南至商业街止。此地区位不佳,它靠近一条主要铁路线,两侧为铁路场站,向东两个街区则是煤气厂。中国城的主要商业带是两条土路 Marchessault 和 Apablaza,且与洛杉矶13条交通干道相交。尽管地处如此不佳的位置,新华埠在1923年仍有184家商店、2家小工厂和4个大型仓库。[12]此时华埠住房条件在洛杉矶市中最为糟糕。1916年由加州移民委员会对华埠的调查显示,抽检的1 572房间中有878间因没有窗户完全黑暗。上述状况主要要归咎于楼宇业主(没有一个是华人)希望通过最大化利用建筑空间以获取最高的租金收入。他们不愿服从房屋及健康条例减少收入。在此期间没有官方统计的华人数量，但在梅西街学区（选区的一半）约有100个华人选民，占所有已登记选民的大约一半左右。由于中国出生的华人没有资格入籍成为公民，所有这些华人选民都是美国出生的华人成年人或中国出生的美国华裔公民的孩子。此地有五所中文学校、两座佛教寺庙、一个中华商会和两个华人堂（兄弟和政治组织——Hop Sing 和秉公堂），这些机构的建立是为了维护中国文化遗产和维持社会秩序（Sterry，1922，1923）。

第二中国城在20世纪30年代初又因联合车站的建设而面临拆除和居民搬迁。南加大毕业的华人电气工程师司徒彼得和白人开发商赫伯特·拉法姆（Herbert Lapham）联合收购一块土地，在之前是"小意大利"的地方建立"新华埠"。四至分别是百老汇北街、Castelar（今天的山街）、伯纳德和学院街的地块成为当代中国城的中心区，这是历史上华人首次拥有新华埠的土地。该地块以每平方英尺20美分对外出售。华人建立的"洛杉矶华埠公司"以合计＄54 650（546.5股，每股100美元）购买该土地。全美首个规划过的新中国城（中心广场）于1938年6月25日开放，共有三组建筑和十八家华人企业。它以服务游客为主，服务华人居民为辅。当时建造的中国城大门和其他建筑保留至今（图3-2）。同时在靠近新中国城的北春街，就在著名的奥尔韦（Olvera）大街对面，建有极富异国情调中国乡村化的"中国城"用来吸引游客。[13]

直至20世纪30年代洛杉矶有三个华人主要聚居区，包括在北阿拉米达街的第二华埠和城市市场周围的扩展区。两者都是邻里住房拥挤的市中心住宅和商业混合区。第三个聚居区位于主街以西、南加州大学附近，该区以居住为主，华人实际拥有该地房产。在中国城内主要业务有集市、杂货店、中草药店、进出口公司、餐饮、农产品市场和洗衣店。

华人人口继续在市中心以南扩散；20世纪40年代初期有三个华人区：第一个也是最大的一个华人区在新华埠（第三华埠）的周围，它是洛杉矶华人活动和社区的中心。第二和第三个区域均在南加大周边，第二个区域在南加大以东、主街以西，与百老汇、菲格罗亚、亚当斯与博览会大道接壤；第三个区域位于南加大以西的佛蒙特街，向西至诺曼底和阿林顿街。第二和第三个区域被称为"工人阶级住宅区"，主要为中产阶层住宅。[15]

然而华人迁往以前仅限于的白人地区尤其是富裕的西部地区并非没有阻力。1940年在洛杉矶十个住宅区进行的一项调查发现，只有两个区允许亚洲人（当时被称为"东方人，Orientals"）入住（Ferguson，1942，38页）。有人甚至对胆敢搬入"白人区"的华人家庭提起诉讼。在1948年美国最高法院禁止限制性契约从而消除法律上按种族的居住隔离后，一些华人家庭搬到西洛杉矶、好莱坞、贝弗利山庄等之前只有白人居住的地区。虽然这些居住在富裕住宅区的华人家庭可能是20世纪"四九年移民"，拥有足够的财力，但他们被错认为住家女佣的报道却屡见不鲜。例如，一位华人家庭主妇刚搬到一个富裕社区，她与在该社区工作的一位非洲裔美国保姆成为好友，后者惊讶地发现这位华人女士不是同行而是房主。在另一起事件中，销售人员反复讯问一名当时住在西部地区的南加大社会学博士生他们能否见到房子的"女主人"。她顿感不悦，并决定按照她的心情回答此类问题。如果她正忙着就简单地回答"我的女主人不在家。"否则她就会说"我就是女主人！"另一例子涉及一名华人男教授去电器商店为他家买一台电冰箱。他刚提及正在寻找一台冰箱，就被推销员领到工业类冰箱区。这位推销员简单地假定他的华人客户必定在餐馆或洗衣店工作，了解到教授的真实身份和目的后表示十分惊讶（W. H. C. Chen，1952；M. S. Lee，1939）。一个华人家庭搬到西部邻里社区，成为整条街道全是别墅的唯一一户华人家庭。这家设宴款待200余名嘉宾同贺乔迁之喜，其中就有他们的白人邻居。之后一些白人邻居交相传诵："哎呀，我从不知道华人会这么好"（作者采访，Woo，1999年8月）。上述事例表明，选择居住在这些富裕地区华人的经历是由历史上华人作为贫穷工薪阶层或家庭佣人的固定形象以及作为文化"异类"所产生的。它们也反应出华人被强加上一个地位低下、被种族化的非白人族群形象，这种形象同时渗透到华人社区的自我认同中。那些在美国白人社会工作、生活并与其接触的华人比"华埠华人"被认为具有更高的社会地位。尽管除了子承父业华埠华人青年并没有很多就业机会，这些年轻人多数认为不到万不得已不会在华埠工作，他们想要搬离出去。

20世纪50年代初洛杉矶约有350家华人洗衣店、60家华人农产品店、30家华人杂货店、40家礼品店和35名中医（W. H. C. Chen，1952，59页；M. S. Lee，1939）。1960年洛杉矶县有近20 000名华人（表3-2）。中国城仍然是主要的商业区、住宅区和华人社区的社会文化中心。虽然一些华人不住在中国城，分散在洛杉矶大都市区的各个社区，但除洛杉矶市外没有任何一个单一行政区有超过 350 名华人。洛杉矶城外华人最集中的蒙特利公园市当时也只有 346 名华人居民。尽管如此，因为郊区化趋势和蒙特利公园作为一个次级华人人口中心的崛起，华人人口重心在 1960 年正向东南转移（图 3-2）。

图 3-2　中国城大门（作者照片，1995）

（三）华人人口扩散伊始

虽然大部分早期华人移民聚居在洛杉矶华埠，有证据表明华人居住格局在 20 世纪初开始分散。图 3-3 显示 20 世纪上半叶洛杉矶华人人口分布重心略向南移。[14]华埠以外的首个华人

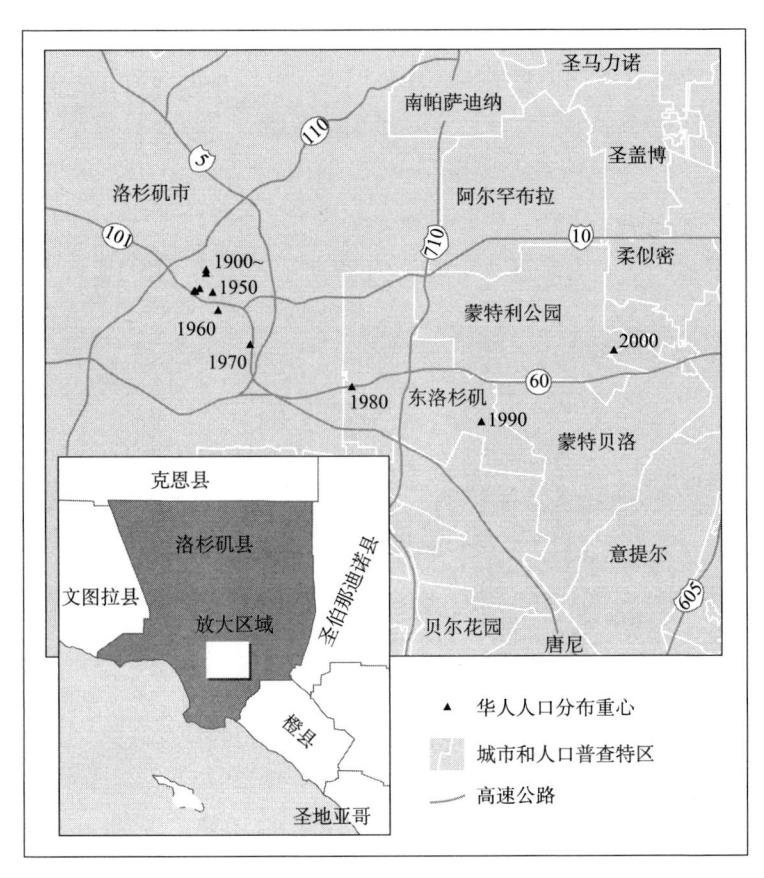

80　多族裔聚居郊区——北美城市的新型少数族裔社区

图 3-3　1900—2000 年洛杉矶县华人人口分布重心位移

聚居锚地——城市市场，于 1909 年在九街和圣佩德罗街附近建成。它由白人、华人和日本人合作建立。由路易斯·泉（Louis Quan）率领的华人股份制企业由 373 个股东组成；这公司募集 82 000 美元，占建立农产品市场所需资金的 41%。

20 世纪 20 年代华人开始缓慢地迁移到西亚当斯区，该地被认为是洛杉矶第一个华人"郊区"。

（四）洛杉矶华人居住模式：1960—2000 年

1965 年移民法为洛杉矶带来大量华人新移民。中国城有限的资源难以满足他们对住房和就业的需求，中国城中就业机会很少且工资水平较低，房屋租金较高且生活条件恶劣。1960 年人口普查显示中国城中房屋的 1/3 达不到标准。1968 年对 193 户华埠华人家庭调查表明，其中大多数人在家中只讲中文。1/3 的家庭每年收入少于 4 000 美元。尽管条件不佳，中国城人口继续在 1970 年至 1980 年间以近 50% 的速度增长，从 5 839 人增至 8 652 人。1974 年在中国城至少有 14 间华人拥有和经营的制衣厂，报道称其雇用不足 1 500 名华人劳工，以缺乏英语和工作技能但需要挣钱养家的女性移民为主。[16]

20 世纪 70 年代中期越南战争结束给美国带来大批东南亚难民。其中很多来自越南、老挝和柬埔寨的华裔到中国城落脚。这些新移民改变了中国城的人口组成、语言模式和街头景观，从一个广东省移民为主讲粤语的社区变为多语言社区，包括广东话、普通话、越南语和柬埔寨语。20 世纪 70 年代成为中国城的繁荣期，一些新来者成为企业老板。1984 年越南华人拥有中国城一半的商铺（Lew，1988）。中国城商号招牌变成汉语、越南语和英语三种标识。为了满足很多来自东南亚客户的需求，在中国城广场的窗口三个中文大字旁标注着越南、柬埔寨和老挝三国文字。中国城仍然是一个传统上拥挤的社区和旅游胜地（图3-4）。20世纪90年代初华人占中国城所有居民的62%，其中包括讲粤语的老一代华人和来自东南亚的新移民（Seo，1992），他们中的大多数是穷人且受到的教育有限。不过近年来洛杉矶中国城经历了"绅士化"过程，变身为艺术家工作室、画廊和受20几岁年轻人欢迎的夜店的所在地（例如"烟花爆竹酒吧"）。

图3-4 百老汇街（作者照片，2001）

近几十年来大部分洛杉矶华人已不再在中国城居住。1970年中国城华人仍占洛杉矶县华人的14.3%，1980年却下降至9.2%（根据CRA 1985年和表3-2计算）。中国城作为华人人口中心的重要性下降与在洛杉矶东郊的一种新型华人聚居郊区（多族裔聚居郊区）的出现息息相关。圣盖博谷华人多族裔聚居郊区是一种比老中国城空间范围更大、位置迥异的新城市地理现象。

1970年人口普查数据显示洛杉矶中国城外，最大的华人集中区位于蒙特利公园市。蒙特利公园1960年至1970年间引领洛杉矶县华人人口密度的提高，其他一些西圣盖博谷社区逐步跟进（图3-5）。[17]该趋势在其后十年一直持续。1970年至1980年华人人口密度在圣盖博谷西部和东部以及洛杉矶县东南部的阿蒂西亚和塞里托斯地区增加。直至1980年华人人数增加但仍高度集中，在所有人口普查区中约有3/4区内只有不到50名华人，只有七个人口普查区各有超过1 000名以上的华人。在中国城华人人口最多的普查区有2 929人。从中国城到东部的近郊区和以蒙特利公园市为中心成为华人人口增长的路径。这种模式表明华人多族裔聚居郊区1980年已在圣盖博谷形成，但尚未与华人在洛杉矶的传统中心的中国城完全分离。

之后的十年洛杉矶华人人口继续迅速增加并且仍然高度集中。一方面，1990年少于50名华人的人口普查区数量降至不到一半；另一方面，超过1 000名华人的人口普查区增加到49个。那时分布在洛杉矶的华人有多个集群，分别在市中心中国城和东部郊区，1990年在圣盖博谷有超过158 000名华人（基于美国1990年普查STF1计算）。多族裔聚居郊区不只增加大批华人，而且它已经在形成自己的中心和独特空间形态方面日渐成熟。多族裔聚居郊区中华人人口最多的人口普查区增加到3 834名华人。同样地超过1 000名以上华人的人口普查区大多分布在多族裔聚居郊区。很明显以空间尺度和华人人数

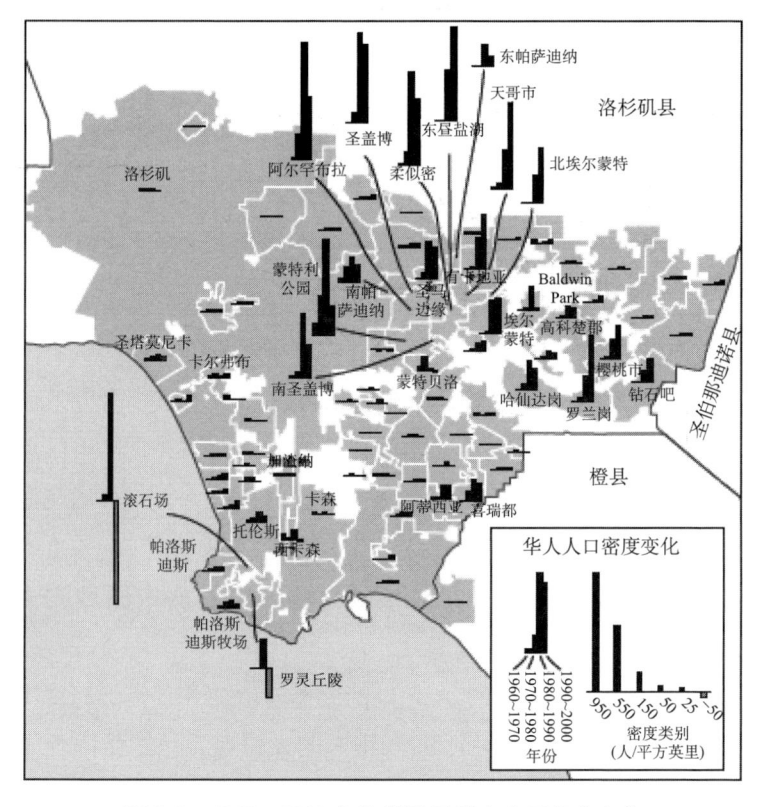

84　多族裔聚居郊区——北美城市的新型少数族裔社区

图 3-5　1960—2000 年洛杉矶县华人人口密度变化

论，圣盖博谷多族裔聚居郊区在 1990 年已成为比中国城更重要的华人居住区。此外多族裔聚居郊区在这十年间不只在其初始地点发展，而且已扩展到圣盖博谷以东。图 3-5 所示相比其他地区，整个圣盖博谷特别是在西部华人人口密度显著增加。洛杉矶县西南和东南地区，尤其是在富人区的罗灵希尔斯

（Rolling Hills）和帕洛斯迪斯（Palos Verdes）以及塞里托斯（Cerritos），华人人口密度也在迅速增加。20世纪90年代华人在圣盖博谷西部增长缓慢，但在东部地区增长速度明显加快。图3-3显示在20世纪下半叶华人人口空间重心的东移越来越快，尤其是在后面的几十年。这幅地图为洛杉矶华人社区从市中心华埠至圣盖博谷多族裔聚居郊区的空间转换提供了形象化的证据。

华人多族裔聚居郊区的出现不仅改变了人口组成，也改变了建筑形式和风格、街头景观和商店标牌，这使得今天的圣盖博谷成为有显著华人印迹的多种族、多文化、多语言的地区。包括出租公寓和独立产权公寓的多户住宅在一些地区已经取代了曾经占主导的独栋住宅。新旧房子建筑风格相混合，有钱人在富人社区如阿卡迪亚和圣马力诺建造大厦般的梦幻住宅（图3-6）。西半球最大的佛教寺庙——西来寺的建立目的不仅是为扩张佛教这一世界性组织，而且吸引了许多游客、居民和企业来到哈仙达岗地区（图3-7）。

快速的人口变化也改变了商业格局。名为"鹿苑"的圣盖博谷中的第一座华人商城位于大西洋和加维（Garvey）大道交口处。三十多年前Alpha Beta连锁超市为了吸引越来越多的当地亚裔（尤其是华人）客户而改建其位于大西洋大道的蒙特利公园店，为它安装了宝塔型屋顶。但它很快就被一家华人超市公司——爱华接手。1992年该店被卖给越南华裔，改名为顺发超市。在山谷大道和德尔玛大街的圣盖博广场是南加州最大的华人商城，吸引了来自中国大陆和台湾的许多游客，其

86　多族裔聚居郊区——北美城市的新型少数族裔社区

图 3-6　阿卡迪亚新旧独立住宅对比（作者照片，2001）

图 3-7　哈仙达岗西来寺（照片由周敏提供，2004）

图 3-8　圣盖博广场（照片由周敏提供，2004）

图 3-9　罗兰岗路牌（作者照片，2001）

商业招牌中文标志明显（图 3-8）。然而多族裔聚居郊区仍是一个多族裔社区，有着多语言商业标志；华人超市雇用不同族裔的员工，同时被不同族裔背景的人们光顾（图 3-9）。

对圣盖博谷转型的解释有赖于理清华人多族裔聚居郊区的发展进程，多族裔聚居郊区内华人民族经济与华人社区间的关系及华人居民的社会经济特征，接下来的四章重点说明以上内容。

注　释

1. 在美华人的讨论部分改编自"华裔美国人"，原载于卡尔斯库奇（Carl Skutsch）主编的《世界少数民族百科全书》，296-301 页（纽约：Routedge，2004），获 Routedge 授权转载。
2. 美国人口普查局曾数次改变"华人"的定义。1920 年至 1950 年人口普查中，华人的分类意味着所有在中国出生的人，即来自中国的移民。1960 年和 1970 年，华人意味着中国出生的华人及其后代。1980 年到 2010 年人口普查则包括所有认为自己是华人的人。除非另有说明，本书中使用的 1980—2010 年华人数据包括填写人口普查表时认为自己有华人血统的人。由于不可能修订现有统计数据以求各年份数据的统一，本书使用的人口普查所有数据都是未作调整的原始数据。
3. Brownstone，1988；美国华人历史学会，1994；Daniels，1988；Fong，1994；Kwong，1996；E. Lee，2003；P. S. Li，1998；Tsai，1986；Tung，1974；L. L. Wang，1994。
4. H. W. C. Chen，1952；Hsu，2002；Siu，1987；Tsai，1986；Zhao，2002。
5. 虽然国会和总统试图纠正对华人不公正的历史错误，同样的不公正同时在另一亚裔美国族裔群体被重演。罗斯福总统签署 9066 号行政命令导致西海岸 11 万余日裔美国人被违宪拘留并遣往离美国本土遥远偏僻的集中营。
6. 1949 年，3 610 名中国学生和学者就读于美国 454 所高校，其中大部分人因受国民政府资助毕业后本应回国，1949 年后很多人滞留美国。根据"中国区援助法案"，美国向这些学生提供奖学金帮助其完成学业并解决毕业后的就业和居留。该群体中的很多人成为各学科领域的知名学者，包括诺贝尔物理学奖得主 T. C. 李（李政道）和 C. N. 杨（杨振宁）。

7. 这一数字包括中国台湾人，但不包括认为自己有其他族裔背景的人，即多族裔华人。数据提取自 http：//factfinder. census. gov/servlet/DTTable？＿bm＝y＆－geo＿id＝01000US＆.－mt＿name＝ACS＿2006＿EST＿G2000＿C02006.
8. W. H. C. Chen, 1952; L. Cheng and S. Cheng, 1984; Lou, 1982; Mason, 1967; Newmark and Newmark, 1916; C. C. Wong, 1980。
9. Lou, 1982; Pearlstone, 1990; Wells Fargo & Co.（富国银行公司），1882。
10. Chan, 1986，表 10-11; W. H. C. Chen, 1952; Lou, 1982。
11. W. H. C. Chen, 1952; Defalla, 1960; Lou, 1982; Pearlstone, 1990。
12. W. H. C. Chen, 1952; L. Cheng and S. Cheng, 1984; Lou, 1982。
13. Chen, 1938; L. Cheng and S. Cheng, 1984; Cheng and Kwok, 1988; Li、Wong, and Kwan, 1974; Quan, 1988; B. P. Wong, 1988。
14. 这张地图完全基于人口普查数据绘制。不过，应指出的是直到 1930 年以前人口普查并未提供所有城市和普查区的华人人口数量。例如，从 1900 年到 1920 年，只有以下城市公布了华人数量：阿尔罕布拉、格伦代尔、长滩、洛杉矶、帕萨迪纳和圣塔莫尼卡。因此早期的数据并不完整使得本图有些失真。有关人口中心位移图的公式和意义详阅 Fernard, 2000, 63-64 页。
15. W. H. C. Chen, 1952; M. S. Lee, 1939; C. C. Wong, 1980。
16. Community Redevelopment Agency（社区重建机构）1985，"有关华埠重建工程的正式声明"; Hom and Fong, 1988; Li、Wong and Kwan, 1974; Ong, 1984。
17. 图 3-5 显示了每十年华人人口密度的变化。只有负数表示实际人口减少，而线条的高低不同则显示相比在此之前的十年或快或慢的人口增长速率。

第四章　建设多族裔聚居郊区

作为在圣盖博谷的新型族裔社区，华人多族裔聚居郊区在全球、国家和地方特定条件的框架内出现。如果没有不断变化的全球地缘政治、经济环境和国家移民政策的转变，多族裔聚居郊区现象可能永远都不会发生。如果没有某些特定地方环境，如人口结构的变化、地方政治和商业动态，多族裔聚居郊区也可能不会成立或者至少不会是目前的状况。地方特定条件导致微妙的、斑驳陆离的种族社会建构和种族化的表象。自形成以来多族裔聚居郊区已产生自我存续的机制，空间上扩散到邻近社区、华人人口数量增加、功能逐渐成熟并在当地社会经济和政治结构中扮演不同的角色。

一、多族裔聚居郊区形成阶段

多族裔聚居郊区远远超出了中国城作为洛杉矶地区华人居住、商业和社区生活中心的功能。它是由华人和商业领袖在各种国际、国内和地区背景下苦心经营，在新时代新地点打造的地方性的"舞台"。根据当地的华人人口规模和相关华人社区的空间尺度，圣盖博谷多族裔聚居郊区形成可大致分为三个阶段：

（1）郊区华人住宅集中区的出现（1960—1975年）：多族裔聚居郊区开始出现在洛杉矶东部近郊城镇之一的蒙特利公园市。作为美国郊区化进程的一部分华人开始搬离内城区，随后在20世纪70年代初期迁入圣盖博谷定居的新一波移民潮增强了这一社区。

（2）多族裔聚居郊区华人人口和民族经济的扩展（1975—1990年）：这一时期大量移民从各个国家和地区到来，但大部分来自中国大陆、台湾、香港及东南亚地区。他们的社会经济特征和移民身份差异很大。在这段时期多族裔聚居郊区超越中国城成为主要的华人居民区和消费服务商业区。

（3）多族裔聚居郊区成为全球化前哨和种族化的场所（1990年至现在）：多族裔聚居郊区快速增长，导致其原址西圣盖博谷的过度拥挤，蒙特利公园市尤其如此。华人聚居区呈蛙跳式向东圣盖博谷边缘地区扩展，如哈仙达岗、罗兰岗和核桃市（华人叫"东区"），使得多族裔聚居郊区呈杠铃形状。多族裔聚居郊区继续扩大和发展国际经济关系。

（一）萌芽阶段

华人多族裔聚居郊区萌芽于洛杉矶市中心以东7.5英里，

面积 7.72 平方英里[①]的蒙特利公园市。它与七座城市和人口普查特区（CDP）接壤，包括阿尔罕布拉、柔似密、圣盖博、南圣盖博、蒙特贝洛、东洛杉矶和洛杉矶市（图 3-5）。

1916 年设市时蒙特利公园还只是一个集家禽和蔬果农场为一体的小镇。它试图将自己打造为圣盖博谷的比弗利山庄或贝尔艾尔，结果是在此后的半个世纪只发展成为一个典型的城郊住宅区。在二战结束时，蒙特利公园仍是普通的白人城郊小镇。1950 年包括一些西班牙裔美国人在内其总人口的 99.9% 是白人，只有不到 10 名华人和 23 名亚洲出生的居民。蒙特利公园与洛杉矶地区任何其他郊区市镇的华人居民人数并无明显差异（表 4-1 和 4-2）。

表 4-1 1950—2000 年蒙特利公园市人口组成

	1950 年	1960 年	1970 年	1980 年	1990 年	2000 年
总人口	20 395	37 821	49 166	54 338	60 738	60 051
亚洲人	<0.04%	2.8%	15.3%	34.1%	57.5%	61.8%
华人	<0.04%	0.9%	4.5%	14.9%	36.2%	41.3%
非洲裔美国人	0.06%	0.04%	0.2%	1.3%	0.6%	0.4%
西班牙裔美国人	无数据	11.6%	34.0%	38.8%	31.3%	28.9%
非西班牙裔白人	99.9%	85.6%	50.5%	25.8%	11.6%	21.2%

资料来源：Barron，1991；Fong 1994，第 22 页，表 1；美国人口普查局人口普查：1950、1960、1990 STF1；2000 http://factfinder.census.gov/servlet/DTTable?_ts=41626581531.

---

① 注：1 英里=1 609.344 米。

表 4-2　1950—2000 年圣盖博谷华人占洛杉矶县华人总人口百分比

城市	1950年	1960年	1970年	1980年	1990年	2000年
阿尔罕布拉	0.29	0.29	0.80	4.31	8.69	14.55
阿卡迪亚	0.01	0.10	0.06	0.68	2.93	9.28
科维那	无数据	0.16	0.16	0.19	0.41	0.70
钻石吧	无数据	无数据	0.04	0.43	1.78	5.21
埃尔蒙特	无数据	0.08	0.19	0.35	2.77	6.04
哈仙达岗	无数据	无数据	0.28	1.70	3.20	6.18
拉蓬特	无数据	0.13	0.06	0.09	0.23	0.43
蒙特贝洛	0.00	0.05	1.30	3.11	1.43	1.43
蒙特利公园	0.11	1.79	5.39	8.62	8.97	12.81
帕萨迪纳	1.55	1.45	1.95	1.81	1.27	2.16
柔似密	无数据	0.09	0.23	1.41	4.42	7.94
罗兰岗	无数据	无数据	0.07	0.34	1.90	7.24
圣盖博	0.12	0.09	0.12	0.90	3.12	6.85
圣马力诺	0.01	0.02	0.04	0.52	1.37	2.73
南埃尔蒙特	无数据	无数据	0.06	0.08	0.22	0.48
南帕萨迪纳	0.15	0.06	0.65	1.44	1.27	2.00
南圣加	无数据	0.09	0.15	0.16	0.47	0.83
天普市	无数据	0.03	0.12	0.36	1.48	4.76
核桃市	无数据	无数据	0.06	0.27	1.49	4.45
西科维那	无数据	0.15	0.29	1.25	1.79	3.92
多族裔聚居郊区	2.24	4.59	12.02	28.03	49.21	59.89
洛杉矶市	87.81	80.07	67.03	47.31	27.42	18.42
洛杉矶县华人	9 187	19 286	40 798	93 747	245 033	323 093

资料来源：美国人口普查局以下年份人口普查：

1950：第五部分，加州表 47，第 179 页；

1960：第六部分，加州表 26，第 189-195 页；

1970：第六部分，加州表 23，第 100-101 页；

1980：第六部分，加州表 15，第 20-29 页；

1990：人口和住房普查，STF1A；

2000：http://factfinder.census.gov/servlet/DTTable?_ts=41624594765.

到 1960 年新兴的华人集聚区在蒙特利公园出现，该市的华人人数占比在洛杉矶县仅次于洛杉矶市。在洛杉矶郊区，蒙特利公园在华人人数上超过帕萨迪纳。在接下来的十年里这一趋势一直持续，华人人数于 1970 年达到 2 200 人，十年内增加了 536%，不仅华人人口比其他郊区城镇高出 10—40 倍，华人所占总人口比例也最高。蒙特利公园华人人数远远高于所有周围社区：阿尔罕布拉、东洛杉矶、蒙特贝洛、柔似密或南圣盖博。此外在 1950—1970 年蒙特利公园华人人口增长率位居整个洛杉矶地区首位，表明早在 20 世纪 70 年代华人住宅聚集区就已在蒙特利公园形成。

在此阶段中发生了什么使蒙特利公园成为最大的郊区华人集中区？蒙特利公园这一时期少数族裔人口的增长似乎是一个没有突发事件或杰出人物的"自然"的过程（作者访谈，Woo，1999）。华人在蒙特利公园的增加最初是战后郊区化趋势的一部分。统计数字显示洛杉矶县的华人居住在洛杉矶市的比重减少，而在郊区特别是在蒙特利公园，1950 年至 1970 年期间该比重大大增加。1950 年洛杉矶市华人占全县 87.8%，而蒙特利公园只有 0.01% 左右，但是 1970 年该比例已变为 67.0% 和 5.4%（表 4-2）。

在此期间各种各样的华人从不同地区迁移到蒙特利公园。他们大部分处于工作年龄段、有家庭并在洛杉矶市中心工作。许多人在政府部门任职，特别是任工程师，因为当时政府部门的工作歧视比私营企业少。其中一些郊区化的中国人原先作为外国留学生在洛杉矶或美国其他地区就读，毕业后找到工作安

第四章　建设多族裔聚居郊区

顿下来。有些人采取循序渐进的迁移模式，最初住在市中心的中国城或邻近街区，当经济状况改善和家庭扩大后搬到蒙特利公园。尽管传统印象里只有获得高学历的专业技术人员才是搬迁到郊区的唯一华人群体，但一些蓝领阶层也搬到蒙特利公园（蒙特利公园口述历史项目，1990；作者访谈，C先生和太太及M女士，1992）。

华人郊区化也受到其间突发事件的推动，1965年中南洛杉矶发生Watts暴乱，那时很多老华人（老侨）已搬到了洛杉矶市的不同区域，很多长期居民在中南洛杉矶拥有杂货店或其他小型企业。很多华人业主在此次骚乱中财物受损，因此越来越多的华人搬迁至华埠或东郊圣盖博谷。那些迁移到圣盖博谷的人视蒙特利公园为第一站（作者访谈，Woo，1999；Li et al.，2002；C.C.Wong，1980）。虽然郊区化趋势为华人搬到郊区提供大的背景依据，但它并没有解释为什么华人会去蒙特利公园而不是洛杉矶其他郊区社区。迁移历史调查和深度访谈提供了一些线索，当被问及为什么在这种时候搬迁到蒙特利公园时，受访者提供了以下几条主要原因：

首先，他们指出市中心中国城及其周边的不利条件。中国城已经变得拥挤不堪，地价过高，通常每平方英尺为40—50美元。在其周边华人居住邻里社区，如回音公园和银湖，有孩子（有时还有宠物）的家庭已很难找到负担得起的、用于租用或购买的公寓或房屋。那些意在向上流动的人为了更大的住房、较好的生活条件、友好的邻里和更佳的学区选择搬迁到郊区的居住社区（蒙特利公园口述历史项目，1990；作者访谈，女士 M，1992 和苏何玉琳，1995）。

其次，他们谈到蒙特利公园便捷的交通区位。蒙特利公园周边有三条主要高速公路：北有 10 号州际公路（圣伯那迪诺高速公路），西有 710 号州际公路（长滩高速公路），南 60 号公路（波莫纳高速公路）（图 3-3）。即便是在高速公路遍布的洛杉矶地区此种便捷度也并不常见。从蒙特利公园任何方向驶上高速公路不久便可到达大多数人工作的市中心或到达中国城，在那里这些新的郊区化的华人能够在华人食品百货店购物、吃中餐并开展社交活动。那时的蒙特利公园既无中餐馆也无华人食品店（第一家华人食品店直到 20 世纪 90 年代初才开张）（C. C. Wong，1980；蒙特利公园口述历史项目，1990；作者访谈，苏何玉琳，1995）。通过相对短距离的搬迁至蒙特利公园以及保留原来的工作，这些华人拓展了他们的活动空间，但仍然属于"部分位移"式移民。[1]

第三，有些华人与蒙特利公园早有联系。一些移民搬迁前就与当地居民进行接触，其中许多是他们的朋友或亲戚。从这些人那里他们所获得的蒙特利公园印象是一个安静的郊区社区和体面的居住地。他们还获悉此地房屋价格合理，普通两或三卧室的独栋住宅售价约 40 000 美元。许多人到蒙特利公园购房并定居下来。一些移民甚至对蒙特利公园有着较早的个人印象，一位年逾八旬的前中国空军军官第二次世界大战期间在南加州受训，他还清楚记得当时的"蒙特利公园不过是洛杉矶市郊寂静的小镇。大西洋大道两旁都是长满灌木和杂草的荒地，很少有零售商店。"[2] 20 世纪六七十年代，当他的三个儿子来到加州读书，当他和他的妻子移居美国时，所有人都选择以蒙特利公园作为他们的新家。20 世纪 90 年代初他一家三代 16 位成员都住在蒙特利公园的不同住所。

第四，他们选择蒙特利公园的理由是其相对的多样性。与周围白人为主的社区相比，蒙特利公园有更加多元化的人口。这个城市开始时就有几个日裔家庭住在被称作"横滨村"的地方，就在现在的蒙特利公园以南。日裔农民修建了穿越山坡的平整道路 Coyote 要隘路（即现在的蒙特利要隘路），以将其生产的农产品运到洛杉矶市场。[3] 白人群体中也有相当多在历史上曾遭受严重歧视的犹太人倾向于宽容其他少数族裔。在 20 世纪 50 年代中期蒙特利公园被东洛杉矶的西班牙裔称为"墨西哥比弗利山庄"。蒙特利公园吸引来自东洛杉矶的西班牙裔，在 1960 年西班牙裔人口占总人口的 1/10（表 4-1）。来自洛杉矶西部的日裔美国人从第二次世界大战收容营返回后也迁至此地。他们与从市中心中国城迁来的华人一起成为战后美国少数族裔中产阶级和劳工家庭郊区化的一部分。蒙特利公园的基础人口比大多数郊区更加多样化，尤其在相对富裕地区中以欢迎少数种族和族裔闻名。与此同时，很多周边社区对少数族裔入住仍有限制性规定。[4]

受访者还提及蒙特利公园开发商和房地产经纪人的业务活动。蒙特利公园开始并未对所有少数种族和族裔敞开大门。在一起知名案例中，一对专业非洲裔美国人夫妇成功起诉一开发商因为歧视将他们排除在蒙特利公园之外。但当 20 世纪 50 年代末在蒙特利高地修建大片新房时，开发商鼓励日裔家庭购买。因此很明显房地产经纪人还帮助和促进了亚裔美国人在此期间从市中心搬到蒙特利公园。

一些受访者喜欢蒙特利公园优越的风水，西班牙文"蒙特利"一词是"国王山丘"的意思，用来描述蒙特利公园的丘陵山地部分。根据华人民俗，风景优美的山地丘陵被视为具有上佳的风水，会带来好运。[5]这些丘陵山地还使移民们回想起他们的故乡，如中国香港和中国台湾。继日裔美国人之后华人也很快搬到蒙特利高地（人口普查单元4820.01和4820.02）。那时蒙特利公园被华人誉为华人的比弗利山庄，在此后它仍然在洛杉矶和海外华人中享有盛名（作者访谈，苏何玉琳，1995）。

虽然看起来华人和其他族裔在20世纪50年代末至60年代迁往郊区的原因没有太大分别，华人家庭与其他族裔的差别主要集中在不同住宅区位的选择上，华人家庭以蒙特利公园为迁移目的地。白人迁到圣费尔南多谷、西区和洛杉矶县周边其他地区；非洲裔美国人集中分布在洛杉矶县南部的英格尔伍德、康普顿和其他该县南部周边社区。对于华人而言，推力因素导致其搬出市中心，中国城和市区的恶劣生活条件使华人家庭迁出以寻求更好的街区。蒙特利公园相关因素的吸引力使其成为理想的目的地。多条主要高速公路入口、价格适中的住房、优质的学校、相对多样化人口基础和吉利的风水共同吸引华人来到处于萌芽期的多族裔聚居郊区。

不过一些最早搬来蒙特利公园的华人家庭并非一帆风顺。威尔伯（Wilbur）胡，首位华人洛杉矶市议员胡绍基的父亲，在20世纪60年代买了栋房子把一家三代迁到蒙特利高地。当时丘陵区正在开发,只有几座市值 40 000 多美元房子,每月按揭款 40—50 美元,周围空地每块仅售 10 000—12 000 美元。不久后胡的朋友前来造访,也决定将家搬到蒙特利公园。价格合理的房屋、好邻居和好学校的口碑逐渐地吸引更多华人家庭,然而他们的到来也引发了争议。胡的家人刚搬来时曾接到匿名电话甚至死亡威胁要他们搬离该社区。胡的朋友全力支持他,有人甚至要借枪给他用来自卫。但威胁还未停止,胡因此报警,蒙特利公园警方加强在胡家附近巡逻,甚至有几日派驻人员驻守胡家。对胡家的骚扰导致蒙特利公园成立首届社区关系委员会。威尔伯·胡和华人律师、银行家贝蒂·汤姆·楚(Betty Tom Chu)是最早一批委员会委员(作者访谈,Wilbur Woo,1999)。

(二)兴盛阶段

20 世纪 70 年代和 80 年代期间洛杉矶县全县人口构成发生快速变化,蒙特利公园市和圣盖博谷尤其明显。蒙特利公园华人比例和人口数从 1980 年的 15%(8 082 人)增长至 1990 年的 36%(21 971 人;表 4-1),在洛杉矶地区所有社区中华人人口比例最高。洛杉矶市的华人占比在全县持续下降,而蒙特利公园在同期华人比重由 8.6%增加至 9.0%(表 4-2)。

到 1990 年,蒙特利公园与相邻的八个西圣盖博谷城市(阿尔罕布拉、阿卡迪亚、埃尔蒙特、帕萨迪纳、柔似密、圣盖博、圣马力诺和南帕萨迪纳)构成较为明显的华人聚居区。1970 年上述八个城市在洛杉矶县占华人人口的最低份额为圣马力诺的 0.03%、占比例最高的是帕萨迪纳 2.0%。1990 年八个城市的华人比重值的范围扩大到从帕萨迪纳和南帕萨迪纳的 1.3%至阿尔罕布拉的 8.7%。该区域在 20 世纪 80 年代增加了约 66 000 名华人居民，占该时间段洛杉矶县华人人口总增幅的 45%。不仅西圣盖博谷成为华人集中区，东圣盖博谷也目睹了华人人口的大幅增加。华人和媒体将东部地区城市和地区如钻石吧、哈仙达岗、罗兰岗和核桃谷统称为东区 (Deng, 1995)。多族裔聚居郊区目前由集中在圣盖博谷两头的两片主要区域构成，中间区域西班牙裔美国人占多数。图 3-3 显示在 20 世纪 90 年代洛杉矶县的华人人口分布重心以更快的速度东移。

　　1965 年美国移民法律的彻底改变将大批华人移民引入美国舞台。美国的华人社区并不只是该项法案的被动受益者，事实上本地华裔美国人对法案的通过做出了应有的贡献。1965 年当国会正在讨论修订移民法案时，一个由长期担任社区领袖和律师组成的华裔美国人代表团从洛杉矶和旧金山前往华盛顿特区。他们会见了当时的移民事务委员会主席爱德华·肯尼迪参议员，还在国会听证会上作证敦促国会增加移民配额（作者访谈，Woo, 1999）。谋求家庭团聚和事业发展的华人移民来到美国，迅速聚集在处于萌芽期的圣盖博谷多族裔聚居郊区。

　　除移民法律变化之外，其他国际及地方因素也在此期间多族裔聚居郊区的发展中起到重要作用。1971 年联合国成员国投票由中华人民共和国取代"中华民国"（中国台湾）在联合国的席位。理查德·尼克松总统在 1972 年访华并建立与中国政府的准官方关系。1978年年底吉米·卡特总统宣布美国和中国将建立正式外交关系，并于1979年新年当日生效。美国将派驻大使到北京并终止与台北的正式外交关系。美国两党共同采取的美中关系正常化的政策导致台湾人感到被美国抛弃，美国正是那个曾在第二次世界大战后保证他们安全30年的国家。政治不稳定和不确定性加剧了台湾人大量外移。鉴于他们城市生活的背景，许多台湾移民选择地理上和心理上离家较近的环太平洋地区城市。在众多不同的选择中，太平洋西岸的美国西北地区甚至旧金山都被那些习惯于温暖天气的台湾人认为太冷，很多人认为南加州是理想的定居地。大量华人移民的父母不会讲英文也不会开车，他们希望在步行距离内能探亲访友、有华人店铺、中餐馆、华人报亭和书店（蒙特利公园口述历史项目，1990；作者访谈，M先生和太太，1992）。搬到满足这些条件的城市可以不对生活方式做重大的改变。

20世纪90年代中期搬迁到多族裔聚居郊区的华人家庭继续增加。那时"每当一个白人搬出就有一个黄种人迁入，包括华人、日本人和韩国人"（作者访谈，苏何玉琳，1995）。很多白人原住民年老后卖掉他们的房产搬到养老院或其他社区。一些人把握机遇在这个价格过高的住房市场出售他们房产获得利润，甚至在如沿阿尔罕布拉和橙色大道的小户型旧房子（50或55×300平方英尺①）都很畅销。一位在20世纪60年代迁入蒙特利公园的华人居民开玩笑说："那时候即使在蒙特利公

---

① 1平方英尺＝0.0929平·方米。

园买个马桶你都能卖大价钱"（作者访谈，苏何玉琳，1995），到 80 年代，住房价格再次猛涨。新来蒙特利公园购买房产的既有老年人也有青年人。很多来自中国香港、台湾和马来西亚的人十分富有并用现金购买房产。本地银行不鼓励现金销售因为他们正在失去按揭贷款获得的利息收入。这些新移民的财富资源使他们能够直接在中层或上流社区购房，而一些原有居民本来在此期间就准备卖房外迁，这些买卖交易大大改变了社区的人口结构。

在此期间多族裔聚居郊区也出现了非常规类型的移民。例如，一些中国台湾和香港的企业家将妻子和孩子送到蒙特利公园或其他相邻社区居住而他们自己却在中国台北、中国香港和洛杉矶之间往返做生意。这些跨太平洋"游民"被戏称为"宇航员"或"航天员"（Kotkin, 1991; Tanzer, 1985）。而在其母国"太空人"或"内在美"被赋予新含义，因为"太太"和"内人"在中文里意味着妻子，从而两个词实际上分别意味着"妻子（从家里）缺席的男士"与"妻子在美国"。一些台湾家长为避免大学入学考试激烈的竞争和免服台湾年轻男子必服的兵役将子女送到蒙特利公园地区读书。有些"小留学生"只有8—14 岁，但他们独自住在父母买的房产中或住在亲戚朋友家。这种情况在华人社区产生一些社会问题，有些适应能力差的青少年加入帮派，一些富裕孩子变成绑架勒索犯罪的目标。这些少年移民被称为"空降儿童"，特指那些被突然投入一个显著不同的环境和预期可以在极少甚至没有父母监督下正常成长的儿童（Chou, 1996）。

第四章 建设多族裔聚居郊区

许多房地产公司因为华人涌入蒙特利公园而选择在那儿做生意。1982年蒙特利公园地区有40家房地产公司占所有多族裔聚居郊区的一半（中文黄页，1983）。这清晰地表明了房地产部门蓬勃发展和新移民的购买力，华人参与房地产的人数在这段时间也在增加。在政府部门工作的很多华人专业人士看到房地产的好机会，因此接受训练并开始处理房地产交易事务，房地产成为其中一些人的主要职业。常见做法是购买现有住宅将它们转换为商业场所或多户住宅出售给新移民。在许多情况下华人买家出高出市场价格，有时是多一倍的价格，劝说业主出售。[6]

在蒙特利公园的发展史中最常被提及的名字是谢富康（音译）。谢出生成长在中国，是第一代移民。他作为留学生来美，1969年获得水资源工程硕士学位后作为一名工程师就职于洛杉矶市。谢开始购买市区的回声公园和银湖区的房产，在20世纪70年代初他学习房地产课程获得经纪人许可证。他于1972年买了在蒙特利公园的第一座房屋，搬家后他注意到那里有很多空置未开发的土地，因此认定蒙特利公园会成为一个能吸引很多华人移民的地方。不久后，他成为首位和唯一的华人房地产经纪人在加维（Garvey）大道开设"曼得琳（Mandarin）物业"。他购买了南大西洋和加维大道交口的拖车住房园地，后来以每平方英尺7.50美元卖出。这在当时是闻所未闻的价格，因为周围类似房产才卖每平方英尺3—5美元。谢富有远见地认为蒙特利公园会是新兴的华人聚居区，他称其为"新华埠"。他甚至在台湾和香港打广告说蒙特利公园是"华人比弗利山庄"。直至1999年5月过世，他始终积极参与这种跨国房地产交易和投资。[7]

长期原居民都意识到并对移民涌入的前景感到担忧，他们对华人新移民有着复杂的感受。一方面华人投资驱动房地产市场蓬勃发展使房价上升，他们可以赚取可观的利润。但另一方面很多居民认为他们正在丧失对自己社区的控制，并且不愿意看到社区的象征逐渐消失，如著名的巴黎餐厅关门和以前的保龄球馆变为华人"香港超市"。[8] 对于这些担忧颇为敏感的谢富康在1977年一次商会午餐会上与本地商界领袖交谈，告诉他们蒙特利公园即将成为一个面向华人的社区和服务蒙特利公园及周围社区华人的商业区。华人希望这是一个有序的转变过程，为同化铺平道路并尽量减少冲突。华人移民不会"掌控"这座城市，但他们希望他们年迈的中国亲属和国人能够在体面的社区生活（Arax，1987；蒙特利公园口述历史项目，1990）。华人的经济实力、不停的游说、有时通过建立与其他族裔背景的商界领袖的私人信赖关系，[9] 使华人企业和房地产开发商取得了一个相对平稳的过渡。

华人媒体在洛杉矶和亚洲的移民母国大力宣传推介蒙特利公园地区。许多移民来美国之前就在报纸、杂志和电视上听说过蒙特利公园。[10] 一些人决定在他们抵达美国后，或等其不会讲英语的配偶或父母来美时，就在蒙特利公园寻找住处。有关蒙特利公园的商业投资潜力和住宅机会的很多广告出现在台湾和香港大众媒体上，有的可追溯到20世纪70年代。亚洲媒体把蒙特利公园称为"华人比佛利山庄"和"小台北"，后者特指台湾移民的大量涌入。本地华人把洛杉矶地区称为"罗省",在此期间用"蒙市"来标记蒙特利公园。不久后蒙市成为南加州华人社会的重要标志,在亚洲国家亦是如此。

20世纪80年代圣盖博谷有几家中文报纸。由台湾最大的新闻公司拥有和出资北美最大的华文报纸《世界日报》在蒙特利公园开设其新总部。其他两家《星岛日报》和《侨报》,也有他们的办事处(Arax, 1987;作者访谈,M先生,1992)。洛杉矶地区还有几座华人电视台和广播电台,其中一些总部在蒙特利公园或其他圣盖博谷社区。

蒙特利公园市和其他地方机构主办的活动对华人移民和潜在移民产生很大影响。为响应华人移民的大量涌入(作者访谈,赵美心,1995),这些活动对吸引华人来此打发业余时间发挥了重要作用。随着时间推移这些活动增强了蒙特利公园作为华人中心的形象。例如,蒙特利公园兰阁利(Langley)老人中心为长者(华人和非华人)提供各种活动包括周一至周五1.25美元的午餐和免费理发服务,该中心的康乐室配备了乒乓球和桌球,麻将室有八张四方桌能同时容纳32人打牌。麻将室主要服务于华人老人,他们通常在很长时间内定期前来,新来的人很难加入。该中心有几个华人组织,包括华人耆英俱乐部、华人京剧协会和华人老年人合唱团——常青合唱团。每天四十多名华人长者来此消磨时光,一些人会待上一整天。通常,蒙特利公园或周边城市的华人居民早上载父母来此再去上班,在下午晚些时候接他们回家。[11]

面向华人的活动或设施还包括金龄公寓村,它是1980年开放的两座老年公寓区之一。华人老年人占全村120间公寓中约100间。这些居民买不起自己的房子或不能、不愿意在其子女的家庭中生活（Barron，1991；作者访谈，C先生，1992）。此外因为蒙特利公园提供免费活动场所，南加州的华人京剧俱乐部十之八九定期前来。

总之，在多族裔聚居郊区兴盛阶段蒙特利公园为华人在此地集聚提供了几个层面的便利因素。移民过程一旦开始便呈链式反应吸引越来越多的新移民生活在蒙市与周边社区。一个20世纪80年代来此的女士被问及为什么华人会愿意住在蒙特利公园时说："为什么呢？因为住在这里我们有家的感觉。这里有这么多华人和华人商店、餐厅、银行、报纸、电台、电视等几乎你所需要的一切。没有其他地方可以在这样紧凑的区域内为我们提供如此舒适的生活环境和各种服务。那些在美国出生的人不关心是否住在华人附近，但我们作为新移民英语差或完全不会英语就非常介意。我们喜欢住在靠近孩子的地方但不完全依赖于他们，我们想要我们自己的活动。"（作者访谈X女士，1992）

另一个20世纪80年代的移民强调同一观点：

"我的朋友们住在诸如中西部的其他州，不得不每年回台湾住几个月因为他们觉得非常孤单、寂寞和不适。他们没有"耳朵和嘴巴"进行交流（听不懂也不会说英语）也没有"腿"可以到处走（不会开车）。我们住在蒙特利公园的人，尤其是老人，觉得与回台湾生活没有区别。"（作者访谈C太太，1992）

大概最说明问题的是这个回答：

"想知道为什么我搬到这里吗？让我告诉你：清晨我常常会在蒙特利公园街道漫步。（你知道吗？我看到的全是老中，没有一个老外！"）

（三）成熟阶段

自20世纪80年代末以来华人多族裔聚居郊区已完成由少数族裔集中区到国际化经济全球前哨的转变。最近一段时间多族裔聚居郊区华人居民和企业数量增加的同时也经历了之前从未遇到过的问题。华人移民在短时间内大量涌入导致原有居民担心失去对社区的控制，造成族裔关系紧张，新的种族化进程浮出水面。这些问题是由文化差异、语言障碍，有时是完全不信任"他人"造成的。蒙特利公园市在20世纪80年代早期至中期曾是种族和谐的象征。1983年11月28日陈李婉若在蒙特利公园市就任为全美国首位华人女市长，这在美国和中国作为"亚裔美国人人口增加和政治成熟的象征"被广泛宣传（Matthews，1983）。1985年蒙特利公园赢得由全美城市联盟和《今日美国报》所颁发"全美城市"的荣誉称号。"通过私营和公共机构的共同努力造就了卓有成效的公民参与和富有意义的公民素养，蒙特利公园是当年八个国内获奖城市之一，并且是唯一的加州城市"（Barron，1991，49页）。一部由公共传播公司（PBS）制作和播出的题为"变化中的美国"纪录片展示了全美六个城市如何处理民族多样性，蒙特利公园是其中之一。

然而表面上的种族和谐很快消失,随即爆发对移民强烈的抵制。华人多族裔聚居郊区空间增长,华人人口急剧增加,种族化表现出与早期产生的民族飞地或贫民窟不同的形式。由于大量非白人移民"闯入"美国白人的传统领地——郊区,发展自己的城郊居民区和商业区,其他族裔背景的长期原居民与华人新居民之间住房和商业之间的竞争愈演愈烈。竞争演变为冲突,有关文化与政治问题、经济发展乃至宗教问题的公共舆论流露出种族主义言论和本土主义情结。华人居民,那些华商、政治候选人和宗教机构都成为种族化怨恨的目标。

最广为人知、广被宣传与种族矛盾公开化的是在20世纪80年代末蒙特利市围绕"低速增长"和"唯用英文"运动。[12] 1986年蒙特利公园市选举将三个少数族裔市议员(包括陈李婉若和两个墨裔美国人)从市议会扫地出门,三位白人当选市议员。长期白人居民重新获得了该市控制权。新一届市议会指控其前任允许城市的过度蔓延以及未能控制英语以外语言的商业标志的扩散。富有讽刺意味的正是陈李婉若在作为市议员时提出条例要求华人商业标志上要有英语,该条例已经成为法律。在选举的同一年新一届市议会通过两个主要决议:其一暂停建设;另一个即支持英语作为国家的官方语言(Horton,1995,82页;作者访谈,苏何玉琳,1995)。这些经济和文化举措的背后隐藏着强大的本土主义暗流,因为正是亚洲(特别是华人)人口的大量涌入刺激了城市的快速发展和非英文标志的出现。

随着华人居民和选民人数的不断增加,人们希望选出更多的华人到政府任职以代表整个社区和华人的利益。在 20 世纪 80 年代末至 90 年代上半叶的地方选举中，蒙特利公园的选票上始终至少有一名华人候选人。1988 年华人血统、获得加州大学洛杉矶分校学位、时任东洛杉矶学院心理学教授的赵美心博士参选，其竞选纲领为有控制的增长、民族多样性和种族和谐，她以最高票当选为市议员。参选时她被一份代表一些长期白人居民利益的当地报纸《公民的声音》，描绘成只为华人利益服务的"龙女"（作者访谈，赵美心，1995）。尽管有这些不实指控，赵于 1992 年再次获得最多票数，竞选连任第二任期。[13] 1990 年身为华人工程师兼律师的塞缪尔·江（Samuel Kiang），也以最高票当选为市议员。当时市议会成员中 2/5 是华裔美国人，接近蒙特利公园市华人人口的比例（36.2%）。

1994 年选举包括寻求连任的江，共有三名华人候选人。此次竞选可能选出美国首个华人占多数的市议会被很多媒体关注，本土势力纷纷动员以应对此事。两个直接邮寄活动被发起，其中一个活动寄出貌似官方文件的双语"投票指南"，提醒市民非法投票行为可能导致最高达 10 000 美元的罚款和/或入狱 36 个月的惩罚，同时强调理解并遵守选举法的必要性。共计 13 000 份这种"投票指南"直接邮寄给蒙特利公园的家庭。一些选民被由一家房地产开发顾问公司准备的通告所吓倒，巧合的是，赵和江两位华人市议员领导的市议会在一年以前否决了由同一开发公司所发起的赌场项目（《世界日报》，1994 年 4 月 7 日；《洛杉矶时报》，1994 年 4 月 14 日）。同时，由长期居民组成的蒙特利公园居民协会也邮寄信件给所有蒙特利公园的家庭。蒙特利公园居民协会与公民的声音都反对所有三名华人候选人；他们指控赌场项目的坚决反对者现任市议员塞缪尔·江（Samuel Chiang）只为华人利益服务，他从城外获取竞选资金并不了解或相信民主政治。三名华人候选人被指称旨在连手夺取市议会，尽管事实上他们在许多问题上彼此意见相左（《世界日报》1994年4月6日，7日，5月8日；作者访谈，赵美心，1995）。对华人候选人的敌意逐渐蔓延，此次选举演变成一次对蒙市种族构成变化的全民表决，其结果所有三名华人候选人在选举中落败。

坐落于东圣盖博谷社区哈仙达岗的西来寺（图3-7），它的建设成为建筑环境的改变如何种族化的绝佳案例。20世纪60年代创立于台湾的佛光山（佛教的一个分支）试图在外国的土壤上建立分支机构，在海外传播佛教。一位朋友捐赠了一块土地但它不适合发展。随后在1978年，佛光山终于获得哈仙达大道沿线土地。该地块是一处建寺庙的理想场所，地处能观看到圣盖博谷全景的山间平地。佛光山将计划中的寺庙命名为西来寺，以此吸引更多的信众，促进东西方之间的文化交流。然而由于本地人的强烈反对西来寺直到八年后于1986年才开始建设。长期居民担心房屋价格飙升、交通阻塞和大量游客。商业团体特别是一些犹太人店主担心寺庙可能会毁了他们的业务。很多人不想看到大多是基督教信众的街区出现一座佛教寺庙；其他人则把寺庙的修建计划解释为一个种族问题，视其为华人以建庙为手段建立在社区的主导地位。在寺庙的规划阶段和尚尼姑们挨家挨户地解释其良好意愿和寺庙能够给社区带来的好处。他们还发动请愿活动以推动获得建设许可证,在六个公众听证会之后最终该规划获得了批准。整个西半球最大的佛教寺院西来寺占地 15 英亩于 1988 年年底完工。建成后西来寺成了圣盖博谷的旅游景点,每年从美国和世界各地吸引许多游客来此。[14]同时也为当地吸引新居民,其中许多是佛教徒。此外寺庙为当地社区带来营业收入的增长。它举办的慈善活动和与当地基督教和摩门教教会一起做的新年祈福活动——强调理解的重要性与和平消除种族和宗教冲突(佛光山世纪,1996 年 1 月 16 日;作者访谈,Juefa,1996)。

同样,快速变化的住宅景观也产生反对意见,甚至加剧了新来定居者与长期居民之间的紧张关系。在蒙特利公园和阿尔罕布拉人们不希望高密度的人口,公寓和住宅楼建设已经成为居民关注的问题。在像阿卡迪亚和圣马力诺的高档城市华人家庭修建很多大的新屋,甚至有建设富丽堂皇大豪宅的趋势。当地居民对此抱有复杂心情。他们高兴地看到不同族裔的新家庭成为他们的邻居后自己社区保持了高房价,但很多人不喜欢这些新房子的外观。他们认为这种建筑风格并不适合他们的社区。在阿卡迪亚一位日裔演员与华裔妻子的豪华宅邸屡次遭到诸如墙上被涂鸦、窗户被投掷石块等方式的破坏(作者访谈,Jablonsky,1994)。

在圣盖博谷多族裔聚居郊区华人也迅速改变其商业景观。像其他公司一样,华人商业部门面临如何应对和服务圣盖博谷快速变化多族裔消费市场的挑战。许多长期居民对这些变化感到不适,华人企业作为一个整体受到各种片面的指责和成见的非难。一些华人商铺被指责只有中文招牌,歧视非华人客户;街角的华人迷你商城(长期居民称为"丑陋发展")被指责不能为地方政府增加税收;华人企业被谴责不雇用其他族裔员工。但现实是圣盖博谷有很多相当规模的华人商城,蒙特利公园市最大的纳税"机器"是两家华人餐馆:北海渔村和海洋之星(ocean star)。一些华人家族拥有的小企业雇用其他族裔员工虽然有时仅雇佣低工资工人(作者访谈,赵美心和苏何玉琳,1995)。在一些明目张胆地基于种族冲突的指控中一些华人企业被控从事非法活动。例如,十几间华人婚纱店在20世纪90年代初涌现在拉斯图纳斯大道。1994年地方选举期间,天普市市议会一名退休的白人警官候选人指责所有这些婚纱店进行可疑的非法活动(洗钱和卖淫),但他并没有提供具体证据支持他的说法。婚纱店的华人业主反击并要求这位候选人道歉。他们还在门口放置"开放参观"的大招牌让人们知道他们是合法企业,并没有做违法的事。该候选人向婚纱店业主道歉并在选举中落败。事后卧底调查证实这些婚纱店"像他们的形象一样纯洁"(《洛杉矶时报》1996年11月)。

上述事件揭示了多族裔聚居郊区的发展成熟期带有种族化过程的烙印。跨族裔关系反映多族裔聚居郊区是一个多种族的社区,有别于贫民窟或飞地。三届蒙特利公园市女议员赵美心明确表示:

"这是一个(种族构成)混合的社区。这不是传统的民族飞地,像你认为的华埠或小东京。这绝对不是。……我所看到的蒙特利公园是一个不同族裔群体尝试彼此相处的社区。这是

我的挑战,这是我们大家所面对的挑战。"(作者访谈,赵美心,1995)

二、建立多族裔社区的努力

冲突和建立共识的需要导致了圣盖博谷促进种族和谐与民族多样性的积极努力,为实现这些目标多族裔聚居郊区内不同群体付出了极大的努力。例如,市议员赵美心在她第一任期内1990年10月发起举办"和谐周"活动,活动包括全城公众征文比赛主题聚焦于生活在一个多元文化社会的意义,举办社区晚宴表彰市民、企业和服务性社团在促进和谐方面的努力。"和谐周"已成为每年10月举行的社区传统活动。社区圆桌会议式的讨论也在蒙特利公园举行了几年,会议上社区领袖分享他们对这个城市所面临的主要问题的观点。这些讨论主持人之一苏何玉琳清楚地记得,虽然在许多问题上人们意见不一甚至有时关系紧张,但所有与会者阐述自己的意见并彼此倾听。这些讨论成功地使不同背景和代表不同社区利益的人能够开诚布公地对话。

20世纪90年代一场有关是否允许在城市边界内树立广告牌的全民辩论揭示了如何利用泛族裔团结争取不同族群为同样的理由而努力。一家主流大广告公司打算在城市南部边界设立广告牌,希望通过为当地组织捐款(商会10 000美元、男女童子军各5 000美元)以获得支持。除了唯一的华人市议员赵美心之外,所有市议员均赞成此提案,因为他们认为这将有助于缓解城市的预算危机。但很多当地居民都强烈反对此项建议。在三个不同族裔联席主席（美籍华人/长期社区活动家苏何玉琳，西班牙裔和白人各一名）的领导下居民开始一项被称为"市民反对广告牌"的活动。志愿者们在1995年两个月时间内收集超过5 000个登记选民的签名，从而将反对广告牌的倡议列入1997年地方选举的选票表决。恰恰在选举之前的一个月，广告公司起诉反广告牌的活动不符合选举适当程序，而要求法院废除此项倡议。在来自苏何玉琳的家庭和另一个联系会议主席的法律帮助下，"公民对广告牌"在加州高等法院胜诉，并于1997年2月13日做出对他们有利的裁决。在3月7日的地方选举中反对广告牌倡议以压倒多数（86.3%）获得通过，据称这是蒙特利公园市选举历史上最大的胜幅，赵美心再次以最高票连选为第三任华人市议员。苏何玉琳回顾了两年半的反对广告牌活动和她采取的策略，在一次访谈中告诉笔者：

"这是一场全社区范围的草根性多族裔抗争。我想将它变成整个社区的抗争。我被选出领导此次活动，但决定要有其他两个人与我共同主持，以便代表不同族裔的居民。蒙特利公园是亚裔占多数的城市，广告公司可能以为我们对政治不太感兴趣，因此也许更容易听任其摆布，得以实现他们的计划。我深信我们应参与主流政治，让我们的声音被听到。与其他族裔群体一起，我们可以为所有的居民建立更好的社区。"（作者访谈，苏何玉琳，1997）

当地市镇政府致力于促进多元文化与华人的文化传承。1992年阿尔罕布拉和蒙特利公园两城市联合主办主题为"全世界喜迎中国新年"的首次中国农历新年花车巡游（图4-1）。蒙特利公园市次年退出，主办单独的庆祝活动，圣盖博市继而取代蒙特利公园成为新的合作主办方。圣盖博谷花车巡游已成为继旧金山、纽约和洛杉矶华埠之后全美第四大中国新年花车巡游活动。它一定是在任何美国郊区举行的庆祝民族传承的规模最大的游行之一，每年都从圣盖博谷和其他社区吸引成千上万名观众。许多主流大公司，像AT&T、MCI和南加州爱迪生公司认识到此类事件与美国华人的购买力所提供的商机，它们已成为该活动的主要赞助商并在活动期间分发双语宣传册。虽然多族裔聚居郊区已超越了市政的边界，但地方政府的态度在其形成期扮演重要的角色，并继续在其未来的发展中起着举足轻重的作用。

图4-1　圣盖博谷首届中国新年庆祝活动（作者照片，1992）

注　释

1. 地理学家将局部迁移解释为迁移过程中的现象，请参见 Adams et al., 1973; Roseman, 1971。
2. Barron, 1991, 65 页; Monterey Park Oral History Project (蒙特利公园口述历史项目), 1990; 作者访谈, M 女士, 1992。
3. 蒙特利公园成立之初包括现在的蒙特利公园市和蒙特贝洛市; 见 Barron, 1991; T. Fong, 1994, 17 页。
4. 作者访谈, 赵美心, 1995; Lucia Su, 1995; 并参阅 T. Fong, 1994, 21-23 页。
5. Barron, 1991; Klein, 1997; Knapp, 1992。
6. 作者访谈, W. Chan, 1995 年 and M. Chang, 1996; 蒙特利公园口述历史项目, 1990; Tanzer, 1985。
7. 蒙特利公园口述历史项目, 1990; T. Fong, 1994; 作者访谈, Wilbur 吴, 1999 年 8 月。
8. 蒙特利公园口述历史项目, 1990; 作者访谈 Jablonsky, 1994 and Lucia Su, 1995。
9. 例如谢本人积极参与商会活动并曾担任商会的"亲善大使"。
10. 这些例子都是真实的, 比如作者访谈的对象香港移民 C 先生、台湾移民 M 先生和太太以及大陆移民 Z 先生和太太。
11. 作者访谈, 中心主任 Ryan 女士, 1992; 常青合唱团音乐总监张女士, 1994; C 太太, 1992。
12. 详细说明见 Barron, 1991; T. Fong, 1994; Horton, 1995。
13. 赵美心在 2001 年当选加州议会众议员。(译注: 在 2009 年选举中赵美心博士当选为全美首位华裔女性联邦众议员, 并于 2011 年和 2013 年两度竞选连任, 时任美国国会亚太裔委员会主任。)
14. 1996 年总统竞选期间当时的副总统阿尔·戈尔出席为民主党全国委员会筹款活动, 西来寺因而被卷入美国政治丑闻。

第五章　从族群服务中心
　　　　到全球经济前哨

　　多族裔聚居郊区形成和演变背后最重要的驱动力之一是族裔经济与民族人口间的依存关系。华人人口和社区的增长需要族裔经济的发展，族裔经济不仅能够提供相当的商业机会和消费品，而且也为移民提供了就业市场。与全球相连系的民族经济发展既需要专业和管理人员也需要低技术、低工资的劳动力。华人居住区和商业区在同一位置的组合——多族裔聚居郊区，不仅在多族裔聚居郊区形成过程中至关重要，也成为其持续增长的先决条件。

　　在20世纪50年代至60年代移往郊区的首批华人搬到蒙特利公园。很多人在市区与郊区间工作通勤，开车到市区中国城满足他们特定的族裔消费需求，如在华人百货店购物、在中餐馆吃饭。中国城仍然是华人商业、文化活动和社会交往的中心。早期的华人居民还记得蒙特利公园没有中餐馆或百货商店，直到20世纪70年代初期一个购物中心才在南大西洋大道开张。它由中国台湾华人开发建设，开发商是台湾"立法委员"的儿子。该购物中心为蒙特利公园市首家中国百货商场

——顶好市场和几家中餐馆提供营业场地,其中包括与台湾著名餐厅同名的彭园。不过这些新商家还不能完全与中国城的同行抗衡,直到更多华人搬迁到蒙特利公园及其周边地区(作者访谈,苏何玉琳,1995;Woo,1999 年 8 月)。

一、华人服务中心的出现

20 世纪 70 年代之后越来越多的华人居民需要民族经济增长以满足自身消费的需求。华人经济在蒙特利公园快速增长并逐渐在圣盖博谷中其他邻近的社区出现。他们中有些是典型的传统华人企业:中餐馆、百货店、书店和礼品店;另一些则是专业公司:医师诊所、银行、律师事务所和房地产公司。70 年代后期,蒙特利公园已经成为一个集大规模华人居民区和各类华人企业于一体的新华人社区。有人甚至建议建立独立的中华总商会,但后来考虑到可能的负面因素,华商决定保留这个城市的商会,但新成立了一个华人委员会(蒙特利公园口述历史项目,1990)。

1980 年蒙特利公园的 8 082 名华人占多族裔聚居郊区华人总数(26 273)的 30.8%。1982 年蒙特利公园有 340 间华人商铺,占所有圣盖博谷华人商铺总数的 56.5%。蒙特利公园在多族裔聚居郊区中主导着华人的经济活动,充当华人社区集中居住中心和商业枢纽的功能。在东圣盖博谷(哈仙达岗和罗兰岗)多族裔聚居郊区的初始阶段,华人商家所占份额极小

（只有3％），尽管该地华人人口占全部多族裔聚居郊区华人的7％,[1] 东圣盖博谷华人社区此时很大程度上还只是大型的住宅区。

80年代初，多族裔聚居郊区主要是华人社区，民族经济构成以满足日常基本需求为主，所在地的华人居民是华商的主要客户群。1979和1980年两年间，三家华资银行在蒙特利公园设立总部或分行。1982年房地产企业是多族裔聚居郊区华人商业类别中数量最多的业态，这充分反映出新移民的住房需求和他们的金融财力。其他五大商业业态类别均为消费服务业：医疗和牙科服务、餐饮、旅行社、美容业以及理发店。表5-1列出洛杉矶县1950年、1982年和1996年所有类型的华人商家，它揭示了华人民族经济随时间推移其性质发生改变。例如，1950年华人经济由洗衣房、中餐馆和食品店三个传统类别所主导，生产性或专业性服务业几乎不存在。到20世纪下半叶，全美生产性服务业与消费性服务业建立和发展的同时其客户群的经济社会地位显著提升，尤其在多族裔聚居郊区客户社会经济地位提高明显，标志着洛杉矶华人经济的根本性转变。

并非所有的华商类型都有相同的区位分布模式。由于自身性质和主要客户群的不同，华商企业即使是在多族裔聚居郊区发展的初期分布格局也各不相同。例如，华人律师、医生及地产代理商主要服务华人客户，因此他们大都集中在华人居民区。然而满足更广泛客户的中餐馆则遍布洛杉矶大都市各地（图5-1a、5-1b、5-2a、5-2b）。

表 5-1 1950 年、1982 年和 1996 年洛杉矶县华人商家

类别	总数					份额 多族裔聚居郊区/县 (%)		排名				
	多族裔聚居郊区		洛杉矶县					多族裔聚居郊区		洛杉矶县		
年份	1982	1996	1950	1982	1996	1982	1996	1982	1996	1950	1982	1996
医生	71	706	10	127	974	55	73	2	1	7	3	1
餐馆	49	503	180	240	880	20	57	3	2	3	1	2
牙医	32	396	7	64	562	50	71	4	3	10	7	4
学校	5	393		19	570	26	69	22	4		24	3
保险	16	273		34	369	47	74	7	5		14	6
律师	9	258		69	437	13	59	20	6		6	5
美容美发/理发店	20	244		38	298	53	82	6	7		11	9
房地产经纪	80	236		152	327	53	72	1	8		2	7
修车	16	233		26	305	62	76	8	9	18	17	8
会计师	10	204		36	255	28	80	17	10		12	12
旅行社	21	193	2	63	257	33	75	5	11		8	11

第五章 从族群服务中心到全球经济前哨　121

续表

类别	总数 多族裔聚居郊区 1982	总数 多族裔聚居郊区 1996	份额 洛杉矶县 1950	份额 洛杉矶县 1982	份额 洛杉矶县 1996	份额 多族裔聚居郊区/县 1982	份额 多族裔聚居郊区/县 1996 (%)	排名 多族裔聚居郊区 1982	排名 多族裔聚居郊区 1996	排名 洛杉矶县 1950	排名 洛杉矶县 1982	排名 洛杉矶县 1996
贷款按揭		169			215		79		12			12
计算机和服务		167			252		66		13			13
建筑	11	158		31	220	36	72	16	14		15	14
针灸	10	143		21	214	48	67	18	15		21	16
银行	14	135.5		36	259	39	52	12	16		13	10
中医诊所		130			182		72		17			20
印刷	10	128	4	24	172	42	74	19	18	13	18	21
移民服务		112			153		73		19			23
广告		109			134		82		20			26
交易公司	15	107	8	76	213	20	50	9	21	2	9	17
食品产品	15	84	187	62	197	24	43	10	22		9	19

续表

类别	总数		份额			多族裔聚居郊区/县（%）		排名				
	多族裔聚居郊区		洛杉矶县					多族裔聚居郊区		洛杉矶县		
年份	1982	1996	1950	1982	1996	1982	1996	1982	1996	1950	1982	1996
家具店	12	83		28	136	43	61	14	23		16	25
汽车经销商	15	79		22	158	68	50	11	24		20	22
精品	8	77	4	14	138	57	56	21	25	13	25	24
中药批发	2	67	35	20	102	10	66	25	26	6	23	31
礼品店	12	64	40	43	107	28	60	15	27	5	10	30
酒店和汽车旅馆	14	60	8	80	205	18	29	13	28	8	4	18
面包坊	4	60	4	9	114	44	53	24	29	13	27	29
药房	5	47		11	119	46	40	23	30		26	27
洗衣坊			350							1		
蔬果（批发）			60							4		
其他			17									
总数	604	9656	923	1773	14709	34.1	65.6					

资料来源：H. Chen, 1952, 59 页；《中文黄页》, 1983 年和 1996 年。

尽管主要满足当地需求,这一时期的华人经济活动已经与国际资本和全球经济相联系。许多华人富豪因为政治的不安感而移民并带来大量钱财置产投资(作者访谈,苏何玉琳,1995)。因此银行和其他金融机构成为多族裔聚居郊区内非常重要的产业,1982年相关机构共有18家,占洛杉矶县所有华人金融机构的35.3%。此外,涉及进出口贸易的公司在此期间也迅速增长。

二、向全球经济前哨站的转变

最近一个阶段的多族裔聚居郊区演变是华人人口快速增长和商务发展最为活跃的时期。自20世纪80年代末多族裔聚居郊区已完成从民族服务中心到全球经济前哨站的转变,在国际经济中发挥着积极作用。

(一)民族服务中心的扩张

1990年多族裔聚居郊区的华人几乎占到洛杉矶县华人总数的一半,但与此同时圣盖博谷总人口仅占洛杉矶县的11.6%,因此多族裔聚居郊区的华人比例远远高于圣盖博谷在全县总人口的比例。虽然1990年华人居民占圣盖博谷总人口的11.7%,洛杉矶全县华人平均占比仅为2.8%。从1980年到1990年多族裔聚居郊区华人人口增加了359%,华人商家的数量从1982年的604家猛增至1996年的9 656家,升幅几乎达到15倍。多族裔聚居郊区范围内的华人人口与华人商家的增长速度超过全县平均的2倍以上。多族裔聚居郊区华人人口占全县华人总人口的比例由1980年的28%增加到1990年的49%，华人企业从1982年的34%增长至1996年的66%。这些数字表明在20世纪80年代和90年代初期多族裔聚居郊区对华人和华商有着磁铁般的吸引力。

多族裔聚居郊区最近一段时期的发展带有很鲜明的作为民族服务中心持续扩张的特点。1982年多族裔聚居郊区排名前二十类华人商业业态中大部分提供消费者服务。1996年由于华人人口的迅速增长部分消费者服务门类迅速增长（医生、牙医及餐饮）成为华人经济体系内的独占鳌头的门类。不管是属于传统的民族服务还是专业服务类服务业，这些华人商家在多族裔聚居郊区内持续集聚（表5-1；图5-1a、5-1b、5-2a、5-2b）。

一个有趣的现象是1982年到1996年间多族裔聚居郊区华人学校急剧增加，从5所增加到近400所。这清楚地表明多族裔聚居郊区已成为洛杉矶华人社区的文化中心。此外，教英语的学校比中文学校数量更多，这表明华人移民渴望在新家园学习英语，同时希望能帮助他们的孩子学习中国文化并保持传统。

多族裔聚居郊区发展的初期华人住宅聚居区吸引华人企业，诸如蒙特利公园的案例。这与瓦汀格，麦克沃伊和奥德里奇（Waldinger，McEvoy and Aldrich，1990）提出的民族经济发展早期阶段的模型和卡普兰（Kaplan，1998）的"孵化器"模型相吻合。但随后华人住宅区的发展和华人商业区的壮大形成一个自我强化的循环，使二者更加紧密相连。华人企业的发

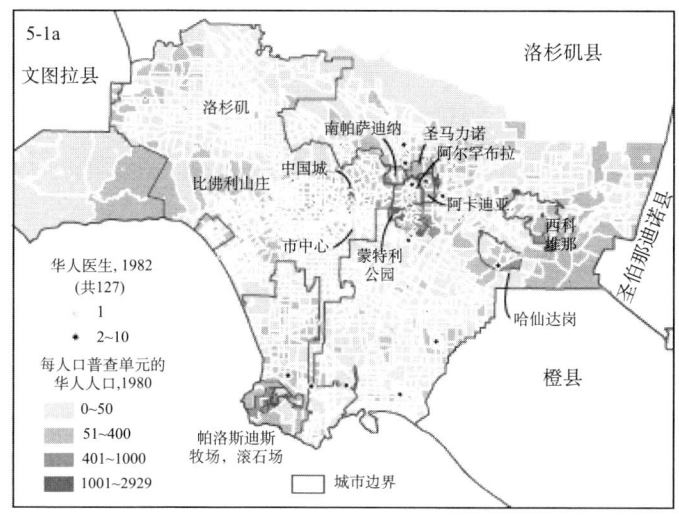

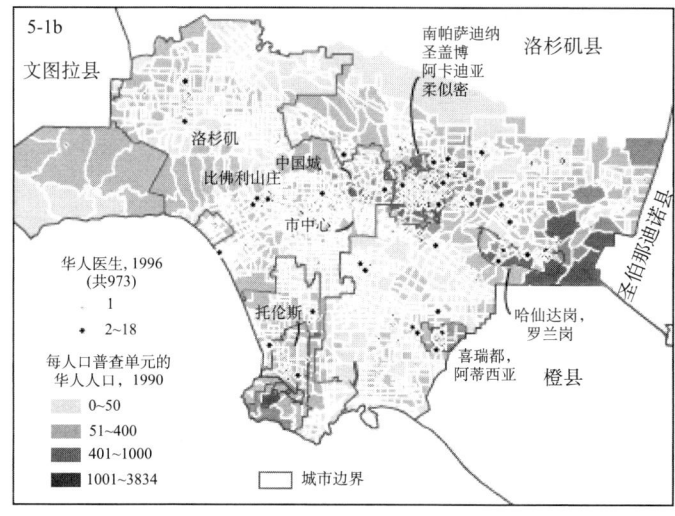

第五章　从族群服务中心到全球经济前哨　125

图 5-1a、5-1b　洛杉矶县南部华人人口和医生，1980年、1990年

126　多族裔聚居郊区——北美城市的新型少数族裔社区

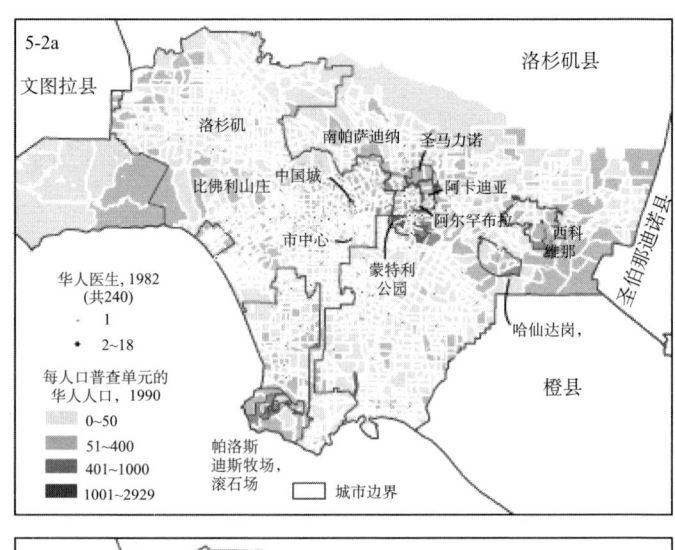

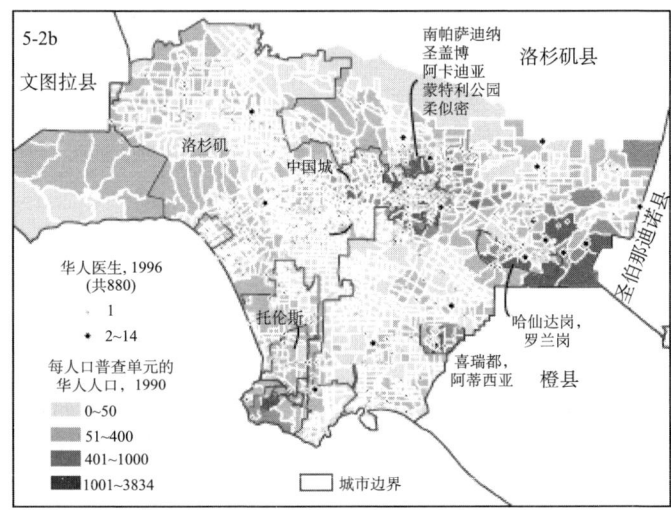

图 5-2a、5-2b　洛杉矶县南部华人人口和食肆，1980 年、1990 年

展对华人新居民的住宅选择产生影响并造成商业机构间的集聚效应。大华超市公司（英文名为 Ranch 99 Market）在 1984 年由台湾移民罗伯特·陈（Rober Chen）创建，最初的两个大华超市在 20 世纪 80 年代中期在橙县开设，由于华人居民涌入多族裔聚居郊区，后来的两个大华超市分别设立在与蒙特利公园跨 60 号公路相邻的蒙特贝洛（1987 年）和罗兰岗（1989 年）。大华还于 1988 年设立开发部，名为大华商业物业开发公司。这个开发部负责建设大华超市所在的罗兰岗购物广场。该购物广场有助于吸引更多的华人企业到"东区"以及更多的华人居民在周围街区生活。在大华和其他华人企业到来之前，东圣盖博谷和南到橙县的华人去蒙特利公园满足购物和社交的需求，就像 20 年前蒙特利公园居民去市区的中国城。

20 世纪 90 年代大华投资有限公司成立，建造南加州最大的华人购物中心圣盖博商业广场，通常称为全统广场（图 3-8）。该广场被视为"南加州明珠"、华人零售业成功的象征。这个商业广场由台湾主要商业银行之一的第一银行出资建造，该银行是设在阿尔罕布拉 FCB 台湾加州银行的母公司。这笔交易是通过本地华人银行家，一家华资银行的首席执行官促成的。这个购物中心是一座地中海式风格的 L 形两层楼建筑，从远处看与任何一家典型的南加州户外商城无异，然而进入其中可以看到每一家商店都有中文标志。这个购物中心依托大华超市和被称为"全统"的高档中国百货店，[2] 还有珠宝首饰店、书店、音像店以及几个专业服务机构和至少十几家餐馆，这使它成为很可能是洛杉矶地区最大的中餐馆群。这里的中餐馆规模不一并汇集了中国各地烹饪特色,从三和连锁餐厅(两个香港兄弟所有),到以台北著名购物街华西街命名的一家台湾餐馆,[3] 直至总店在北京的著名连锁店东来顺。这个购物中心吸引大量的美国本地及外国华人游客,包括乘游览大巴来的台湾和中国大陆游客。尤其是周末购物者充斥整个中心。尽管有巨大的地面停车场和地下停车库,但是停车位仍是一位难求。[4]

大华超市通过自建或接管其他华人超市于 1990—1996 年间又在多族裔聚居郊区内的圣盖博、阿卡迪亚、柔似密、蒙特利公园和罗兰岗开设五家超市。1996 年大华旗下在南加州共有 13 个超市,员工超过 1 200 人,雇员数量平均每年增长 10%—15%,年销售额超过 1.5 亿美元。当地华人电视台经常播放大华的电视广告:"有华人的地方就有大华"。大华拥有或共有南加州的四个购物广场、26 家超市包括旧金山湾区的八家、西雅图两家以及在檀香山、拉斯维加斯和凤凰城的连锁店。[5] 大华曾在洛杉矶中国城有一间店面,但因租约到期在 1998 年年初关闭。大华帮助在拉斯维加斯和多伦多新建超市广场,并已成为美国最大的华人超市连锁企业。

大华超市的成功可部分归功于中国美食文化传统。四千多年前中国古人就曾提及"民以食为天"。哪里有为数众多的华人,就必定会有中国食品店来满足他们的需要。其实大华的成功更归功于企业的使命感和公司战略,从企业建立之初罗杰·陈(Roger Chen)和他的合伙人理想中的华人连锁超市应备有各种中国食品元素——新鲜水果、蔬菜、活鱼和虾蟹,同时又像任何主流连锁超市般宽敞整洁。这一设想显然与人们心目中传统中国店尤其是中国城的形象背道而驰，那些中国城中食品店面拥挤、气味令人不快。大华以中产和富有阶层为目标客户，希望将自己打造成有品位的超市。与其他超市类似，大华同时还经营可以轻松地在任何超市都能买到的商品，如婴儿和浴室用品。因此大华超市不仅吸引华人客户，也吸引来自其他亚洲地区和非亚裔背景的人。

大华超市的影响已经超出本身客户群，许多其他华人企业试图跟随大华超市到新地点开设新店，借此吸引大华超市的广大客户群。除作为洛杉矶和橙县几个主要华人商场的主力店之外，大华超市往往还是北加州和其他地区大型亚洲或华人商场中心店。同名或连锁经营的餐馆不仅能在罗兰岗购物中心和圣盖博广场找到，也可以在硅谷的库比蒂诺村、苗必达广场以及凤凰城中国文化中心找到。台湾餐厅半亩园，2000 年的广告声称它在台北有 30 年、洛杉矶 20 年、湾区 8 年（《中文黄页》，2000）历史。这表明大华的发展因美国多地华人居民区尤其是多族裔聚居郊区的增长而引起，并为其增长做出贡献。大华的成功也促使主流超级市场连锁企业经营亚洲食品。大华还设想到亚洲扩展业务，在印度尼西亚、中国台湾和香港成立合资企业（Hamilton，1997；大华超市公司文宣，1996），这一跨太平洋发展战略的愿景彰显出多族裔聚居郊区人口及其业务的跨国属性。

不过大华的扩展也在华人超市中造成激烈的竞争。20 世纪 90 年代初期和中期，圣盖博谷中的独立华人超市比今天的多，包括爱华、和平、大富和大欣等等。大富曾是大华附属店,由一位前大华经理建立,它有两家门店,分别在蒙特贝洛(原大华超市所在地)和罗兰岗(与罗兰岗大华超市隔60号公路相望)。在90年代初至中期这一时间段,这些超市之间的竞争异常激烈,每家都竞相提供大幅折扣和奖金、外加邮件优惠券活动,并根据客户每次购物花费提供进一步折扣。这些超市恶性竞争所采取的策略以及其动机和后果成为华文媒体的热门话题。其结果是大华收回两家大富超市并将罗兰岗店改为健康素食店,更名为绿色市场;大欣变成大华的子公司,最终其店面被重命名为大华超市。

其他还在经营的华人超市连锁店也大力拓展。顺发超市[6]也成为大型连锁超市,相继在北加州并跨州在拉斯维加斯开设新店。顺发利用山谷大道和圣盖博大道交汇口西南角已空置的原Target店址设立新店。该店不仅仅是一家超市更像是室内购物集市,提供各种商品和服务,从钟表维修、快餐、酒廊、书店、珠宝首饰店到艺术品画廊应有尽有。

(二)全球经济前哨站的崛起

20世纪80年代至90年代,不仅仅只是华人商业迅速增长,多族裔聚居郊区的功能更是由一个民族服务中心转变为全球经济的前哨站。其间第三产业取得了巨大发展,并变得至关重要。1996年1 006家金融、保险和房地产公司占所有多族裔聚居郊区华人企业总数的11%以上(《中文黄页》,1996)。因数据的限制,很难精确地计算出为全球经济服务(即有积极的国际交易)和主要满足本地需求公司的比例。不过,有直接的国际联系的公司数据可以用于支持全球经济前哨站的论点。房地产市场已变得越来越国际化，总部位于圣盖博谷的"乔治物业"房地产公司在台湾有40个办事处，其圣盖博谷的公司运营，连续六年平均每日交易额约100万美元（Klein，1997）。1996年除了房地产业外，其他明确与全球经济产生联系的公司，包括进出口、航空货运服务、报关和货运转发，在多族裔聚居郊区总数迅速增长到330间，占洛杉矶县该类华人企业的2/3以上。

因此多族裔聚居郊区不仅作为华人住宅聚居和传统民族服务经济的中心，也逐渐成为全球化的经济活动和国际资本流通的枢纽。这一功能性的改变在1986年台湾放松严格地外汇管制（1949年以来首次允许资本外流）以及20世纪90年代以来新的国际贸易协议之后显而易见。圣盖博谷业已成为华人直接投资的理想地，当投资者的来源国时局动荡时尤甚。1996年春台海局势紧张，大量的现金资本从台湾流入圣盖博谷的华资银行，一家大型华资银行在此期间的两周内收到电汇款三千万美元（作者访谈，Chuang，1995；银行访谈，1999，19号）。

圣盖博谷和大洛杉矶地区的繁荣依赖于经济全球化和环太平洋地区国家的崛起。鉴于此，很多地方社区积极参与国际商务活动和资本流通。90年代中期华人拥有或经营阿尔罕布拉60％左右的商业并在该市经济中扮演着重要角色。为了推动商业往来、帮助了解彼此的文化，阿尔罕布拉市与中国台湾和大陆的多个城市建立了友好城市关系。阿尔罕布拉商会积极推动外国直接投资（尤其是来自亚洲国家）和国际商业交易，希望能够扮演东西方之间的桥梁的角色。一些亚洲公司已经充分利用这一优势。香港的中信嘉华银行有限公司在阿尔罕布拉山谷大道建造了三层楼的海外总部，嘉华银行原本是一家在香港具有80多年历史的商业银行，在1986年由中国大陆的中国国际信托与投资公司获得它的控股权（全美华资银行家协会，2000，20页）。国内外银行聚集使阿尔罕布拉，这个2000年总人口仅为85 804人的郊区市，成为洛杉矶地区银行密度最高的地区之一。1999年年末，沿山谷大道从大西洋大道至加菲尔德大道的半英里距离内设有八家不同银行的总行或分行，其中包括六家当地华资银行。华资银行高管表示山谷大道是"华人的华尔街"，"山谷大道上银行比餐馆或加油站还要多"（银行访谈，1999，8、11、14号）。

多族裔聚居郊区为当地主流经济添加上一层民族经济，并将自己转变为国际资本直接投资的全球经济前哨站。这也使得多族裔聚居郊区成为富于经济活动和就业机会的关键区域，在90年代初的全美经济衰退中圣盖博谷的失业率和商业物业空置率均低于洛杉矶县的总体水平（作者访谈，赵美心，1995）。

作为全球经济前哨站和一种新型族裔聚居区，多族裔聚居郊区不同于传统少数族裔聚居区的特点是其专业服务企业的数量。虽然大多数华人商业类别在1982—1996年增长了至少10倍，但各门类的增长速度快慢不一。大体而言，雇用专业人士的生产性服务行业增长最快，如保险、律师事务所和会计师事务所，这三类在前十大门类之中。就地理聚集的角度而言，专

第五章 从族群服务中心到全球经济前哨

业服务更有可能在多族裔聚居郊区聚集。在华人前三十大商业种类中，专业服务类公司在多族裔聚居郊区中的平均比重高于与传统民族经济相关联的公司（1982年上述两类型公司比重分别为42%和27%，1996年为67%和60%）。此外，两类主要雇用专业人员的行业（会计师事务所和学校）在1982年多族裔聚居郊区中的比重低于平均值而1996年则高于平均值。广告公司、金融抵押贷款机构、移民服务中介和计算机销售与服务等四种以前没有列入但在1996年超过平均值的业务类型可归为生产服务业。因此多族裔聚居郊区的生产服务业远比今天的市中心华埠重要得多。此外，一些传统的华人民族经济行业并没有快速增长，食品、批发和礼品店在此14年间仅增加5—6倍（表5-1）。这也反映出多族裔聚居郊区中民族经济作用的不断变化，同时也表明多族裔聚居郊区是一种新型族裔聚居区，它的专业服务业比传统华人聚居区更为重要。

特别值得注意的现象是商业房地产所有权是多族裔聚居郊区华人的一种投资策略。华人传统上重视不动产所有权，认为与其他形式的资产相比更为安全。购买自住住房后，很多华人投资其他房产。圣盖博谷华人房产所有权高拥有率不仅改变了该区域财产所有权结构模式，也为主流的类似华资金融机构创造商业机会，这些华资银行将投资商业地产视为其主要业务之一（Li and Dymski，2007）。图5-3a标明了2001年圣盖博谷18个城市以及人口普查区华人拥有所选类别商业地产的数量。华人（包括本地和外州所有者）拥有总共271座办公大楼、124个仓库/配送中心、51家购物中心和该地区的31家酒店旅馆。华人对仓库/配送中心的所有权反映出许多多族裔聚居郊区的华人直接或间接地参与国际贸易，尤其是进口贸易，因为这要求商品从来源国进口到被分发至美国各地前必须有存放地。图 5-3b 描绘了多族裔聚居郊区中的华人拥有住宅物业所有权的复杂图景，他们在 18 个城市拥有的住宅房产共有 1 924 套两室、989 套三室、616 套四室和 1 333 套五室或更多的住宅。其中，两室房中的 99.6%、三室房中的 73.2%、四室房中的 82.8% 和五室及以上类别中的 94.3% 不是业主的主要居所，换言之，它们是第二住房或收益性房产，这反映出他们以住宅市场两端为重点的投资策略。四个西圣盖博谷城市：阿尔罕布拉、柔似密、蒙特利公园和圣盖博（按此顺序），在多族裔聚居郊区华人住宅物业所有权数量排名中位于前列。图 5-3a 显示华人人口数，图 5-3b 则为 2000 年人口普查中华人家庭占每一普查单元总户数的百分比。比较图 5-3a、5-3b 与图 5-1a、5-1b 及 5-2a、5-2b，可以得出结论几十年来不仅华人总人数增加，同时它们的地理分布也逐渐扩大。[8] 超过 1 000 名华人的普查单元数量由 1980 年的 7 个，增加到 1990 年的 49 个和 2000 年的 65 个。这种快速的人口和商业增长使多族裔聚居郊区成为一个少数族裔地方，它不仅有豪宅和多元化的人口，而且能将移民和本地华人所带来和产生的财产本地化，类似于将这些资源转换为当地社区非流动资产。

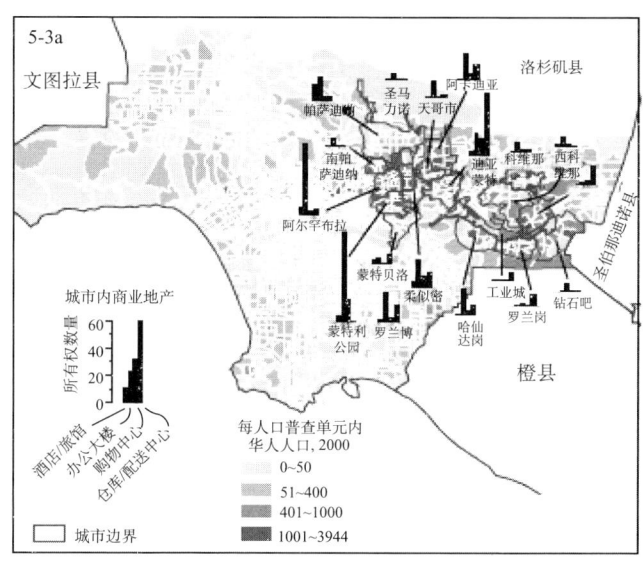

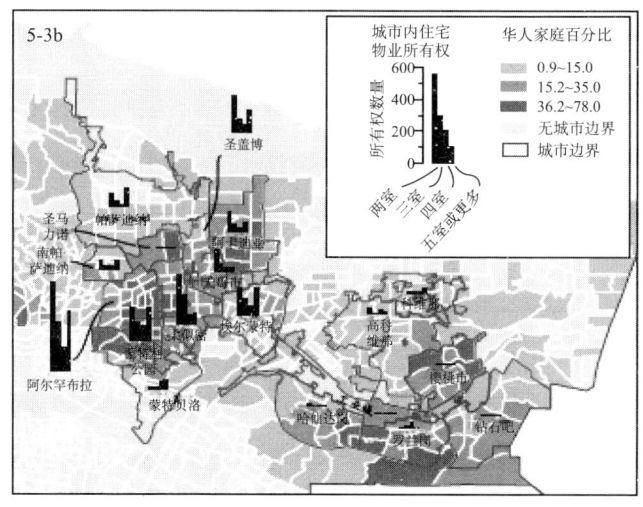

第五章 从族群服务中心到全球经济前哨　135

图 5-3a、5-3b　2000 年华人人口与商业及住宅楼宇所有权数量比重

表 5-2 1996 年多族裔聚居郊区华人企业数量和从业人员情况

城市	企业数（个）	企业数占%	从业人员占%	医生占%	餐馆占%	律师占%	保险占%	房地产经纪占%
蒙特利公园	1 692	17.5	18.2	30.3	18.7	24.4	29.7	13.1
阿尔罕布拉	1 527	15.8	17.7	13.7	14.5	32.2	14.3	12.3
圣盖博	1 214	12.6	2.9	13.0	16.5	6.2	9.2	12.7
柔似密	809	8.4	9.0	5.2	9.5	2.3	9.5	7.2
罗兰岗	541	5.6	3.9	6.1	11.1	3.1	3.7	4.7
阿卡迪亚	514	5.3	6.0	4.5	4.8	1.9	4.8	13.2
埃尔蒙特	491	5.1	5.6	3.1	3.0	3.5	4.4	1.3
工业城	444	4.6	0.0	1.8	3.0	4.3	4.4	3.8
天普市	358	3.8	3.0	0.9	1.2	0.8	2.2	3.4
哈仙达岗	353	3.7	6.5	11.1	4.6	0.8	3.7	5.1
南埃尔蒙特	330	3.4	6.3	0.0	0.6	0.4	0.0	0.4
帕萨迪纳	311	3.2	2.6	1.6	3.6	15.1	1.5	1.7
核桃市	260	2.7	3.7	0.1	0.8	0.8	2.2	4.2

续表

城市	企业数（个）	企业数占%	从业人员占%	医生占%	餐馆占%	律师占%	保险占%	房地产经纪占%
西科维那	150	1.6	3.0	1.8	1.8	0.4	0.4	0.9
蒙特贝洛	149	1.5	2.9	3.8	2.6	1.2	1.5	0.9
钻石吧	121	1.3	3.6	0.3	1.4	1.2	1.8	3.8
圣马力诺	110	1.1	1.0	0.4	0.2	0.8	3.3	9.8
拉蓬特	98	1.0	0.5	1.4	0.6	0.0	0.0	0.0
科维那	86	0.9	0.8	0.4	1.2	0.0	1.8	1.3
南帕萨迪纳	85	0.9	2.8	0.3	0.2	0.8	1.8	0.4
南盖博	2	0.02	0.5	0.0	0.2	0.0	0.0	0.0
东帕萨迪纳	1	0.01	0.0	0.0	0.0	0.0	0.0	0.0
多族裔聚居郊区合计	9 656	100	100	100/706	100/503	100/258	100/273	100/236
占洛杉矶县%	65.6			72.5	57.2	59.0	74.0	71.7
洛杉矶县总数	14 720			974	880	437	369	329

资料来源：中文黄页，1996；美国人口普查，1990，STF1a。
注：斜线"/"下的数字为绝对数。

三、多族裔聚居郊区的内部差异

多族裔聚居郊区各社区之间同样存在差异。并非所有商业企业都在这些社区中均匀分布。华人人口最多的两个社区——蒙特利公园和阿尔罕布拉1996年在多族裔聚居郊区所有华人企业中占到1/3（表5-2），紧跟其后的两个城市圣盖博和柔似密占20%。多族裔聚居郊区华人企业超过半数位于上述四个城市，这表明西圣盖博谷仍是主要的华人商业中心。不过东圣盖博谷在20世纪90年代中作为华人商务中心的重要性显著增强，罗兰岗、工业城和哈仙达岗共占所有多族裔聚居郊区公司的比重约为14%。1996年多族裔聚居郊区中的华人企业几乎是洛杉矶市的2.5倍，使多族裔聚居郊区成为比洛杉矶市更为集中的华人商业枢纽（根据1996年《中文黄页》计算）。

多族裔聚居郊区各社区的经济结构存在明显的内部差异。一方面1996年蒙特利公园市继续拥有多族裔聚居郊区所有社区中最多数量的华人企业，在医生、律师和保险机构以及餐厅、旅馆和汽车旅馆等消费者服务业中占主导。由于蒙特利公园房地产发展空间有限，其华人房地产经纪人数的比重已经从1982年的50%下降到1996年的13.1%。在阿卡迪亚和圣马力诺的高档社区华人房地产经纪人比重分别占13.2%和9.8%，但这些城市其他华人企业只占多族裔聚居郊区的5.3%和1.1%。上述事实表明很多华人居民和潜在居民经济状况良好，负担得起在这些富裕的社区生活。1982年新兴发展的东部地区以住宅区为主，只有几家企业，然而到1996年罗兰岗成为多族裔聚居郊区所有社区中第五大华人商务区，有着类似于蒙特利公园的商业结构。这再次说明了住宅区和商业活动间的密切关系。同样，在2001年华人所有的商场大部分位于西圣盖博谷，特别是蒙特利公园和柔似密以及在新近发展的东部地区如钻石吧（图5-3a）。

另一方面工业市主要是工业和商业区，计算机经销商和汽车经销商比例较高，所有其他类型商业均低于地区平均水平。这体现出整体的集聚效应因为这些企业需要靠近彼此以谋求利润最大化。类似的情况如埃尔蒙特虽然与周边城市相比华人人口比重低，但2001年18个圣盖博谷城市中拥有数量最多仓库和配送中心，比重达36.3%。阿尔罕布拉、帕萨迪纳和西科维那华裔汽车经销商比其他城市更集中，因为该地已有其他族裔的汽车经销商。

四、民族经济与社区发展

多族裔聚居郊区的居民和企业所面临的主要挑战之一是如何发展健康包容的经济与建立多民族和谐的社区。阿尔罕布拉成功华人汽车经销商庄先生的解决方案展现了构建和维护多族裔聚居郊区的复杂性。庄具有食品加工硕士学位，工作之初在快餐企业供职，之后开设电器商店，在从事销售汽车之前卖摩托车。他在20世纪80年代末选择沿阿尔罕布拉主街开设汽车行的原因是已有的汽车经销商网络以及圣盖博谷华人社区的潜在市场。一开始从事汽车销售业务，他就面临如何在多族裔社区为华人与非华人客户提供服务、开拓新市场，同时还要了解族裔特色和关系的挑战。

90年代早期，加州经济和汽车销售因经济衰退而遭受沉重打击。基于消费者调查和市场分析，庄决定卖旧车以更好地服务于当地社区，特别是他的拉丁裔客户。他聘请讲西班牙语的销售人员来处理这类交易。他公司60名雇员中亚裔、拉丁裔和白人各占1/3，但华人员工较少在汽车配件及维修部门任职。90年代华人社区内日益增加的汽车需求使他雇佣了比以往任何时候都多的华人销售人员，大约一半的客户都是华人。庄也做不同族裔群体的汽车消费行为调查，发现其有不同喜好：白人和拉丁裔喜欢较低首付款，而亚裔更关注退税。庄相应地处理各族裔的汽车销售需求从而促进其汽车销售，公司获得成功使他成为阿尔罕布拉城市年度缴纳税收最多者之一，汽车销售税收占该市年度整体收入预算的1/3（作者访谈，Chuang，1995）。

庄也积极地参与社区日常活动并是社区领袖。他鼓励华商和居民学习英语，拥抱美国社会，同时保持他们的族裔认同和文化传统。他与种族化抗争但设法尽量减少对长期居民的"威胁"。他作为阿市商会董事会成员长达12年并在90年代中期完成他的商会主席的任期。庄在任期内举办了许多活动，帮助有需要的人并促进多元文化的发展。他带领商会努力促进国际商业、文化交流和相互理解，使其成为东西方之间和不同族裔群体之间的桥梁。他还以他父亲的名义捐款设立奖学金帮助亚裔青年。庄的努力也获得了社区肯定，使之成为发展健康社区关系和本地经济的模范（作者访谈，Shea，1995）。庄和他的同事们所面临的挑战是整个圣盖博谷多族裔聚居郊区所共同面对的。

对圣盖博谷多族裔聚居郊区的分析揭示出华人多族裔聚居郊区形成遵循不同轨迹和多种路径：在其初始点——蒙特利公园，开始于大批移民，华人企业随后跟进。其他居住区，如东区罗兰岗，某些关键性华人企业通过建立重要的业务机构以刺激华人聚居增加和多族裔聚居郊区朝东圣盖博谷的发展扩大。

研究揭示华人多族裔聚居郊区通过商业交易、资金流通和人员流动（包括企业家和劳动者）从民族服务中心转为全球经济前哨站。其经济不只在多族裔聚居郊区的社会经济结构中扮演重要角色，取决于大小、类型和地方民族经济的功能，还有助于整个地区在国家和全球经济中所起的作用。作为全球前哨的多族裔聚居郊区经济性质也为所在地提供更好的机会将民族经济融入主流经济生活，充分利用移民的技能和资源，在经济衰退期间采取替代战略，加强其在全球经济中的地位。

因此，在许多方面多族裔聚居郊区反映了高流动性资本有能力在像洛杉矶这样的全球性城市设立有效的前哨站，以引导国际商务活动并开拓新兴市场。圣盖博谷战略得以在郊区发展空间密集结构，在此社会和经济网络得以发展，移民文化需要得以满足。

注　释

1. 根据 1980 年人口普查和 Asian System Media（亚洲系统媒体）1983 计算得出。
2. 台湾也有相同名称的百货商场。
3. 该餐馆在 20 世纪 90 年代末关闭，但另一间中餐馆在此处重新开张。
4. 银行访谈第 11 号，1999；Hamilton, 1997；《洛杉矶时报》，1997 年 4 月 27 日。
5. 凤凰城的连锁店在 2006 年变更为独立经营。
6. 中文"顺发/shun fat"意为"顺利/成功，发财/繁荣"但其中的"fat"（脂肪的英译）可能使非华裔顾客望而却步。
7. 地图和统计摘要中使用的所有权数据仅包括个人业主，而不包括企业业主。
8. 在每一统计区不同普查年份使用相同的华人人口分类是处于实际操作，并不符合通常的制图原则。这只是为了提供有效视觉表现，以便直接比较 20 年间的人口变化。

第六章　多族裔聚居郊区剖析

　　作为一种城市居住形式，多族裔聚居郊区是经济全球化、国家内部和国家间的政治斗争、美国移民政策变化以及本地实际情况和条件共同作用的结果。我们也看到关键人物参与到多族裔聚居郊区发展过程中，他们有意为之的行动建立起多族裔聚居郊区社区成长的基础。上述因素共同作用的结果是形成了一个独特复杂的社区和城市综合体。

　　在本章作者仔细审视多族裔聚居郊区多姿多彩的特征，将它们与多族裔聚居郊区形成的理论解释相结合，描绘出一个多族裔聚居郊区人群的整体肖像。多族裔聚居郊区模型表明全球化资本投资、高科技、人员流动以及重要国际地缘政治事件对多族裔聚居郊区形成和人口多元化的时机至关重要。因此评估洛杉矶多族裔聚居郊区华人人口的特征和经济职业构成要分辨其与国际经济的联系以及与特定移民潮和地缘政治事件的相关性。我们会考虑多方面的问题：洛杉矶多族裔聚居郊区的主要华人移民群体源自何处？他们何时抵达？他们到达的时间点与重要地缘政治事件、其母国或美国政策转变有何关系？因为该模型暗示多族裔聚居郊区内部存在显著的社会经济极化，我们要展示根据出生地点、住宅和商业聚居区的社会经济和人口分层的多样变化。最后该模型预见到多族裔聚居郊区与传统民族飞地有很大的区别,当我们比较洛杉矶市中心华埠和圣盖博谷多族裔聚居郊区时,两个华人社区之间差异显著的程度有目共睹。

圣盖博谷是一个多种族社区,1990年该地总人口中有35.3%非西班牙裔白人,23.3%西班牙裔人口,18.5%亚洲和太平洋岛民以及4.3%非洲裔美国人[1]。华人在1990年占圣盖博谷人口总数的9.4%,这一比例高于洛杉矶县全县华人占总人口2.8%的占比,也远高于全美0.66%的平均水平。但这一数字远远低于四个主要华埠人口普查区51.5%的占比[2]。因此多族裔聚居郊区拥有较多的华人数量,但相比华埠华人的分布密度则偏低。

经济全球化和地缘政治变化也使多族裔聚居郊区成为具有广泛外部联系的城市民族社区。其居民来自不同的国家,他们到达时具有不同的法律身份,经济和职业构成显示其与全球主流经济有着紧密的联系。这些因素有助于解释多族裔聚居郊区华人人口中的大部分社会经济状况较佳的现象。

一、地缘政治变化与移民政策

洛杉矶多族裔聚居郊区的居民来自世界各地,全球地缘政治和美国移民政策变化使他们具有不同的移民身份。在华人社区中人们将较早入境者称为"老海外华人"(老侨)、新来者为"新海外华人"(新侨)。多族裔聚居郊区主要为新华侨华人，他们大多数人在 1965 年之后来美，主要来自中国大陆、台湾、香港和东南亚。

从大量华人在郊区定居开始，多族裔聚居郊区便一直被视为移民枢纽，移民能够在此谋生并且主要通过自己的关系网络经商。多族裔聚居郊区让他们能吃到地道的中餐、能在华人超市购物、讲母语，并能通过阅读中文报纸听各种汉语广播或看中文电视节目与原籍国保持密切联系。换言之，多族裔聚居郊区使这些新移民有"家"的感觉。通过口耳相传和宣传推广多族裔聚居郊区一直能够吸引越来越多的华人移民以及美国其他地区的华人来此生活工作。多族裔聚居郊区乃是以移民为主的高密度郊区。1990 年多族裔聚居华人构成中第一代移民数量超过总数的 4/5，而在美国出生的华人比重不到 1/5。20 世纪 90 年代美国出生华人的比例略有上升至 2000 年的 25.2%，移民比重占 74.8%。

(一) 来源

多族裔聚居郊区大多数华人移民源自中国（包括大陆和台湾）。然而大量移民来自世界其他地方反映出全球化进程和华人散居于世界各地这一事实。虽然人口普查数据没有移民到美国前最后居住地的数据，个人出生地点大致可以反映这些移民的不同来源地。因此本研究中出生地点被用来表示移民来源国家或地区。在 2000 年多族裔聚居郊区华人移民来自世界各大洲的53个国家和地区。这些华人移民四个主要来源地是中国大陆（38.3%）、中国台湾（26.6%）、印度支那（越南、柬埔寨和老挝，16.7%）和中国香港（10.3%）；余下的9%来自广泛分布在全世界的其他国家（图6-1）。20世纪90年代见证了越来越多来自中国大陆的移民，1990年他们所占份额为31.3%。

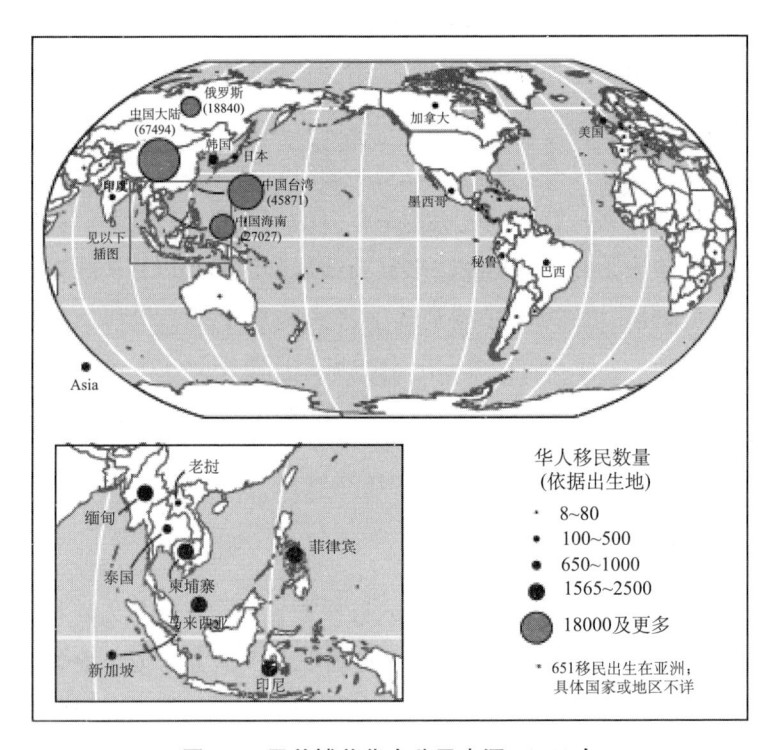

图 6-1　圣盖博谷华人移民来源，2000 年

资料来源：美国人口普查局2000年人口普查。

这种多样化地理起源部分地反映在语言中。1990年那些在家不说英语的人中90%讲中文(包括国语、粤语、闽南语/其他汉语方言)。[3] 在大陆与台湾,国语在多族裔聚居郊区变得越来越流行。多族裔聚居郊区的中心——蒙特利公园,已被称为"国语园"(Horton,1995,10页)。另外5.5%的华人讲闽南话(源于中国福建省南部,南方方言分支,为大部分已在台湾住了数代人的母语)。说闽南话的台湾华人被称为"本省人",以此与那些1949年随国民党到台湾的"外省人"相区别,后者主要讲国语。余下的2.3%讲各种印度支那语言。

(二) 政策变化

正如多族裔聚居郊区模型所指出的,赴美华人移民潮主要紧随美国移民政策的变化和重大国际地缘政治事件。1965年前华人移民数量极其有限,在此期间仅有不到4%的华人移民进入美国。1949年中国的变化造成一些移民来美,但其本身并未造成大规模移民潮。直到历史性的1965年移民法案实施后才有大量华人抵美,多族裔聚居郊区华人移民中的3.5%是在1965—1969年来到美国的。

20世纪70年代上半叶发生了几起重要的国际事件:"中华民国"(中国台湾)在1971年失去联合国席位,1972年理查德·尼克松总统访问中华人民共和国和1975年上半年的西贡沦陷。这些事件推动了华人移民涌入美国,他们的人数在1970—1974年和1975—1979年两个时间段增加2倍,到目前为止华人移民继续增长。

图 6-2 揭示出地缘政治事件、美国移民政策转变和华人移民流动的相关性不仅与华人入境时间有关，更为显著的是不同时间段的移民来源不同。中国大陆移民一直持续并较早期显著增加，中国台湾出生的华人移民主要是 1965 年以后抵美。华人移民的数量在 70 年代后半叶几乎翻了两番，之后的五年美国和中华人民共和国 1979 年建立外交关系后又增加 1 倍。香港出生的华人移民在 1985 年之前的几十年缓慢而稳定增长，1984 年有关香港回归中国的中英联合公报发表后越来越多的香港华人抵美。

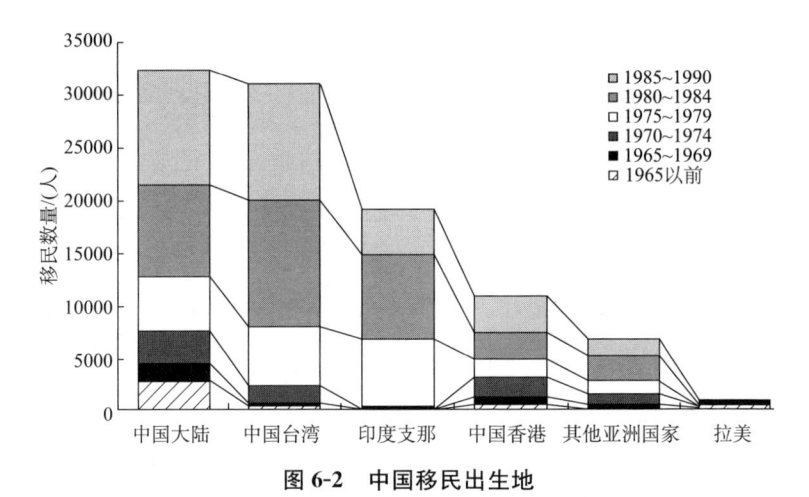

图 6-2　中国移民出生地

最富戏剧性的数字是涉及出生在印度支那的华人。1975 年之前几乎没有华人从该地区移民，但在西贡沦陷后出现巨大移民潮并持续增长至今。因此可以说，若没有越南战争及老挝、柬埔寨的政治动荡，我们不可能见到突然飙升的来自印度支那国家的难民和移民潮。

（三）内部流动性

并非所有移民抵美伊始便在多族裔聚居郊区落脚。多族裔聚居郊区中很多华人来美国后由于工作、家庭或住房的原因发生了一次或多次迁移。这种在美国国内的移动又可分为国内迁移（跨州或县边界的移动）或本地搬迁（在同一个大都市区内移动）。上述举动表明多族裔聚居郊区许多新来的华人通过更换他们的住所以寻找理想的邻里，从而适应新的环境。因此他们比久住一地的居民更有可能在短期内搬迁。

1985—1990年，大约2/3的多族裔聚居郊区华人至少搬迁过一次；这个数字包括在该时间段内搬迁到或在多族裔聚居郊区内部移动。超过30%的人在1989年或1990年搬家；只有不到10%的人自1970年或之前一直住在同一房子或公寓，这种长期居民最有可能是在美国出生的华人（ABC）或早期移民。华人移民比在美国出生的华人更有可能在近期搬迁：1985—1990年间近3/4的华人移民曾经搬迁。这表明作为华人枢纽的多族裔聚居郊区因其住宅社区和就业商业机会持续地吸引着新移民乃至美国国内的二次移民。

1985—1990年，西圣盖博谷多族裔聚居郊区核心区依然是吸引华人定居的主要地点，它不仅吸引了新移民中的64.3%，65.1%的美国国内移民也来此定居。与此同时，数千华人从蒙特利公园市和罗斯米德市核心区迁往多族裔聚居郊区的其他地区，多族裔聚居郊区发源地的蒙特利公园市已经成为一个华人重新分配的中心并成为在多族裔聚居郊区内迁移的跳板,它还在继续吸引新的移民和美国国内的二次移民。

二、全球化与经济状况

多族裔聚居郊区华人在圣盖博谷中的经济活动与全球经济密切相关。很多人从事国际贸易及其相关服务,成为本地经济重组的积极参与者。多族裔聚居郊区经济形态仍保留着些许民族飞地经济的特征。

多族裔聚居郊区不只是民族的住宅邻里社区同时也是商务中心。很多民族企业依靠本民族资源为其提供劳动力并以此吸引顾客。与南加州地区居住与工作场所分离的特色相比,多族裔聚居郊区提供一个既居住又工作的地方,它是一个旨在服务于全球化资本的综合商业住宅区。圣盖博谷地区常见的华人商业和住宅区有助于营造出一种自给自足的城中城的氛围。尽管并不是所有多族裔聚居郊区的华人都在圣盖博谷工作,但他们在居住地工作的比例比其他地区的居民高出不少。相关数据揭示出居住和工作场所的密切关系,并证实多族裔聚居郊区住宅与商业用地整合的特性。1990年多族裔聚居郊区全部华人居民中10.6%在蒙特利公园市和罗斯米德市工作,而移民中的百分比还要更高一些(11.0%)。[4] 显然多族裔聚居郊区的发源地蒙特利公园市仍是多族裔聚居郊区众多华人居民重要的就业中心。

1990年多族裔聚居郊区就业与居住的相关性极高，40.1%在蒙特利公园市或罗斯米德市工作的华人住在那里，78.4%在这两个城市上班的华人居住在多族裔聚居郊区的核心地带。这又一次揭示出蒙特利公园市作为中心持续不断地从邻近社区吸引华人工作者。华人的工作居住联系远远高于其他族群，在蒙特利公园市和罗斯米德市上班的洛杉矶人只有23.6%住那里，而洛杉矶县在同一个公用微观统计区（PUMA）工作和居住的平均百分比为28.5%。显然多族裔聚居郊区华人比其他族裔人群更有可能在同一社区中生活与工作。

作为移民占主导的家庭与工作社区，多族裔聚居郊区的最重要特点之一是其高比例的自营职业，进而链接到全球经济以支持社区。1990年多族裔聚居郊区华人劳动力自营业主的比例为15%，远高于洛杉矶全县10.2%的比例。华人移民自有企业的百分比是15.7%，也远高于洛杉矶县全体移民10.1%的比例，这也反映出华人在当地和全球经济中所发挥的积极作用。此外不带薪就业的家族企业1.4%的比重也高于全县平均值0.6%，表明多族裔聚居郊区内一些华人家庭企业的性质。

多族裔聚居郊区华人就业的特点清楚地表明其与全球经济的联系以及多族裔聚居郊区作为全球经济前哨站的功能。华人在美国历史上常常从事洗衣店或餐馆工作，但随着华人构成、人口统计概况及社会经济状况的变化，华人的就业结构也发生了极大的改变，经济全球化加速了上述转变。

最近几十年经济重构在全球、国家和地方各个层级都至关重要。传统耐用消费品制造业和工会蓝领工作的衰落,因训练有素的专业人员和低技术移民工人的大量增加,高科技产业兴起与劳动密集型部门的回潮已改变了洛杉矶地区的经济结构。多族裔聚居郊区反映出这一变化,该地劳动力的特点是高工资、高技能的专业人员与低工资、低技术移民劳工并存。聘用上述两类劳动力的行业显示出其与全球经济的密切联系。专业及相关服务、金融保险和房地产(FIRE)是多族裔聚居郊区华人的关键产业(表6-1)。9.4%的多族裔聚居郊区劳动力从事银行房地产,该数值是全县总数的两倍(4.5%;表6-1)。与洛杉矶县相比,多族裔聚居郊区华人金融、保险、房地产从业者数量高于全县平均值而个人服务业从业者数量低于平均值。比较多族裔聚居郊区华人移民与洛杉矶县所有移民此项数据的差异则更为显著。服务业特别是具有国际联系的生产性服务业像银行、房地产和批发贸易对多族裔聚居郊区的华人非常重要,11.9%的劳动力受雇于上述部门(表6-1 三)。

再工业化与国际竞争压力的结果使劳力密集型产业(服装、家具、食品加工等)对廉价劳动力移民和从事分包业务的移民需求日渐增加。这些制造业活动涉及洛杉矶地区的韩国人、拉美裔和多族裔聚居郊区的华人。制造业是多族裔聚居郊区华人第二大就业产业,百分比高于洛杉矶县的平均值(表6-1 一)。制造业中服装行业(服装和配饰)最为重要,实际上它是华人第三大就业门类(占劳动者总数的5%),多族裔聚居郊区华人要比其他洛杉矶人更有可能参与服装行业。多族裔聚居郊区华人在其他主要的蓝领阶层工作类别中(机器操作和劳工、精工和维修）的百分比明显低于县平均值，但仍占到 13.5%。

关于职业类别，多族裔聚居郊区华人大多为白领，2/3 以上是管理人员和专业人士、行政助理或销售职位（表 6-1），这比洛杉矶县全县白领占比 55.3% 高出许多。更为引人注目的是多族裔聚居郊区华人移民从事管理和专业职位的百分比为 31.6%，而全县所有移民从事上述职业者仅有 16.3%。这不仅反映出华人高技术移民的人数多，同时也反映华人从事自营职业的比重高，因为业主和合作伙伴都更可能参与到企业的管理并将自己定义为经理的身份。与其他移民社区一样，作为华人移民社区的多族裔聚居郊区还为历经重组的成衣业提供大量廉价劳动力。此外它还为华人移民创造出与亚洲相联系的业务机会，并使其成为全球经济的主要参与者。

多族裔聚居郊区仍保留民族飞地的若干特点，传统的民族经济领域仍是多族裔聚居郊区华人的重要就业场所。多族裔聚居郊区中 10.1% 的华人劳工从事传统华人民族经济。多族裔聚居郊区华人在餐饮、食品店工作的比例高于全县水平（表 6-1 三）。多族裔聚居郊区华人最大的就业门类——零售贸易，是华人民族经济的传统大本营。

多族裔聚居郊区的华人劳工集中在技能和工资分布的高低两端，与全球经济的产业部门密切相关。多族裔聚居郊区有能力支持和滋养大量多样化、还未被同化的移民人口，为其进一步扩大形成坚实的基础。全球联系与地方民族服务性工作职位的结合形成了多族裔聚居郊区独一无二的特质：即由最近的国际经济转型过程和地缘政治局势变化共同作用，所形成的具有独特民族性、功能完备的全球经济前哨。正因如此多族裔聚居郊区既不同于传统的民族飞地，也不同于主流经济形态。

表6-1 1990年洛杉矶县与多族裔聚居郊区的职业结构（%）

	总人口		移民	
	多族裔聚居郊区	洛杉矶县	多族裔聚居郊区	洛杉矶县
一、行业类型				
零售贸易	19.7	16.5	20.0	18.3
制造业	19.0	20.3	19.3	26.7
专业服务	17.7	20.4	16.6	14.6
金融保险房地产	13.0	7.4	13.2	5.7
批发	9.3	4.9	9.9	5.3
通信公用事业	6.0	6.6	5.8	4.6
业务和维修	4.0	6.5	3.9	6.9
农业和建筑	3.9	7.4	4.1	8.9
个人服务	3.3	3.9	3.3	5.9
公共行政	2.3	2.8	2.0	1.4
娱乐休闲	1.8	3.3	1.8	1.7
二、职业种类				
经理及专业技术	32.9	25.7	31.6	16.3
行政助理	18.3	17.6	18.4	12.7
销售	16.4	12.0	17.0	10.5
服务	10.1	13.2	10.6	17.3

续表

	总人口		移民	
	多族裔聚居郊区	洛杉矶县	多族裔聚居郊区	洛杉矶县
机器操作和劳工	6.8	8.5	7.0	15.9
精工和维修	6.7	10.8	6.9	13.3
技工和助手	5.7	3.2	5.7	2.7
运输与物流	2.8	7.7	2.5	9.4
农林渔业	0.3	1.3	0.4	2.1

三、十大行业（占总劳动力百分比）

多族裔聚居郊区		洛杉矶县	
1. 餐饮店	7.6	1. 建筑	5.9
2. 银行	5.8	2. 餐饮店	5.0
3. 服装及配饰	5.0	3. 小学及中学	4.5
4. 房地产及保险	3.6	4. 医院	3.9
5. 建筑	3.3	5. 服装及配件	2.3
		房地产及保险	2.3
6. 医院	2.8	6. 电影院电影业	2.2
7. 食品店	2.5	7. 银行	2.0
批发贸易	2.5		
8. 学院及大学	2.4	8. 食品店	1.9
9. 小学及中学	2.3	9. 飞机和零部件	1.8
		保险	1.8
10. 运输	1.8	10. 业务服务	1.7

资料来源：美国人口普查局，1990年公众使用微观数据样本（5%）。

注：由于四舍五入，总百分比可能不是100整。

三、全球化和社会状况

多族裔聚居郊区与世界经济（尤其是银行和国际贸易）的联系使得其居民总体上获得了较高的社会经济地位。通常多族裔聚居郊区华人大多受过良好教育、英语流利、收入高并且住房条件良好。这些方面多族裔聚居郊区移民华人与洛杉矶县其他移民相比差别显著。

华人的价值观始终强调教育，教育被认为是改善家庭经济条件、提高社会地位、光宗耀祖的重要途径。只要有可能，华人父母就会鼓励甚至强迫他们的孩子接受良好教育，很多父母宁愿牺牲自己的事业和生活以换取孩子更加美好的未来。华人移民到美国的重要原因是给孩子提供更好的教育和就业的机会。显然所有持学生签证的华人来美都是抱着接受高等教育并获得潜在职业机会的目的，因此他们是潜在的移民。这种重视教育的传统在多族裔聚居郊区内得到体现。

总体而言，多族裔聚居郊区华人受过良好教育并获得较高学历。[5] 多族裔聚居郊区15岁及以上的华人中有29%没有完成任何学校教育或高中未毕业。但在对高学历者的统计上，有超过31%的华人至少取得学士学位，其他人位于两者之间（图6-3）。在多族裔聚居郊区出生于美国的华人受教育程度高于移民。移民中有大专学历及硕士学位的百分比比美国出生的华人高，但他们不容易拿到如医学、口腔医学或药学等专业学位，出生于美国的华人获得专业学位的占 7.3%而移民仅为 1.9%。

1990 年多族裔聚居郊区华人整体的受教育程度明显高于洛杉矶县平均水平（图 6-3）。多族裔聚居郊区华人在所有副学士以上学历类别的百分比高于洛杉矶县总体水平。移民中受教育程度的差异更为显著：洛杉矶县所有移民中没有高中毕业的比例占大多数（52.7%），而多族裔聚居郊区华人移民没有高中文凭仅为 29.6%。多族裔聚居郊区华人移民中有 30.5%的人至少有学士学位，而所有移民中的该值仅为 13.9%。

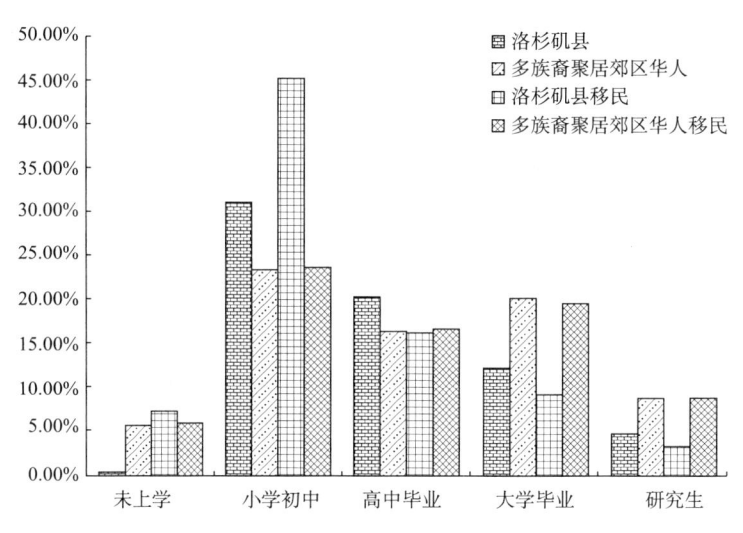

图 6-3　1990 年教育程度

多族裔聚居郊区华人移民的高教育水平预示着他们准备好并能够融入地区经济全球化的就业趋势之中。这也表现在他们的英语能力上，该英语能力是由人口普查自评英语口语能力来衡量的（美国人口普查局，1992，B-24 页）。移民英语能力在美国社会至关重要，因为它不仅是在主流就业市场找一份体面工作的先决条件同时也是因为其作为同化的象征。因此，英语口语不佳不仅可能妨碍移民在美国提升的机会，某些时候也可能被指称不愿被同化。总体而言多族裔聚居郊区华人拥有良好的英语口语能力，尽管该地区作为移民为主的社区哪怕不讲英语也可以轻而易举地生存下来。在多族裔聚居郊区中那些自称英语说得好或很好占总人口的 64.1%。考虑到华人谦逊的传统，该数字可能被低估。多族裔聚居郊区华人移民口语水平远高于洛杉矶县内所有移民（图 6-4），大多数移民华人家庭（53.3%）没有语言隔阂的问题。[6]

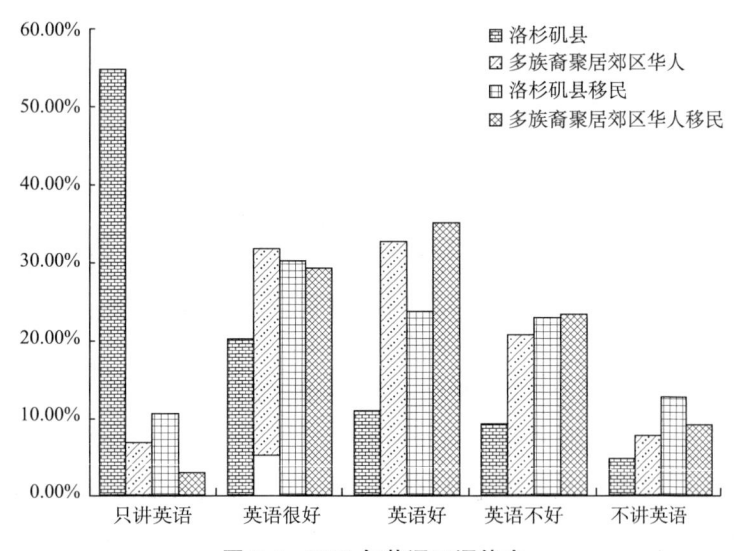

图 6-4　1990 年英语口语能力

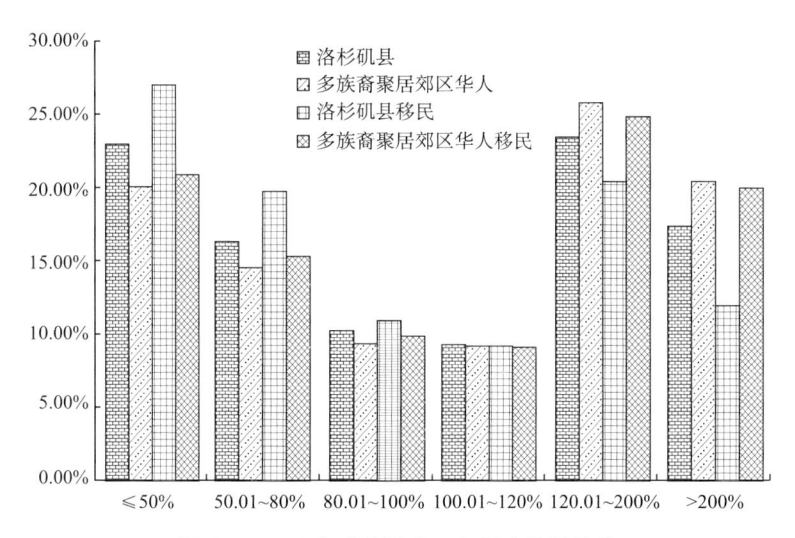

图 6-5　1989 年家庭收入：与县中位数比较

多族裔聚居郊区华人人口比其他移民的社会经济地位高不仅体现在接受高等教育和英语口语能力方面，同时也体现在家庭收入和住房条件方面。

与传统的低收入华埠地区不同，多族裔聚居郊区华人收入要高于全县平均值。因为多族裔聚居郊区主要是新移民组成的社区，收入数据意味着许多在圣盖博谷的华人新移民不是穷人。人口普查数据只收集某一年份所挣钱财的数据而不是全部资金或资产总额（无论是在国内还是在国外的），因此人口普查信息并不能提供真实财富的全貌。不过这些数据能够较好地标示年总收入，它是从包括薪金、工资和业主的租金收入等各种来源加以汇总，反映出员工、雇主、自营职业者和投资者的主要经济和就业状况。

在多族裔聚居郊区中所有华人家庭住户收入的中位数是 4 万美元，比洛杉矶县整体高出 5 035 美元。并且华人家庭住户收入在县中位数的 120% 或以上的比例高于全县，低收入家庭比例远低于全县水平。多族裔聚居郊区华人移民家庭和所有移民家庭之间差异更大：移民华人家庭住户收入在县中位数的 120% 或以上的比例远高于全县移民家庭。

华人家庭常比其他族裔家庭每户有更多人参加工作，这点可能是导致较高家庭收入的原因。因此家庭收入所揭示的收入状况可能并不准确。多族裔聚居郊区 15 岁以上华人的个人收入中位数（15 000 美元）比县中位数低 1 000 美元，[7] 但华人移民收入的中位数比洛杉矶所有移民的个人收入中位数（12 000 美元）高 3 000 美元。不仅是个人总收入高，其不同途径的收入（如工资或自谋职业的收入）都比所有移民的高。多族裔聚居郊区不同职业的华人收入水平差别极大，注册公司业主的个人收入最高，管理、专业人士、销售工作或技术人员也要比一般人收入高。

拥有私人住宅被认为是成功的重要标志，移民尤其如此。多族裔聚居郊区华人 2/3 的家庭拥有自己的居所，比例高于全县均值，拥有住房是华人家庭实现美国梦的重要一步（表 6-2）。此外多族裔聚居郊区大多数华人移民是房主。相比之下，洛杉矶县所有移民家庭房屋拥有率比多族裔聚居郊区华人移民低近 28 个百分点。因此多族裔聚居郊区华人移民与传统移民贫穷形象并不相符，后者来美时几乎没有任何的资本，前者中的许多人带来投资资本。对华人而言，"房地产被视为不错的投资值得传给下一代。很多父母存钱为孩子购买或帮助他们购买首套住房"（Klein，1997）。这正是华人移民在多族裔聚居郊区常见的做法。他们连同其他亚洲移民在圣盖博谷，特别是东部地区真正地推动该地的房屋市场的买卖交易。

传统观点认为移民的住房通常比平均住房水平更为拥挤。但多族裔聚居郊区大部分华人从居住空间的角度上可以算居住条件良好，7/10的华人家庭每个人至少有一个房间（表6-2）。15.7%的华人家庭面临着严重的拥挤状况，每个房间容纳超过1.5人，但这一数字仍比全县低很多。多族裔聚居郊区华人移民家庭与所有移民家庭相比差异更为显著，68.2%的华人移民家庭每人至少有一个房间，只有56%洛杉矶县所有移民拥有类似的住房条件；17%的多族裔聚居郊区移民华人家庭非常拥挤，而全县所有移民家庭非常拥挤的比率是30%。

住房成本并没有给很多多族裔聚居郊区华人家庭的预算增加沉重负担，尤其是与其他移民群体相比较。这可能是由于与其他移民家庭相比华人家庭通常拥有较高收入和较高的整体财富水平。但是如果考虑房屋持有者的成本负担（抵押贷款和其他房屋费用占家庭收入的百分比），多族裔聚居郊区华人家庭负担比整个县要重（表6-2）。这有可能反映出该地大比例的新移民和外来人口，新来意味着较新的按揭贷款和更高的按揭付款额。然而以承租房屋的负担（总租金作为家庭收入的比例）而言，多族裔聚居郊区华人比洛杉矶县整体上更为极化，表明华人的社会经济分层显著。

表 6-2 1990 年洛杉矶县和多族裔聚居郊区华人的房屋特征

	多族裔聚居郊区华人家庭（%）	洛杉矶县所有家庭（%）	移民华人家庭（%）	洛杉矶县移民家庭（%）
所有权				
屋主	66.7	48.7	66.0	38.4
承租	33.3	51.3	34.0	61.6
屋主费用占总收入比重				
30%以下	49.6	69.6	48.1	60.2
30%-49%	25.9	19.7	26.0	23.6
超过50%	24.5	10.8	25.9	16.2
租金负担占总收入比重				
30%以下	41.2	51.5	40.1	48.4
30%-49%	23.0	25.2	23.5	26.6
超过50%	35.8	23.3	36.4	25.1
拥挤程度（每个房间人数）				
0.5-1人	19.8	38.1	17.0	16.4
0.5-1人	50.7	43.3	51.2	39.6
1.01-1.5人	13.8	6.9	14.8	14.1
超过1.51人	15.7	11.6	17.0	30.0

资料来源：美国人口普查局，1990 年公众使用微观数据样本（5%）。

注：由于四舍五入，总百分比可能不是 100 整。

多族裔聚居郊区华人总体上在社会经济条件方面比洛杉矶县全部人口更好。移民之间的差异更加明显，揭示出多族裔聚居郊区华人移民并不符合新来移民贫穷、住房条件差的传统表述。不过在这个富裕形象之下，掩藏着重大的社会和经济分层的现象。

四、内部分异

随着经济全球化和相关人员的流动，富裕与贫穷的华人均已加入赴美的移民大潮中。尽管展现出富裕移民社区和蓬勃发展的经济活动中心的整体特质，但多族裔聚居郊区还是显示出巨大的内部分异，这种分异源自移民国家来源地和移民移出地。移民在原籍国显著的社会经济状况的差异导致移民群体不同的社会经济条件。这些差异呈现出地理表达，因为这些新移民按美国城市房地产市场的空间分类。

全球与地方各层级的经济互动也影响着内部分异。金融保险房地产业的崛起和其他全球关联活动不仅需要国际投资，而且造成对受过专业训练会多国语言和有国际联系的白领需求的同步上升。受过良好教育和富裕的华人移民是这类职位的理想人选。重组后复苏的本地制衣业和服务业等行业急需管理人员（如经理或承包商）和大量低技术、低工资的移民工人来降低成本实现利润最大化。很多低技术工人为了生存没有其他选择只能完全依靠族裔网络谋求生存，雇主又在很大程度上依赖民族网络为其招收员工、完成商业交易。有趣的是所有这些因素共同构建出多族裔聚居郊区这一社会和空间分层的复杂体。多族裔聚居郊区中的阶层差异可能是其增长的先决条件。

(一) 来源国家或地区的分异

最为重要和明显的分异出现在来自亚洲不同地区移民社会经济特征的对比中。出生在中国大陆、中国台湾、中国香港和东南亚地区的华人在职业状况、受教育程度和收入方面差别很大。

作为两个新兴工业经济体的中国台湾和中国香港在过去几十年发展速度飞快，成为全球经济不可或缺的组成部分。两地不仅提供训练有素的专业人员和熟练工人，同时也输出富裕的投资者，其中许多人已经移居美国。作为前殖民地，中国香港近百年来一直延续英国教育系统，中国台湾在第二次世界大战后也采用美式教育系统。上述两地还坚持着传统华人重视教育的价值观念，许多来自港台的移民受过良好教育和专业培训，有学位和较好的英语交流能力；有些人在原籍就是富人。很多人带来便携式资产、赚取高收入、购买昂贵住房、做专业工作或拥有自己的企业，并以此获得比一般美国人更高的社会经济地位。

移民图谱的另一端则是出生于东南亚地区的华侨华人，他们是西贡沦陷后移民到美国的一批越战难民。这些难民多数从未打算移民直到政治形势迫使他们不得不这样做。许多人曾有可观的个人财富，但当他们乘船或由陆路逃离本国时，财产尽失。所有东南亚华人移民群体中准备最不充分的是那些来自农村、受教育程度低、缺乏技能培训、英语口语又不熟练的移民。他们抵美后许多人被迫依赖公共援助或从事蓝领工作或在公共部门低级职位任职。他们比其他华人群体收入要低得多。

出生在中国大陆的华人移民情况则更为复杂。人口普查的定义无法区分直接来自大陆和出生在大陆但久居台湾或香港的移民。这一组别比前两个群体的社会经济特征、教育程度、职业结构和收入水平更为分化。他们的整体情况比印支难民好，但不如出生在台湾或香港的移民。大陆出生者的年龄要比其他三个主要群体更为年长。随着大陆经济改革加快、财富增长和越来越多的新贵开始参与全球经济，越来越多人移民或商业人士来美成为20世纪90年代美国移民法律改变的受益者。

如表6-3所示，台湾和香港出生的华人移民从事相关专业服务和金融保险房地产的比例较高。他们做管理层或专业人士的就业百分比在四个组别中最高，很多人作为投资者或企业家建立经营业务来到多族裔聚居郊区。比较多族裔聚居郊区华人移民不同群体，出生在大陆的移民更有可能从事零售贸易和制造业；但如同那些在台湾和香港出生者，出生于大陆的移民最大的职业类别还是管理和专业工作。台湾出生的和大陆出生的华人移民销售是第二大职业类别，行政助理则是香港出生华人的第二大职业类别。香港出生的移民比大陆和台湾移民更有可能做技术人员。虽然这三个主要群体行业排序相近，出生于大陆的移民比台湾或香港出生的移民的职业地位较低，因为他们与后两者相比从事管理或专业的就业百分比较低，而服务和劳动类别职业从业的百分比较高。印度支那出生的华人移民与此相反，他们往往进入低工资劳动力市场，参与某种制造业活动。他们的蓝领工作从业百分比（精密制造、维修、技工/劳动者）在所有主要的出生地组别中最高，尽管行政助理是该组别内的最大百分比。四个主要的华人移民群体中印度支那出生移民的职业地位最低。

表 6-3　1990 年多族裔聚居郊区华人移民的出生地和职业结构

行业类型 \ 移民出生地	台湾	香港	大陆
零售贸易	16.7%	17.4%	23.5%
制造	14.9	16.8	22.0
专业服务	19.0	22.5	14.9
金融保险房地产	14.4	13.9	11.0
批发贸易	14.9	7.0	7.8
运输通信公用事业	7.0	7.0	5.0
业务和维修	2.7	4.6	3.4
农业矿业建筑	4.0	2.8	4.9
个人服务	3.1	1.7	4.5
公共行政	1.8	3.8	1.4
娱乐休闲	1.6	2.5	1.7
职业种类			
经理及专业	41.4	36.5	29.6
行政助理	17.6	21.4	14.4
销售职业	22.2	13.2	15.0
服务职业	7.0	9.4	14.2
精度工艺修复	3.1	3.8	8.8
机器操作和劳工	2.7	2.7	10.3
运输与材料移动	1.5	1.6	2.7
农林渔业	0.4	0.2	0.4

资料来源：美国人口普查局，1990 年公众使用微观数据样本（5%）。

注：由于四舍五入，总百分比可能不是 100 整。

不同职业导致不同的收入水平。不出意料个人收入中位数最高的是生于香港的移民（21 005 美元），而后是台湾（20 000美元）和中国大陆（12 500 美元）。出生在印度支那的华人移民在所有群体收入中位数最低（老挝 12 012 美元，柬埔寨 12 000 美元和越南 10 619 美元；洛杉矶县中位数是 16 000美元）。50％以上的在香港或台湾出生的移民收入至少高于县中位数120％以上，只有 12.3％的印度支那出生的移民在该类别中，近 40％印度支那出生的移民收入不到县中位数的 50％。内部分化最大的群体是出生于中国的移民：大多数（50.4％）收入仅为县中位数 80％或更低，但其他 35.7％收入至少高于县中位数120％。出生在印度支那的移民在四个移民群体中领取公共援助的百分比最高（15.7％—27.9％），其他三个均低于 10％。

在四个组别中，教育和语言技能的差异对经济状况和收入水平的影响极大。出生于台湾的华人移民教育水平最高，43.4％的人至少获得学士学位（图 6-6）；其次是出生在香港的移民（39.4％）和大陆移民（27.0％）。印度支那出生的华人一半以上（54.2％）没有高中毕业文凭；来自大陆、香港和台湾的华人没有高中毕业文凭的百分比分别为 33.9％、17.8％和 16.4％。正如所料，出生在大陆的移民学历水平分化更大。他们在学士或更高学位的份额排名第三，但也有大量没有高中文凭的人。毫不奇怪香港华人移民具有最高的英语口语能力（82.1％英语口语很好或好），紧随其后的是出生于台湾的移民为 74.8％。出生印度支那移民的多数人（52.5％）

认为他们自己的英语口语能力不佳导致产生语言障碍。

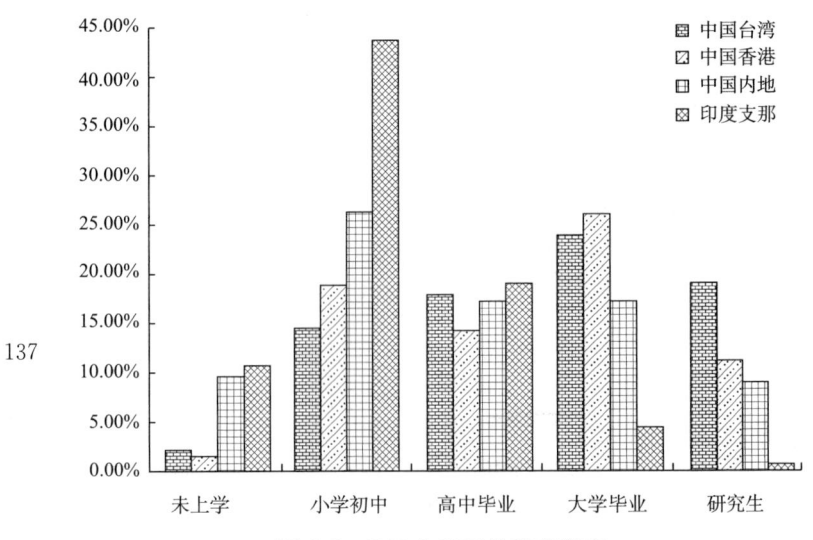

图 6-6　1990 年移民的教育程度

(二) 邻里和工作场所的分异

这些群体迥异的社会经济条件在多族裔聚居郊区中的住宅区位产生强烈地影响。例如在埃尔蒙特、拉普恩特、工业市和南埃尔蒙特，印度支那出生的华裔移民最多（占所有华人移民36.3%—42.5%）。在诸如阿卡迪亚、科维那、哈仙达岗、罗兰岗、圣马力诺、天普市、核桃市和西科维那等高档或中上阶层住宅区，出生于台湾的华人移民是最大的群体。在钻石吧，台湾出生的华人构成绝大多数。出生在中国大陆的移民在阿罕布拉、蒙特利公园、帕萨迪纳、罗斯米德和南帕萨迪纳市所占

第六章 多族裔聚居郊区剖析

比例最高。

鉴于多族裔聚居郊区居民按来源国表现出强烈的社会经济和空间分层，多族裔聚居郊区俨然成为被打上社会反差和经济差异印记的复杂的、集居住邻里和工作场所于一体的复杂"马赛克"。作为传统高档社区的阿卡迪亚和圣马力诺是富裕家庭和富有单身人士的家园，这些社区主要吸引富裕华人和他们的家庭，该地区不但保持其高房价，甚至房价还有所涨幅。阿卡迪亚、圣马力诺及西圣盖博谷是洛杉矶县城郊建成历史悠久并稳固的中产阶级郊区邻里。东圣盖博谷地区则是一系列新近开发的远郊区，该地的兴起主要是中上阶层社区已成为多族裔聚居郊区华人购房的新宠，因为许多人更愿意买新房子（图 3-3 和 3-5）。因此在圣马力诺、阿卡迪亚、帕萨迪纳市以及东圣盖博谷城市罗兰岗、钻石吧、哈仙达岗和核桃市等的华人都有较高的社会经济地位，正如从其掌握的技能、收入、教育和住房等方面表现出的。这些地区台湾移民比例高（在帕萨迪纳市则是美国出生的华人比例较高）。约 1/5 以上的华人工作者在这里从事与专业服务有关的工作（从哈仙达岗的 18.9% 到帕萨迪纳的 44.2%）。至少 3/4 的当地居民从事白领职业。所有多族裔聚居郊区华人最高收入阶层中（年收入 20 万美元及更多）的一半生活在阿卡迪亚和圣马力诺，他们全都是移民。该地区近 1/10 居民的收入至少是县中位数的三倍。帕萨迪纳的华人受教育水平最高（59.6% 至少有学士学位）；其次是钻石吧和罗兰岗（54.7%）、哈仙达岗（52.8%）、圣马力诺、阿卡迪亚和天普市（48.9%）。与多族裔聚居郊区华人平均英语水平相比,在哈仙达岗、帕萨迪纳、钻石吧、罗兰岗、科维那、西科维那、阿卡迪亚、圣马力诺、圣盖博和天普市英语讲得好或很好的人百分比较高(从73.4%到68.7%)。

从住房条件上看,以新近移民为主的哈仙达岗、罗兰岗以及钻石吧华人拥有房屋所有率高达88.3%(甚至高于帕萨迪纳华人居民的50.6%),清晰地表明新移民相对更为富有。45%以上的阿卡迪亚、圣马力诺、钻石吧、罗兰岗和哈仙达岗华人房主用于房屋上的费用仅占家庭总收入的不到30%,这一地区很多房屋绝对高档,这表明该地区居民确实是带来经济资源的富人,不仅能负担起昂贵的住房,而且他们中有些人能够现金购房,或是迅速偿还抵押贷款,或是购房支出只占其收入的一小部分。与之相对的是超过1/3的核桃市华人购房家庭不得不付出的购屋费用要占到家庭总收入的50%以上。这可能是因为那些人搬到核桃市和其他较新的郊区的购房者寻求更新更宽敞的住房,而宁肯承担增加的房屋负担。承租住房费用各个邻里之间大为不同,48.5%的帕萨迪纳市租房花费少于收入的30%,在哈仙达岗58.2%租房者不得不花其全部收入的一半以上来解决住房问题。

高档住宅区非西语裔白人比例高达40%—50%,拉丁裔比率小于20%,非洲裔美国人更低(通常不到5%)。业主自住房屋拥有率从西圣盖博谷的约60%到新近开发的东圣盖博谷的77%,那里1/3的住宅建于20世纪80年代,超过70%的房屋是独门独院。一半以上的居民收入至少是县中位数的2倍,大多数家庭(房主或承租人)住房消费不会超过其总收入

第六章　多族裔聚居郊区剖析　171

的 1/3。阿卡迪亚和圣马力诺 1/3 以上房子的估值超过 400 000 美元。因此上层华人和其他族裔的有钱人共享高档社区。

而居住在埃尔蒙特、南埃尔蒙特、拉普恩特及工业市的华人社会经济地位较低。埃尔蒙特是传统拉丁裔人口的大本营，这里的华人主要以低层到中低阶层为主，其中许多来自东南亚地区。大多数中上阶层华人绕过埃尔蒙特、拉普恩特和工业市（正如其名称所显示的该地为工业园区）。大约 1/4 的华人员工在这些贫困地区从事零售贸易，另有 1/5 从事制造业。白领职业的比例比那些生活在富裕地区的华人要低 10—15 个百分点，这些社区中 1/5 的华人从事蓝领工作或服务性工作。在埃尔蒙特居住的华人没有人能够赚取 100 000 美元以上；收入不到县中位数一半的比例占 50%。生活在这里的华人受教育水平也最低。拉普恩特、南埃尔蒙特和工业市超过 1/3 的人未从高中毕业。他们没有足够的英语口语技能，在埃尔蒙特的华人不说英语或讲不好的百分比最高（42%）。超过 1/5 的华人家庭存在住房严重拥挤的问题。埃尔蒙特地区拉丁裔构成人口的大多数，其占总人口的将近一半，远远高于圣盖博谷其他地区；非西裔白人不超过 16%。总体而言这些社区是中低阶层或低层社区，埃尔蒙特所有住户中超过 30% 只有洛杉矶县中位数的一半或更低的收入，这个城市的自置房屋比率在所有圣盖博谷社区中最低（41.3%）。

多族裔聚居郊区其他地区（阿罕布拉、蒙特利公园、罗斯米德、圣盖博和天普市）的华人社会经济地位居中。生活在这些地区的居民几乎同等比例从事专业和相关服务、零售和制造（15%—25%）。约60%是白领、约10%是蓝领工人或从事服务性工作。尽管有5%的居民收入是县中位数的三倍，但也有约40%收入不到县中位数的一半。约1/4的华人居民未从高中毕业，而另1/3至少有学士学位。约有1/3的华人不说英语或讲不好，但大多数（约60%）英语说得好或很好。居住于此的华人家庭拥有或租赁居所比例各半、住房不是很拥挤，总体上房屋成本负担适中。

一般而言在多族裔聚居郊区的核心和最初地区的亚洲和太平洋裔岛民人口百分比最高（蒙特利公园和罗斯米德44.9%，阿罕布拉和南帕萨迪纳33.9%）。西语裔约占15%，而非西语裔白人比例最少。在这些社区1/5到1/4比例的住户收入低于县中位数的50%，而另外的12%—13%则是县中位数收入的2倍或更高，这表明区内显著的多样性。购置房屋与承租房屋的家庭比例各半，大多数房屋的价值居中（100 000—399 999美元），因此这些社区均属于殷实的中产阶层社区。

正如多族裔聚居郊区模型所描述的，多族裔聚居郊区不仅是集中住宅区同时也是复杂的商业区。基于不同的劳动人口特征和差异的经济结构可以从空间上将分化的商业区识别出来，并显示出其在地方经济中与众不同的作用。表6-4通过分析三个被人口普查列为单独工作场所的公众使用微观数据区展现这些空间的变化，以此显示出它们与多族裔聚居郊区作为一个整体的比较。

表6-4 1990年多族裔聚居郊区华人人口与经济的内部变化（%）

	蒙特利公园与罗斯米德	埃尔蒙特	帕萨迪纳	多族裔聚居郊区
劳动人口特征				
教育程度		—	—	—
没有高中文凭	22.2	20.0	7.9	29.0
高中毕业或一些大学课程	44.6	46.8	33.5	39.6
学士学位或更高	33.2	33.2	58.6	31.4
英语口语				
不会英语	4.8	3.2	1.5	8.0
说不好	25.8	26.3	4.9	20.9
说得好	39.9	35.6	31.3	32.5
说得很好	27.5	19.3	50.4	31.5
移民出生地				
中国大陆	34.4	36.8	27.3	31.2
中国台湾	33.4	26.4	22.2	29.7
印度支那	17.8	21.8	14.5	18.5
中国香港	10.7	8.6	21.6	10.6
劳动人口的居住地				
蒙特利公园和罗斯米德	40.1	17.4	13.7	24.7
埃尔蒙特	5.1	13.6	5.5	5.5
帕萨迪纳	1.7	0.0	25.0	3.3
多族裔聚居郊区核心其他部分	38.2	33.4	39.4	37.8

续表

	蒙特利公园与罗斯米德	埃尔蒙特	帕萨迪纳	多族裔聚居郊区
多族裔聚居郊区其他部分	14.9	35.6	16.4	28.7
经济结构				
所有权类型				
私人盈利	75.1	64.6	60.7	69.0
私人非盈利	2.0	5.7	16.8	4.8
政府	5.3	8.3	12.0	9.8
非法人	8.9	13.0	6.2	9.1
法人	7.7	8.5	3.9	5.9
非酬薪家族生意	1.0	0.0	0.6	1.4

蒙特利公园/罗斯米德	埃尔蒙特	帕萨迪纳
前五大行业（劳力百分比）		
1. 零售(25.1%)	制造业(34.2)	专业服务(35.5)
2. 金融保险房地产(21.1)	零售 (14.4)	金融保险房地产(15.3)
3. 专业及服务(17.6)	专业及服务 (10.9)	制造业(13.9)
4. 制造业(10.3)	个人服务(7.9)	零售 (138)
5. 通信(6.0)	业务并修复(7.3)	通信(4.0)
前五大职业（从业人员百分比）		
1. 经理及专业(35.8)	经理及专业 (28.2)	经理及专业 (46.2)
2. 行政助理(16.8)	劳工 (23.2)	行政助理 (16.4)
3. 销售服务(15.9)	行政助理 (13.4)	服务业 (9.1)
4. 服务业(12.4)	销售服务(12.3)	技工和助手(9.0)
5. 精度工艺修复(6.7)	精度工艺修复 (10.1)	销售职业 (8.9)

资料来源：美国人口普查局，1990 年公众使用微观数据样本(5％)。

注：由于四舍五入，总百分比可能不是 100 整。

总体而言，帕萨迪纳的华人员工在三个地区中受教育程度最高、英语口语能力最好，那些在埃尔蒙特工作的劳动人口最低，而在蒙特利公园、罗斯米德工作的则趋于两极分化。与作为一个整体的多族裔聚居郊区华人工人相比，蒙特利公园和罗斯米德劳动人口具有较高的教育程度，但英语口语能力稍低。蒙特利公园区的就业中心为华人提供就业机会，其中有些是专业人士但英语不好，因此不得不从事与他们教育资历不相符的工作。这表明多族裔聚居郊区（至少在它的核心区）继续表现出某些民族飞地的特征，移民能设法生存并成为促进地区增长的重要力量。

三个案例地区具有不同的经济结构。华人经济在蒙特利公园、罗斯米德致力于零售业，帕萨迪纳集中发展专业及其相关服务、埃尔蒙特则是制造业。尽管经理和专业人员是三个地区最大的职业类别，因其制造业的活动埃尔蒙特的技工和劳工百分比较高，蒙特利公园和埃尔蒙特也比多族裔聚居郊区整体的自谋职业率高。

五、与华埠的鲜明对比

与拥有更强烈的全球联系和内部分层的多族裔聚居郊区相比，华埠仍然是一种典型的市中心民族飞地。它的人口构成主要由来自中国及东南亚地区的华人组成。与典型的多族裔聚居郊区人口年龄结构相比，华埠中的老年人和在美国久居的居民更多。华埠整体上的居民社会经济地位较低,传统的民族经济领域和行业占经济中的主导地位。

与多族裔聚居郊区相比,华埠的移民更多是来源地多样化程度低的"老华侨",其中超过半数(52.6%)的华人移民出生在中国,紧随其后的是出生在印度的华人移民(30.8%),只有一小部分来自中国香港(8.6%)和中国台湾(1.3%;图6-7)。华埠的移民平均比多族裔聚居郊区移民在美国时间更长。华埠移民中1965年以前来美的占10.2%,而在中国出生的移民当中这一百分比更高(16.1%)。华埠移民中的大部分

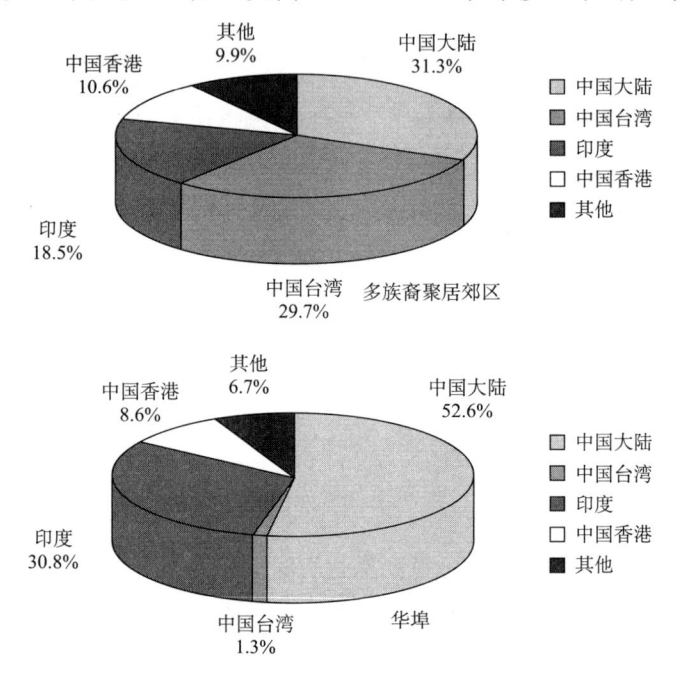

图6-7 移民来源:1990年多族裔聚居郊区与华埠比较

第六章 多族裔聚居郊区剖析

是在1965—1969年美国移民法变更后或是在1980—1984年越战后来美。华埠中出生于印度的华人移民完全没有在1970年之前来到美国。因此华埠移民主要有两个来源，是以长期定居移民为主的社区。亚洲的新移民大部分不再到华埠落脚。

华埠人口年龄构成中老年人比重较大，相比之下多族裔聚居郊区则是一个年轻充满活力的社区，其年龄结构具有强烈的低年龄组倾向。华埠华人的平均年龄36.2岁，比多族裔聚居郊区高出近四年。华埠华人年龄构成中不存在青年和老年年龄组之间的鲜明对比，70岁以下的几乎所有年龄组人数比较平衡（图6-8a、6-8b）。

与多族裔聚居郊区和全县人口相比，华埠华人的教育程度较低、英语能力较差（表6-5）。多族裔聚居郊区的华人相比华埠华人有更好的正规教育和英语语言技能因而其收入水平、职业结构和住房条件比后者更好。多族裔聚居郊区华人移民与华埠华人移民相比上述差异更为明显；华埠移民教育水平最低：未从高中毕业占比近44%，仅有约15.8%的移民具有学士或更高学位。

华埠仍然是一个语言民族孤岛，近45%的华埠华人不说英语或说不好英语，近2/3中国出生移民属于上述两个类别。绝大多数（94.5%）的华埠华人在家除了讲英语以外还说其他的语言，94.5%的比重包括97.4%华人移民和高达80.4%在美出生的华人。说汉语可能是在美国出生的华人与其不掌握英语的家长交流所必需的，所有"老华人"（即1965年之前到来的移民）在家都讲中文。

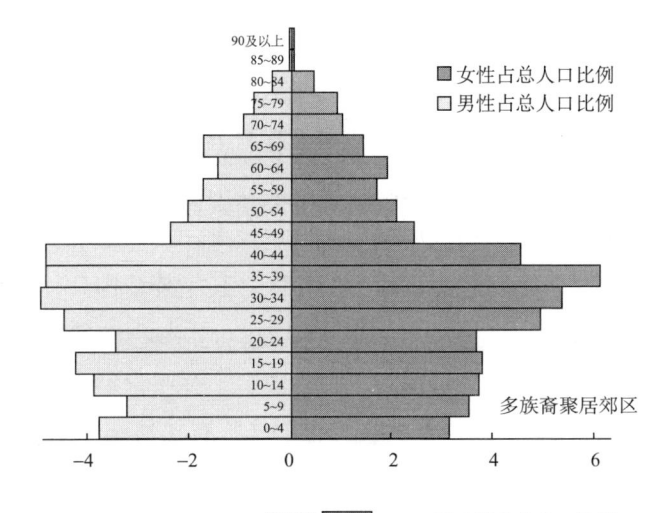

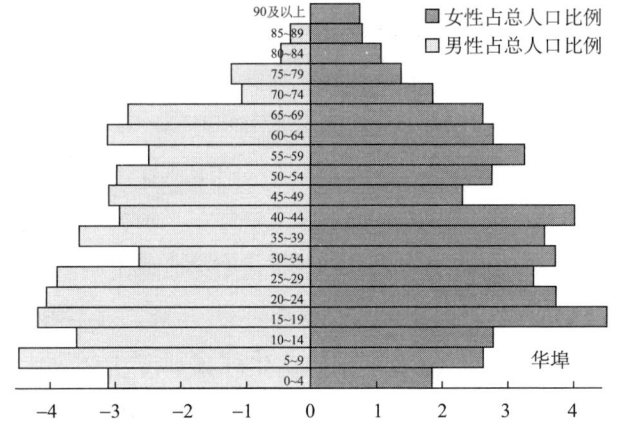

178 多族裔聚居郊区——北美城市的新型少数族裔社区

图 6-8a、6-8b 人口金字塔：1990 年多族裔聚居郊区与华埠比较

华埠华人收入低并更多地依赖公共援助也就不足为奇了。华埠华人个人收入的中位数是 6 636 美元，低于多族裔聚居郊区华人的 8 300 美元。家庭收入中位数是 23 288 美元（比多族裔聚居郊区华人低 16 712 美元，同时也比全县的中位数低）。近 45% 的华埠家庭收入不到洛杉矶县中位数的 50%，14.8% 的家庭接受一些公共援助。与多族裔聚居郊区相比，华埠华人在住房方面也处于不利地位，他们的住房拥挤，自置住房率低（30.7%）。由于华埠在洛杉矶市中心的位置，只有大约 1/4 的华埠家庭居住在独立式住宅中。租房住户当中拥挤问题同样严重，34% 的住户每个房间有超过 1.5 人居住。这不只表明老旧市区和较新郊区在居住环境之间的区别，同时也反映出华埠华人较低的社会经济状况。

表 6-5　1990 年多族裔聚居郊区与华埠华人学历对比（%）

教育程度	多族裔聚居郊区	华埠
没有完成学校教育	5.6	11.5
小学	23.3	31.9
高中毕业	16.6	16.3
一些高校课程	14.1	16.0
副学士学位	8.8	0.81
文理学士	20.2	11.2
硕士	7.9	2.4
专业学位	2.5	1.6
博士	0.9	0.6

华埠的经济结构仍然以传统民族飞地贸易作为其最重要经济活动。服务性岗位与劳工一直是华埠居民的主要职业门类，两者合计占员工职业类别的 42.4%。零售贸易在华埠比多族

裔聚居郊区更为重要，华埠工作华人的31.6%从事该业务，高于多族裔聚居郊区的比重（表6-6）。制造业在华埠（26.4%）也比多族裔聚居郊区更重要。而专业服务和金融保险房地产在华埠却远没有那么重要，只有17.5%的华埠居民从事管理及专业工作，所有白领工作职位占比为44.4%。华埠华人企业家的比例（7.2%）也低于多族裔聚居郊区华人。事实上很多华埠企业主或经理住在多族裔聚居郊区，对他们而言华埠只是工作场所而非生活的住所。此外移民更有可能拥有自己的业务。华埠居民所拥有企业大多集中在零售业、制造业和金融保险房地产业。

表6-6　1990年多族裔聚居郊区与华埠产业对比（%）

工业	多族裔聚居郊区	华埠
零售贸易	19.7	31.6
制造	19.0	26.4
专业及服务	17.7	15.2
金融保险房地产	13.0	7.4
批发	9.3	4.9
通信和公用事业	6.0	2.6
业务和维修	4.0	3.1
农业和建筑	3.9	2.7
个人服务	3.3	2.7
公共行政	2.3	2.5
娱乐和休闲	1.8	0.9

资料来源：美国人口普查局，1990，公众使用微观数据样本（5%）。
注：由于四舍五入，总百分比可能不是100整。

华埠在空间上比多族裔聚居郊区更加独立。这表现在较低的汽车拥有率（70.1%，多族裔聚居郊区为 93.3%）和对公共交通的高度依赖上。大约 1/5 的华埠居民依赖公共交通，余下的 8.1% 步行上下班。这种交通状况可能进一步限制华埠居民的就业机会。上述事实再次表明华埠华人社会经济地位较低，他们的生活环境和工作选择受到束缚。

六、结　　论

多族裔聚居郊区是具广泛国际联系和显著内部分层的全球经济前哨。在这点上多族裔聚居郊区与典型民族飞地，如洛杉矶市中心华埠有着很大不同。多族裔聚居郊区的人口构成和社会经济特点反映其在全球经济活动中的重要作用。国际化经济事务、跨国金融和人才流动已导致多族裔聚居郊区华人人口内部经济社会分层。大部分由各种不同来源移民人口组成的多族裔聚居郊区反映出全球地缘政治变化和美国移民政策的变迁。

总体上看多族裔聚居郊区华人通常受教育程度高、相对富裕并且居住条件良好，劳动人口集中在受经济转型强烈冲击与国际化业务关系密切的行业。尽管整体较为富裕，贫穷依然存在并与来源国、教育程度、英语语言技能和劳动力特征密切相关。引发多族裔聚居郊区内部阶级分层的原因与具有显著不同级别的财力和人力资本的移民群体涌入有关。然而多族裔聚居郊区是高度发达空间连续经济融合的住宅商业枢纽。

主要分异存在于中国台湾和中国香港、中国大陆和印度支那的华人移民中。从印度支那来到洛杉矶的华人大多是全球地缘政治变化和国家政治经济冲突的结果，该群体的教育水平和收入较低。他们面临住房负担的问题可能性大，大都集中分布在低技能的职业，从事低工资制造业和零售服务业。基于移民来源国和社会经济状况的极化能够在多族裔聚居郊区景观的空间分化上找到其地理表达。最贫穷的印度支那华人主要分布在埃尔蒙特；来自中国台湾和中国香港的富裕华人居住在高档社区。然而族裔聚居郊区的等级分化的社会空间结构将最被边缘化的印度支那华人整合到当地的移民社区和全球经济之中。

紧密团结的组织特点和多族裔聚居郊区相对封闭的特性使社会边缘群体和富裕阶层移民的同化过程都放慢了步伐。中国台湾、中国香港华人优越的教育和经济地位和日益富裕的中国大陆华人最终能够在实质上控制他们的同化速率。较高的社会经济地位使他们在同化过程中有更多的选择自由，但这并不能保证他们能以较快的整合进程与美国主流社会相融合。与此相对边缘化的印度支那华人可能会深陷于封闭式的民族经济和社区中不能自拔，这将减少他们在主流社会向上层流动的机会。

注　释

1. 除非另有说明，第六章的数据来源为1990年人口普查5％公众使用微观数据样本集（PUMS）。统计软件SAS用于该数据的检索和分析。本章结果为基于加权数据的分析，从而反映出人口构成、社会经济状况和住房条件等特征。本章选择了圣盖博谷内11个公共使用微观数据区（PUMA），包括22个城市、12个普查区及洛杉矶县内非建制地区，大致涵盖了多族裔聚居郊区的组成部分。华人数据样本子集包括所有在 1990 年普查问卷中填写自己是"中国大陆人"或"中国台湾人"：共计 6 540 名华人和 1 934 个华人家庭，他们代表了圣盖博谷地区 128 624 名华人和 37 245 个华人家庭。

2. 根据 1990 年美国人口普查计算。
3. 1990 年人口普查问卷将汉语和粤语归为同一类别，所以无法区分只讲粤语的华人，因此失去有关华人来源的重要数据，因为大多数"老侨"来自广东省并只讲粤语。早期的语言分类可能源自老华埠的特性，在那里各种形式的粤语是"官方语言"，曾经对于大多数美国人而言"汉语"即粤语。
4. 作为"工作地点"，公众使用微观数据样本集只单独列出几个公共使用微观数据地区，而将大多数其他地区集中成组归类。例如在多族裔聚居郊区，只有蒙特利公园和罗斯米德（公共使用微观数据区 05400）、埃尔蒙特（05800）和帕萨迪纳（06300）被列为"工作地点"；其他圣盖博谷的公共使用微观数据区则被归入岳麓区与西区。
5. 在 1990 年至少 15 岁的所有人中完成最高教育程度或获得最高学位。Bureau of the Census（人口普查局），1992，B4。
6. 人口普查局定义为任一家庭中 14 岁以上人口中无人只讲英语或英语讲得很好。
7. 县个人收入中位数数据基于加权 5% 抽样样本，而住户收入中位数则基于全部数据。

第七章　多族裔聚居郊区华人众生相

自1990年以来，伴随着移民政策的改变、移民输出国经济的发展、世界贸易组织的成立和北美自由贸易协议的签署加速了全球化进程，从而导致多族裔聚居郊区的诸多变化。其结果造成多族裔聚居郊区的人口构成更加多元化（图6-1）。中国经济急速改革加之1990年美国移民法案吸引技术移民使得大陆移民的社会经济地位显著提高。目前多族裔聚居郊区的华人构成犹如"拼花马赛克"：既有美国出生长大的华人（ABC）和早期郊区化的老移民，也有来自世界各地的新移民。他们生存和发展的事迹既与传统移民故事相类似——很多人出身卑微却奋斗成功，但又与早期移民经历有着显著不同。本章记述几个不同群体的历程并详细描述数个华人肖像，以此体现2000年数量已达17.6万余人的圣盖博谷地区华人居民和商家。他们的故事可以使我们将这些个人经历与影响其生活的全球、国家和地区的因素和事件整体联系起来。

一、美国土生土长的华人：
从"模范少数族裔"到世界性人物

美国土生土长的华人（常被称为 ABC）是最早从洛杉矶市中心区搬迁到蒙特利公园的亚裔美国人群体之一。他们中的很多人符合"模范少数族裔"的形象：受过良好教育并勤奋工作。他们上好学校，获得优异的成绩，选择以工程师作为职业。其他一些人，包括部分女性，则一反传统做不同一般的职业选择。譬如连任三届蒙特利公园市议员的赵美心是一位广为人知、倍受尊敬的华裔民选官员，由律师变身为银行家的贝蒂 Betty 赵（Betty Tom Chu）则是成功的女企业家。[1]

赵女士的父亲汤姆凯·楚 Tom Kay Chu 是圣地亚哥的一名农夫，母亲景怡兆 Yee Siu King 则是来自广州的移民。她的英文名字 Betty 是其母亲在填写出生证明时唯一能念出的英文单词。九岁的她在父亲的农场目睹一些拉丁裔移民工人被人殴打，她立志日后要作一名律师去维护工人阶层的权益。从格罗斯蒙特（Grossmont）高中毕业后，她就读于南加大并获得法律学位，据她回忆"那是当时唯一肯接纳我的大学"，毕业后不久她成为一名执业律师，就职于洛杉矶一所专门从事移民诉讼的著名律师事务所。她所参与的案件中最令人难忘的是一个在美国联邦最高法院成功上诉的案例。该案例被认为是国会进行移民政策改革辩论并最终通过 1965 年移民法案的重要推手，而该法案在改变了众多华人移民及家庭的命运的同时，也改变了美国的人口构成。

赵还积极参与了南加州首家华资银行的创立。事实上，她的故事是洛杉矶县华资银行业发展的标志。20世纪50年代期间，一群美国出生的华人和老移民因为上一代移民年龄日益老龄化，他们意识到华埠建立老人公寓的需求。这群人中包括赵、她美国出生的同学凯洛格·陈（Kellogg Chan）律师以及他的父亲伯克利毕业生周蝉（F. Chow Chan）。因为当时仍存在的种族歧视，他们向主流银行递交的贷款申请屡遭拒绝。于是他们便打算利用华人社区众所周知的储蓄传统成立一个储贷联合会可是却遭到拒绝，他们尝试成立商业银行代替原先储贷联合会的计划。经过长期痛苦的申请核准过程，国泰银行终于在华埠中心区开业，周蝉（F. Chow Chan）成为首任董事长。但部分成员从未放弃建立储贷联合会的梦想，尽管他们的申请仍然屡试屡败。1969年尼克松总统任命普雷斯顿·马丁（Preston Martin）教授（他是赵在南加大的法学教授）为联邦房屋贷款银行的主席，在他领导下成立了少数族裔银行拓展项目协调多方资源为少数族裔提供帮助。赵为洛杉矶的首间华资储贷联合会——华美储贷联合会准备了申请书。华美储贷联合会终于在1972年获准开张营业。然而华埠社区沿袭男性至上的传统导致商界领袖均为男性，因此尽管在银行建立过程中功不可没，赵仍然小心翼翼地坚持在幕后工作。她日后回忆道，"我知道当时华埠很多人绝对不会和一个女性执掌的储贷联合会做生意，当然现在商界和银行业对妇女的态度大为不同"

(NACAB，1992)。

80年代初赵认定时机成熟可以在蒙特利公园创建自己的储贷联合会，用于获取新移民所带来的金融资源。于是她在1981年成立圣盖博谷信托储贷联合会，并担任董事长兼首席执行官，成为在美国自创银行并任要职的首批女性之一。圣盖博谷信托储贷联合会在80年代快速增长，其顶峰期在洛杉矶县拥有11家分行，大部分位于圣盖博谷。蒙特利公园南大西洋大道638号的两层楼银行总部就与赵家隔街相望，该建筑是80年代末由储贷联合会董事会中的建筑师设计和建造。但1989年经济衰退和房地产萧条使很多企业元气大伤，包括信托储贷联合会。赵不得不卖掉一些分行乃至银行总部，但保留了蒙特利公园、阿卡迪亚和西考维那的三个圣盖博谷分行。最终在90年代，赵将银行出售给一群华人投资者。另一位华人女银行家来自台湾的玛丽娜（Marina）王在20世纪末担任董事长和首席执行官。

Betty赵不仅是拥有事业的妻子和母亲，还是一位献身社区的活动家。她曾在很多地方和全国性机构任职，从蒙特利公园社区关系委员会到联邦储备局消费者顾问委员会。尽管面对重重困难，在美国出生的赵仍是一位富于勇气，坚韧不拔的女性，她对美国理想坚信不疑。她的法律和银行职业生涯也反映出不断变化的性别角色以及在华人社区中女性领导的发展进化。

二、中国台湾移民:从双重"身份"到世界公民

绝大多数来自中国台湾或香港的移民均属于所谓"新侨",即他们在1965年移民法案实施后来到美国。台湾移民自20世纪70年代以来一直是多族裔聚居郊区中的重要的移民族群。第一波台湾移民潮是国际学生,他们来美国读大学本科或研究生,获得学位开始职业生涯或创业,在社会经济的阶梯上逐阶登攀。很多人成为成功的专业人员和商界人士。在美国站稳脚跟并成为永久居民或公民后,许多人赞助其直系家庭成员和其他亲戚来美定居。

其余的台湾人移民美国则是为其投资和家人寻求庇护,他们是第一批大型中国移民群体,有别于传统上以贫穷和卑微开头的移民故事。与之相反,他们带来金融资源并直接落户郊区的中产阶层或高档住宅区。不同于上一代移民通常先落户城内而后再经济上移和空间外移,这些新移民直接落户在郊区,他们既不希望也不需要住在市中心华埠。从就业上看,许多富裕移民充分利用亚洲新兴工业化国家出口贸易的迅猛发展以及美国洛杉矶经济转型繁荣发展的从玩具制造到商业服务各种大小规模的行业领域。一些移民在当地拥有或管理经营企业,而其他人则从事美国与其他国家之间的国际贸易。

很多台湾移民最初在蒙特利公园地区居住,但后来都搬迁

到较富裕的城市阿卡迪亚和圣马力诺或位于东圣盖博谷较新的郊区城市。一些富人则立即在较富裕的城市地区定居。他们或许在圣盖博谷西部和中部的阿尔罕布拉、埃尔蒙特和南埃尔蒙特开始各自的事业，因为那里布满了小型办公室和仓库。然而当他们的业务增长，特别是 1986 年后台湾放宽其货币调控政策导致资本流入美国，上述地点已不能满足他们的需求。许多移民企业开始迁入东圣盖博谷中的大型仓储和办公用房更为常见的地方，比如工业城。事实上，工业城已成为高科技的计算机生产和销售中心，后来更被称为南加州硅谷。在 90 年代末的亚洲金融危机之前，台湾的高科技地区和工业城之间的计算机零件贸易往来频繁。来自台湾的资本流入，其结果也推动了 80 年代和 90 年代初华资银行业的蓬勃发展，新成立的银行和台湾银行的分支机构大量建立，台资对本地银行的控股日益增加（银行访谈，1999，8、20 号；Flanigan，1998）。

尽管有诸多相似之处，来自台湾与香港的移民之间也存在明显的差异。直至 20 世纪 90 年代台湾移民是多族裔聚居郊区最大的移民群体，其影响在圣盖博谷随处可见。由于大量讲国语的台湾移民涌入，蒙特利公园曾被称为"小台北"和"国语公园"。许多公司名称，尤其是消费者服务行业，都采用著名的和人所共知的台湾公司名称以利用它们在移民和亚洲国家访客中的认知度。台商连锁店也共享多族裔聚居郊区的本地消费市场。

许多台湾移民曾在台湾参与社区活动履行公民义务，并将社区参与的文化带到美国。此外许多台湾移民已经成为美国公民,因此他们成为华人移民中最活跃的群体。他们参与各项社区活动,从志愿服务到孩子学校的家长教师联谊会,在各种社区委员会中任职,为政治候选人幕款或直接参选地方或州级公职竞选。

有些台湾移民候选人甚至给地方选举带来了台湾的竞选风格,他们将竞选横幅缠绕于身并乘敞篷车辆沿街游行以吸引潜在的选民支持。这种典型台湾拉票形式称为"拜票",英文直译为"乞求票源"。这类活动令不熟悉台湾选情的美国人侧目。

台湾移民群体内部也存在差异,尤其是那些世代在台湾居住并主要持闽南语的"本省人"和1949年后追随国民党来台主要说国语的"外省人"之间的差别。这两个群体之间的主要差异在于对母国政治的政治分歧,特别是有关台湾与大陆的未来关系。台湾当局在埃尔蒙特商业区设立了第二侨民文化中心,以迎合台湾新移民(包括本省人)的需求。位于华埠的第一侨民文化中心则以服务老侨为主,其中很多人赞成台湾和祖国大陆的最终统一。

来自台湾的许多华人移民持有美国和台湾双重"身份",这种移民政治架构影响深远,它赋予某些人即使在世界不同角落也能参与政治的法律权利。一些具有双重"身份"的台湾移民积极参与太平洋两岸的选举政治中。例如,在四次台湾"选举"期间——1996年、2000年、2004年和2008年的3月,在美的台湾移民包机从洛杉矶和旧金山回台湾投票,因为台湾"选举"规定选民需要亲自前往投票。2000年、2004年倾向台独的民进党候选人陈水扁分别当选和连任台湾地区领导人,为在台湾和美国的台独运动推波助澜。然而支持国民党的在美台湾选民帮助国民党候选人——获哈佛大学法律学位的马英九在2008年3月"选举"中击败民进党的候选人谢长廷（Boudreau，2008），这清楚地表明跨越太平洋的跨国政治参与。

三、中国香港移民：从"不情愿的自我放逐"到全球资本持有者

来自香港的中国移民则面临完全不同的状况。作为原英国殖民地的居民，这些移民在香港享有发展企业的自由，但直到英国统治的最后几年才享受到完全的民主权利。他们长期以来一直是无国籍居民——持有英国政府颁发的特别证件，除少数精英之外他们永远不会获准成为英国公民。鉴于其所处的法律窘境，他们无法参与任何国家的政治选举。香港居民两极分化：从本地出生的港人，到1949年前从大陆来的老一代传统中国资本家，还有1949年后到香港谋生的文盲、非熟练工人。后一部分人由于与上代华裔美国人的血缘联系而不断地移居到美国。很多来到美国的香港移民被认为有类似于东南亚难民的心态，但却是出于不同的原因。实际上大多数最有钱的港人到加拿大、澳大利亚等英联邦国家定居。温哥华尤其得到香港大亨和他们的后代的青睐；他们已经在太古广场（Pacific Place）等海边发展地带投入大量资金。[2]

很多到圣盖博谷的香港移民仍然富裕并有着较强的商业背景。他们可以立即从事国际贸易和其他业务,并在抵达时即刻将自己定位为全球资产者的角色。位于圣马力诺华美银行(现总部在帕萨迪纳)的董事长和首席执行官伍建民于1977年来自香港。[3] 训练有素的业务能力和实际经验帮助他在三十出头时便成为成功的企业家。20世纪90年代初期以来在他的管理下,华美银行从首间华资储贷联合会摇身变成洛杉矶最大的华资商业银行,其第一的地位保持至21世纪初两大华资银行的合并。1998年亚洲金融危机的高峰期,该银行的所有者印度尼西亚华人夏姆苏尔·努萨利姆(Syamsul Nursalim)急于将其出手以集资挽救其他家族企业。伍建民和他的华人/印度尼西亚管理团队在一个月内说服150家华尔街金融机构,包括美林、摩根、奥本海默和惠灵顿基金和富有的个人投资者出资2.38亿美元买下银行。不久之后该银行上市,其股票在纳斯达克版交易。自那时以来,华美银行非常积极地扩大其金融产品、筹建新的分行、并购其他银行以获得总资产增加。[4]

四、中国大陆移民:从多元移民到世界角色

在美国的华人移民群体中来自中国大陆的移民历史最为悠久,但其中大多数是在1965年移民法之后抵美。直至20世纪80年代初,大部分移民符合传统新移民形象,即缺乏正规教

育和高水平的工作技能，他们通常由老移民或他们的后代做担保，来美实现家庭团聚。

新一波来自大陆的移民则更加类似于来自台湾和香港的移民。历时十年"文革"，中国高校在 1977 年恢复高考；1978 年年底中共通过经济改革方针并最终导致中国经济的蓬勃发展。作为改革开放政策的组成部分，很多中国学生由政府资助出国留学，或自寻门路出国。政府希望他们学习现代科技而后返回报效祖国，但事实上很多人在其留学的西方国家定居。此外，中国还放松了以前严格控制的移民政策，允许中国公民合法移居国外。曾几何时，中国公民持有护照还是特权的象征，现在则比较容易办理。因此，虽然美国家庭团聚移民政策仍然延续，但新一波移民的组成则包括从学生到富有的投资者和商界人士。在很多方面，这些来自中国大陆的新移民重复着 20 多年前台湾和香港移民的经历。

中国政府禁止双重国籍。来自中国大陆的所有入籍美国的公民自动放弃他们中华人民共和国公民的身份。一个直接结果是这些新入籍的美国公民到中国大陆探亲访友、进行商务或专业交流必须申请入境签证。很多人已经成为两国间经济交流的重要参与者。至于他们在自己祖国的政治舞台可能有何影响则需拭目以待。中国大陆移民对祖国政治的关注（包括海峡两岸关系）并不亚于台湾移民，所以这两个华裔美国人群体之间有时会出现紧张关系。另外，可以预见到的与来自台湾的早期移民类似，这些来自大陆的美国新公民也将会作为选民或候选人积极参与到美国的选举政治中，随着经济状况的提高而成为捐款人。

另一个归化为美国公民的直接后果是正如预期的通过链式迁移而来的新一波来自中国的大陆移民。美国公民可以不占移民配额地担保其直系亲属来美，同时为家族其他成员申请配额移民许可。

这有助于在圣盖博谷城市中华人的持续增长，尤其是那些缺乏正规教育和英语能力，或其专业资格不为美国政府或同业（如医学和牙科）认可的移民。另一方面，中国国内经济的繁荣造成了自20世纪80年代后期通过土地投机或其他形式资本积累致富的新贵阶层的出现。其中一些新贵移民美国，而其他则投资美国房地产，在阿卡迪亚、圣马力诺或南加州沿海城市的高档住宅社区置产。据传有些已完成的交易是以大笔现金方式支付。

鉴于不断变化的经济形势，中国大陆移民在多族裔聚居郊区的华人移民中成为最具分化的群体并不令人吃惊。非法移民深陷华人经济中没有前途和福利的工作。一些在中国大陆的专业人士在此却找不到同等的职位，因为他们的专业资格在美国不被认可。他们不得不从事任何职业，饱受社会地位下降之苦。在移民图谱的另一端，有些移民则通过从事进出口贸易或在中国大陆投资，在全球化经济中扮演积极的角色。像台湾或香港的同行一样，他们最初也可能在西圣盖博谷城市譬如阿尔罕布拉建立小型企业，业务成长后东移。他们的居所亦有相似的东移倾向。

以来自上海的李先生和沈先生为例，二人已婚并各育有一女。在大陆他们分别从事导演和舞台设计的专业工作。为女儿前途，他们举家于 20 世纪 80 年代先后移居美国。尽管沈先生以专业杰出人才签证抵美，他和家人与李先生一家不得不从事专业之外的艰苦工作谋生。李先生和太太与业务伙伴合作开设小型服装店，生产经销在美国颇有市场的大号女装。沈先生则在某手表厂工作多年后到某中国内地企业洛杉矶分部任职，沈太太在餐馆和小吃店工作。这两个家庭分别住在蒙特利公园和阿尔罕布拉的一房一厅公寓。沈先生和沈太太睡在客厅地板上多年，以便女儿得以在卧室里生活学习。后来，这两家的女儿都毕业于加州大学洛杉矶分校并找到了专业工作。这两个家庭在 90 年代中期搬迁到西考维那购置独立住宅。尽管忍受着艰难困苦，这两个家庭从未放弃对艺术和专业的不懈追求。他们积极参与当地中国文化活动，并最终在美中文化交流中获得成功。全日制工作之余李先生和太太拍摄几部肥皂剧，一个描绘洛杉矶华人移民生活的电视剧在中国广泛播出。沈先生组织了几场重要活动，包括杨百翰大学的舞蹈团赴沪演出。他们的生存和最终成功的故事代表了众多移民尽管社会地位下降但绝不放弃希望的经历。

五、一个跨国社区

与欧洲血统的传统移民单向移动定居美国，仅以游客身份造访母国有所不同的是，许多新华人移民可以被称为"跨国移民",其个人关系网络跨越国界。这些非常规的移民包括所谓的"航天员",他们在太平洋两岸安顿家庭,而后在洛杉矶与亚洲间开展业务往来。与乘船横渡太平洋的移民前辈不同的是,这些华人乘飞机穿越太平洋回到他们在美国洛杉矶的家里。与这种家庭模式相关的问题包括家庭不稳定,甚至是离婚。

另一种非传统移民家庭的形式是"空降儿童"现象。他们的父母大多数时间住在亚洲,这些年幼的"小留学生"独自生活在圣盖博谷由其父母购置的房产中,或是在其亲属或朋友的监护下生活。与"航天员"家庭不同的是"空降儿童"家庭的夫妻关系很大程度上完好无缺,但造成亲子间关系的疏远。这些青少年在缺乏双亲日常指导下,独自应对美国教育和双重的文化身份认同。与此现象相关的社会问题是华人和主流社区的另一个热门话题。"独自在家"的富家子弟往往是罪犯特别是绑匪的目标。有时这些绑架案和寻找的努力跨越国界,反映出多族裔聚居郊区本质上还是一个跨国社区。广为人知的案例是一个 17 岁学生在圣马力诺高中被绑架,18 天后被联邦调查局特工救出。被绑架学生约翰尼陈的父亲陈傅顺(音译)是 Landwin 公司的老板,该公司在台湾和坦泊市均设有办事处。他们家在圣马力诺,但据其母亲说她大部分时间在台湾与其父同住。1998 年 12 月 15 日他的父母都在台湾,约翰尼陈被持枪绑架至一所坦泊市房子,他的手脚被铁链锁住,眼睛和嘴被胶带封住。绑架者致电在台湾的陈傅顺勒索 150 万美元赎金。其父立即将绑架案报告圣马力诺警察局,然后支付了 1/3 的赎金，两名嫌犯在中国福州拿到赎金后落网。在美国联邦调查局和中国大陆、台湾三地警察的通力协作下，另外两名嫌犯分别在坦泊市和纽约被捕并以劫持人质罪被起诉。这些嫌犯受雇于第三者，此人至少用两个月的时间策划该起绑架案。另一个相似但没有关联的案例是六名中国公民在帕萨迪纳被控1998年12月22日从南帕萨迪纳绑架一名9岁女孩，并索要两万美元赎金。一名疑犯拿到赎金后将女孩扔在罗斯米德市。绑架富人子女在台湾相当普遍，似乎在多族裔聚居郊区也有所增加，而空降儿童正成为容易下手的目标（洛杉矶时报，1999年1月5日，B1-B2页）。与空降儿童相关的问题是有些孩子加入帮派并参与犯罪活动，在2002年日舞影展获奖影片"明天运气更佳"中描述的这一问题也已经引起美籍华人和主流社区的关注。

空降儿童最初主要是台湾和香港移民中出现的现象，但在来自大陆移民家庭中也日益普遍（《人民日报海外版》，2000，4页）。1996年美国移民法禁止外国留学生（F-1签证持有人）在公立中小学就读的规定很大程度上限制了其在公立高中就学。但这一政策依旧无法遏制空降儿童日益增加的趋势，有钱的父母送子女到私立学校就读。这些来自中国大陆新的空降儿童主要集中分布在洛杉矶地区包括圣盖博谷，那里有大量的华人律师和语言学校，这就更易于帮助安顿这些"小留学生"。

与此同时，在七八十年代来自台湾或香港的几代空降儿童，许多已大学毕业，继承其家族的企业或自主创业。在华人商业社会中被称为"商二代"（"二世主"）的他们，有些含着银勺出生,从未经历过财务困难(银行访谈,1999,7、17号)。他们是在台湾和香港的经济繁荣中获利一代的子女。他们的生活方式和商业理想与上一代不同,他们热切地投入激烈竞争的美国及全球商界中。许多洛杉矶华资银行业的老板或高管来自台湾和香港,"二世主"也是这些银行的业主。

六、从洗衣郎到银行家

远东国民银行创始人前董事长/首席执行官黄保华的故事代表了多族裔聚居郊区很多移民的成功经历,但它也说明了在新的移民形势下所产生的种族紧张的局势不仅与地区的经济周期相关,而且也反映出某些人对于亚洲在全球经济中日益增长的实力的恐惧。[5]

亨利·黄保华出生和成长在上海,其在19世纪末20世纪中被誉为资本主义冒险者的天堂,绰号"东方巴黎"。因为其富裕家庭的背景,黄少年时代曾有机会造访一位银行家的豪宅,自此立志长大后也做银行家。然而,黄日后成为银行家的道路并不平坦。

他曾在上海的大学就读,但逃离到台湾的他最终在台湾大学获得政治学士学位。1950年他作为学生来到美国俄勒冈州的一个小镇,在林菲尔德(Linfield)大学国际关系专业就读。得到第二学士学位后他驱车前往伯克利希望能找到一份工作,但未成功。此时他父亲失去了全部家产,黄变成又一个身无分

第七章 多族裔聚居郊区华人众生相

文的移民。最终他得到了一份工作，但前提条件是他要搬到洛杉矶。黄的回答是："我不知道洛杉矶在哪里，但我会去！"在洛杉矶最初的几年里，黄经营一间干洗洗衣店并在南加州大学攻读工商管理硕士会计专业，在此他结识了未来的妻子，就读音乐专业的多萝茜·黄。

黄后来成为注册会计师并于 1960 年在洛杉矶执业。作为在南加州首间华人移民注册会计师公司的所有者，他最初只有一个固定客户每月付费 50 美元。他逐步赢得白人小企业家的信任，成为他的主要客户。这些客户于 1973 年成为他创建他自己的银行的支持者。当时在洛杉矶仅有两家华资小银行，它们都被视为主要为讲粤语的老侨服务，不能满足人数不断增加的说国语的新移民的需求。黄召集十位投资人，申请建立美国首家华人移民所有的联邦特许银行。1973 年 10 月投资团队已初步获准出售股票筹集原始资本，但两个月后股票市场崩盘，使筹集资金的难度加大。此外，黄自己没有大量的金融资本也缺乏银行从业经验。他于是回到台湾寻求帮助，一些商业巨头想投资他的银行，但要黄聘请他们在美国深造的孩子作为其银行董事会董事。黄严词拒绝空手而归。他决心要建立真正的美国企业，而不是依靠家庭网络的传统华人企业。他只剩一个选择，在当地募集资金。他的客户都很支持他，150 万美元初始资本中的最后五万美元在截止日期的前一天到位。远东国民银行终于在 1974 年 12 月在华埠旁边租用的拖车内开张，黄自任董事会主席。

由于管理不善远东国民银行的最初几年并不顺利。黄仍专注于他的会计师事务所，而一些银行高管涉嫌开展饱受质疑的业务关系。1976年黄本人被绑架，支付赎金后才得以获释。1978年他决定卖掉会计师事务所，以便将时间和精力完全致力于银行的运作。黄自任总裁直到1997年远东国民银行被台湾华信银行并购，在其任期中远东国民银行日益强盛并持续盈利，还在80—90年代被评为全美最佳业绩银行之一。

敏锐的商业头脑使黄赢得许多奖项包括1986年小型企业管理局颁发的金融倡导奖，他还活跃于本地、加州和国家级的银行家行业协会。作为全美收入最高的银行家之一，黄家长期居住在圣马力诺的高档社区。

关于他的成功，黄说："FENB代表什么？快速、高效、最好的银行。我们的宗旨是'实现你的美国梦'，这也体现了我自己的移民希望和抱负。我永远不会忘记这个国家是如何使我得以实现伟大的梦想，我也希望能帮助其他人实现其潜能——不论是在美国出生成长的华人或是移民。"（作者采访，1999年8月）

除了他的经营活动外，黄也为许多主流的非营利组织慷慨捐赠或在其董事会任职，如基督教青年会、天主教慈善机构与美国童子军。他致力于帮助他人不仅得到事业的成功，而且获得公众的认可。他在地方和国家各级担任许多职位，包括1984年罗纳德·里根总统任命的白宫贸易谈判顾问委员会委员和1989年商务部长任命的少数族裔企业发展咨询委员会成员。

作为一位归化入籍的公民，黄强烈认同并参与美国政治。

他一直积极参与选举政治并在财力上支持与其理念相同的候选人。黄一生都是共和党人,但却为两个主要政党捐款。商界人士为两个主要政党捐款并不少见,但在1996年总统竞选中为民主党捐献的1万美元和远东国民银行来自中国大陆的大笔存款却给他带来不小的麻烦。

黄的银行被指控可能有来自中国政府的捐款,并成为联邦金融监管机构和联邦调查局长达数年的调查对象。1999年5月12日《纽约时报》刊登头版文章,题为"中国向美国银行输送现金:怀疑逐渐浮出水面",文章包含一张黄的照片和他在调查期间拒绝合作的详细说明。这篇文章与另一篇文章平行地登在同一版面,另一篇报道则是1999年5月11日前民主党筹款专员崔某对与竞选有关的银行和税务欺诈指控的认罪。黄认为该并列排版强烈暗示两个事件有所关联。

1999年8月初当作者采访黄时,他正受到《纽约时报》文章的负面影响。其他华裔美国人也受到国会考克斯报告的负面影响,该报告指出很多中国学生和专业人士从事中国大陆间谍工作,当时还有李文和案件。在笔者与黄的访谈中,他逐一反驳了对他和银行的指控。

他对记者对待他和他的商业伙伴以及他的银行的方式的愤怒和怀疑溢于言表。他毫不怀疑他的种族背景是其被怀疑的重要原因。这一事件说明了在90年代,日益成熟的多族裔聚居郊区的杰出领袖越来越容易受到国家层面政治的负面影响和金融监管。

这一切可以追溯到黄长期以来对扩大跨太平洋贸易的使命

感,但它也基于特定的国际事态的发展,即日益增长的太平洋沿岸国家的经济实力。黄对他的第二故乡热诚投入,同时也愿意帮助他的故乡。离乡30年后他在80年代初访问中国大陆时亲眼目睹可怜的孩子们和恶劣的生活条件,这使他决心要为中国的现代化建设作出贡献。在试图设立基金会帮助中国的尝试失败后,他决定利用自己商人的身份和地位促进美中间的贸易。他想要帮助美国企业进入中国的巨大市场以此提高中国人民的生活水平。他先后几次去中国,但是由于缺乏人脉关系和政治影响并未取得显著成效,而这两个条件在当时对于发展中国业务是至关重要的。

20世纪80年代末当徐女士走进他办公室时,他的机会终于来临了。与一些其他求职者不同,尽管她是中国一位高级军事官员的女儿,徐女士并未夸耀她的资格和背景关系,只要求一个尝试的机会。黄对她并没有过高的期望,因为她没有银行工作经验,但他给了她90天的试用期。毕竟,他指出"我开始也没有银行工作经验。"事实上本地华资银行也会偶尔雇佣不具备银行从业经验但有业务或政治关系的人士,尤其是在其创业阶段或与中国有业务往来时。出乎所有人的意料,人脉关系良好的徐女士的业绩令人刮目相看:从洛杉矶的中资企业为远东国民银行吸收存款到帮助该行在中国大陆设立办事处,成为洛杉矶华资银行在华设立机构先驱之一。黄认为徐女士辛勤工作为客户提供优质的服务,他在20世纪90年代中期晋升她为银行的高层主管。

徐女士的工作使据称总共9 200万美元从中国大陆的各种

第七章 多族裔聚居郊区华人众生相

来源汇入远东国民银行，包括一家港资投资公司——美国官员怀疑其与中国情报机构有染或由中国政府控制。美国官员怀疑这笔钱用于支付中国情报收集行动、购买敏感的军事技术、非法政治捐款、洗钱或可能隐藏某些中国官员的私人财产。这种怀疑导致自1996年春天开始由货币审计署、美联储银行和联邦调查局对其进行了大量调查。黄和徐女士否认他们有任何违法行为。调查结果并未针对远东国民银行提出控罪或采取规管行动。黄指出"每次调查（的结果），我们都清清白白。"

然而怀疑和指控仍在困扰着徐女士和黄。他们与远东国民银行涉嫌卷入1996年总统选举募款丑闻，很大程度上是因为徐女士是刘肇英的姻亲，后者据报道通过崔某将中国军事情报机构的30万美元捐赠给民主党总部。徐女士断然否认她与刘肇英关系密切。案件调查后期，两名《纽约时报》记者对黄和徐女士进行专访。虽然记者们已经收到了被外泄的官方调查报告的副本，但他们佯装毫不知情，只想了解黄和徐女士的观点。即便是该事件未被证实或已被早先政府的调查所澄清，那篇5月12日充满敌意的头版文章仍然影射对远东国民银行的持续怀疑。

《纽约时报》的文章对黄、徐女士和远东国民银行造成了强烈的负面影响。年届七旬的黄在文章发表两个月后从银行退休，重新创办盘石亚洲资本集团有限公司。不过该公司业务进展缓慢，许多潜在的客户（其中包括一些他的长期客户）因为此事的负面宣传而不愿与他往来。黄因自己发生之事颇有挫败感。他说他的儿子托尼奖获奖编剧戴维·亨利·黄——一个忠实的民主党人,很久以前就曾警告过他美国的种族主义。戴维·亨利·黄曾问他父亲:"你为什么支持这些家伙(某些共和党人)?他们不喜欢你,他们早晚会打击你"。始终坚定信仰制度和美国梦的黄老不敢相信这样的事情会发生在他这样的忠诚的美国公民身上。他觉得被貌似客观公正的记者所出卖,他们损毁了远东国民银行、徐女士和他自己的声誉。黄一直思考如何应对反华浪潮并致力于在美国的反种族主义。

发生在黄身上的一切表明他可能不仅只是1996年的总统选举后恶性党派政治的受害者,作为华裔美国人他还受到"新型"种族主义之害。针对少数种族和族裔群体(包括亚洲人)的种族主义在美国历史悠久,因不同种族和政治意识形态和职场竞争所导致的"黄祸"恐慌阴魂不散。但当代种族主义可能基于不同原因并采取新的形式。近几十年来亚洲经济的崛起产生了令人纠结的反应,针对亚裔美国人的种族主义和本土主义的态度和行动往往有所增加。例如20世纪80年代,经济转型和日本汽车的大量涌入导致传统汽车制造地区的高失业率,失业工人感到日本夺去了自己的工作。这种情绪最极端的表达出现在1982年,两个失业白人汽车工人误认为华裔美国人陈昌华(Vincent Chan)是日本人,而将其殴打致死。

近年来,反亚裔美国人尤其是反华裔美国人情绪的出现部分是源于恐惧中国经济实力的增长可能有助于中华人民共和国在中美全球经济和政治舞台的竞争中取得优势。1996年总统选举后,亚裔成为竞选捐赠丑闻调查的首要目标。其指控源于怀疑亚裔美国人的捐赠来自中国,以此影响美国选举。尽管缺乏具体证据，1999年美国国会考克斯报告声称许多中国学生、学者或专业人士都充当中共间谍，在美国的很多中国和美籍华人企业简直就是中国情报机构的门面。恶名昭著的李文和案例表明在许多亚裔美国人和李的支持者心目中，调查华裔美国人是否进行行为间谍活动主要是因为他们的种族。亚裔美国人因其种族和族裔而被视为潜在间谍和叛国罪嫌疑人并被剥夺宪法赋予的权利在美国是有先例的。第二次世界大战期间，日裔美国人对美国的忠诚度遭到严重质疑，导致日裔美国人未经司法程序而被拘留并被送往集中营关押。

由于各种形式种族主义的持续存在，作为全球前哨的多族裔聚居郊区的崛起和依靠跨国联系的华资企业的成功反而使其成为反华的目标并不令人奇怪，但是令人怀疑的是多族裔聚居郊区是否会对种族权力关系的未来产生重大影响。尽管多族裔聚居郊区的华人忠诚于美国并在未来继续投资，但其中一些华裔美国人仍将因其母国、族裔背景或其经济头脑而继续被调查和怀疑。亨利·黄的案件可能只是许多故事之一，更多的则不为人知。

与黄有关的故事还关系到大众传媒在美国种族化的权力关系中的作用。媒体对亨利·黄和李文和案的报道有着极其相似之处，并进一步产生出一系列问题。美国政治生活的前提是任何美国人在被证实有罪之前都被认为是清白的。但当媒体闪电突袭般的报道下，诱导性的怀疑和倾向性的指控直接导致了伤害其名誉的结果，该前提还存在吗？在官方调查已澄清涉事人员后，还在民意法庭上对他们进行毁谤性的重审，这样公平吗？或许这些伎俩只是略加掩饰的种族歧视？

　　黄的经历彰显出作为一个微型社会我们仍然任重道远；同时也表明虽然多族裔聚居郊区已无可否认地成为美国城市结构的特有组成部分，其持续的增长可能引起更多的关注，同时也更易导引起基于族群或阶级从属关系的、国家利益和全球地缘政治的不同利益群体之间的冲突。

注　释

1. Betty Tom Chu 的故事很大程度上来自全美华人银行家协会（NACAB），1992 和 1999 年第 7 号银行访谈。此外参阅 Li et al.，2002 对洛杉矶华资银行业发展的详细讨论。
2. Mitchell，1993，2004；Skeldon，1999；Thrift and Olds，1996。
3. 伍建民的故事多数源于以下来源：1999，7、19 号，银行访谈；Flanign，1998；Gilley，1998；Li et al.，2002；Vrana，1998。
4. 华美银行在 2009 年全球金融风暴后收购了当时全美最大的华资银行——联合银行，再度成为美国最大的华资银行。
5. 亨利·黄的部分主要源于：1999 年 8 月 4 日，作者访谈；戴维·亨利·黄，1994 年 6 月；Hwang，1994a，1994b；Goldern and Gerth，1999。

第三部分
北美多族裔聚居郊区

第八章　多族裔聚居郊区的机遇与挑战

本书回顾了洛杉矶的华人社区由市中心华埠至圣盖博谷的空间转型，提出"多族裔聚居郊区"的概念，用以诠释这种新型的郊区少数族裔社区——它在全球地缘政治的改变和经济转型、美国移民和贸易政策以及当地人口、经济和政治状况等因素共同作用下而兴起。本书在多族裔聚居郊区理论框架下，利用二手的人口和经济数据、调查和访谈来追溯华人社区的历史沿革，分析圣盖博谷多族裔聚居郊区的形成和发展，从人口构成、社会经济特征和微观地理学等角度描绘其轮廓；同时简要比较多族裔聚居郊区和洛杉矶市中心华埠间的差异，从而证明多族裔聚居郊区与传统少数族裔聚居区之间的鲜明对比。本研究还提供了多族裔聚居郊区中不同背景的华人肖像，以此展现出多族裔聚居郊区中华人群体的各样经历。

最后一章再次探讨本书的主要发现及其在圣盖博谷华人多族裔聚居郊区的含义，随后对其他地区的多族裔聚居郊区进行简要的描述。本章总结回顾美国社会和某些特定地区所面临的机遇与挑战，这些机遇与挑战是在少数族裔郊区聚居区、移民权益与挑战以及城市种族/族裔的大背景下所形成的。

一、新型美国城市少数族裔社区

多族裔聚居郊区是由少数族裔人士所创建。通过全球地缘政治与经济力量、美国国家政策与当地的人口以及社会经济和政治变化等因素相结合，多族裔聚居郊区已成为新兴和重要的郊区少数族裔社区类别。

多族裔聚居郊区在很多方面与传统少数族裔聚居区（如贫民窟和民族飞地）截然不同。他们位于郊区而非城市中心，占据更大的地域范围、吸引丰富多样的少数族裔人口，并且相比贫民窟和民族飞地有较低的少数族裔人口密度。多族裔聚居郊区的形成机制亦与其他两类社区迥然不同。尽管多族裔聚居郊区和当代民族飞地均受大趋势的影响，比如经济转型和社会极化，但上述趋势对这两种类型的族裔社区的影响却各不相同。多族裔聚居郊区精心地运用各类大背景的影响进而广泛参与到新全球化经济和人员流动过程中，而传统民族飞地内部的变化则往往是上述社会和经济结构调整的被动响应。多族裔聚居郊区中的经济活动和业务往来是作为全球经济的组成部分而刻意地建立起来；而传统民族飞地在历史上和现实中吸收海外投资主要是因为他们现存的民族企业业务或是其市区范围内的区位常被用以吸引外国投资和城市更新。传统的民族飞地诸如洛杉矶的华埠不可能期待有像圣盖博谷多族裔聚居郊区的发展速度、相匹配的规模或是其在全球经济（特别是国际资本流动）中所发挥的作用。因为这些不同的动态变化，多族裔聚居郊区居民比传统贫民窟和民族飞地居民的经济地位和职业结构分化更为明显。百万富翁和身无分文的人共同构成了当代移民大潮，这两类人都在多族裔聚居郊区落户，但他们在经济和社区事务中却扮演各自不同的角色。

在多族裔聚居郊区，种族和种族化过程与其在传统贫民窟和民族飞地的表现亦不相同。在多族裔聚居郊区出现和生长过程中，由于现有居民及企业和少数族裔新来者之间竞争加剧，后者"侵入"美国白人的传统领地——城市郊区，种族化的机制得到进一步强化。在多族裔聚居郊区中的少数族裔与其他族群有着更多的互动，同时也通过建立多族裔聚居郊区本身继续体现其族裔的亲和性。尽管少数族裔内部存在阶级差异和冲突，共同的挑战与所面临的问题仍往往使这些新居民团结一心，维护自己的权益并强化其族群意识和身份认同。

华人移民在美国社会历史上曾经是最被种族化的少数族裔群体之一。由于受到经济、法律和社会的多重约束，他们群聚而居形成华埠，并从事不直接与美国白人竞争的行业。20世纪60年代初华人开始郊区化。然而与传统模型所预测不同的是洛杉矶的华人郊区化并未形成完整的空间同化，也不只是富裕阶层华人搬迁到郊区。相反华人社区经历了空间转型的过程。市中心华埠依然存在，但以华人人口高度集中、社会经济状况对比强烈、华人商业和工业区扩展以及华人高度参与本地政治为特征的郊区社区出现并发展。

圣盖博谷多族裔聚居郊区越过传统的自城市传统民族飞地逐步搬迁到郊区的多步迁移模式。多族裔聚居郊区沿北面的十号州际公路和南面的加州六十号公路向东扩展（图2-2）。其初始起点——蒙特利公园首先经历了华人移民的大举迁入而后是华人企业的迁入。在其他华人聚居地区，诸如东圣盖博谷社区哈仙达岗和罗兰岗，某些关键华人企业和机构通过建立重要商业和宗教机构推动华人聚居，从而刺激了东圣盖博谷多族裔聚居郊区的发展壮大。

取决于华人经济的规模大小、类型和功能，其不仅在多族裔聚居郊区的社会经济结构中发挥着重要作用，还对洛杉矶地区在美国和全球经济中的作用产生巨大的影响。通过其商业交易、资金流通以及企业家和劳动者人员流动，多族裔聚居郊区扮演着全球的经济前哨站的角色。

圣盖博谷多族裔聚居郊区并不是一个单一均质的社区。基于来源国的显著的社会经济差异存在其中，来自香港和台湾的移民大多受过良好教育、英语讲得好、从事白领工作并有较高的收入；而那些从东南亚国家来的移民则位于另一个极端，中国大陆移民的社会经济状况介于两者之间。这些社会经济差异通过美国城市房屋市场变化初现端倪，并且在本地社区有着不同的区位表现，从而使多族裔聚居郊区犹如城市马赛克。富裕华人在阿卡迪亚和圣马力诺等高档住宅区与美国白人为邻，而清贫的移民与主要为劳工阶层或中产阶层的拉丁裔混居于埃尔蒙特和南埃尔蒙特。

在贫民窟和民族飞地中，传统上极少数精英掌控着社会生

第八章 多族裔聚居郊区的机遇与挑战 213

活和经济活动,目前则与新近崛起的专业组织争夺飞地的领导地位;相比较而言多族裔聚居郊区内的社会层次结构更为复杂。无人声称能够掌控整个多族裔社区,但任何个人或组织可能为社会变革起到潜在的重要作用。这从另一个方面证明了多族裔聚居郊区是一种新型的少数族裔社区。

多族裔聚居郊区的未来取决于当地华裔美国人难以掌控的许多因素。只要全球化继续产生移民流入以及华人族裔经济仍在全球化的美国经济之中,圣盖博谷多族裔聚居郊区就将维持繁荣。因此如图 2-2 所示,20 世纪 90 年代的东向发展很可能会在 21 世纪继续下去。然而多族裔聚居郊区的发展可能面临其扩张的限制。圣盖博山脉阻止其向北扩展,而市区、东洛杉矶和西部也已饱和。东边的波莫纳和圣伯那迪诺不太富裕,缺乏富有华人所青睐的优良居民区和学区。但这些内陆地区的便宜土地价格可能吸引精明的华人投资者建立华裔经济活动的新中心。圣盖博谷之外的多族裔聚居郊区已经以蛙跳式发展的模式向外拓展,并有可能进一步扩大到洛杉矶县阿蒂西亚(Artesia)、塞里托斯(Cerritos)以及橙县欧文(Irvine)等地区。这些地区种族混合而且已聚集有很多亚裔商户,为多族裔聚居郊区进一步发展形成核心。此外,南加州白热化竞争的结果致使一些华人华商向北迁入旧金山湾区,向东迁往凤凰城地区,或迁移至美国各大都市地区。

二、其他北美城市中的多族裔聚居郊区

多族裔聚居郊区形成机制不只发生在洛杉矶甚至不只是美国。事实上,类似的郊区高密度少数族裔人口经济聚居区也在其他主要北美大都市区与其他太平洋沿岸主要移民接收国出现,如澳大利亚和新西兰(Li,2006)。尽管多族裔聚居郊区模型是基于美国洛杉矶华人社区提出的,它在其他地区亦有发生。本节分别描述美国和加拿大两个大都市区多族裔聚居郊区发展的实例。[1] 对其他一些地区的研究如火如荼,媒体亦广泛报道不同的大都市地区各种族裔的类似情形。研究案例包括华人在休斯顿、旧金山湾区、多伦多和温哥华;华人、韩裔和印度裔在纽约-新泽西郊区以及越南裔在北弗吉尼亚。[2]

此外,多族裔聚居郊区本身可以在不同地点以不同形式出现。多族裔聚居郊区和其他类型的少数族裔社区犹如一个连续体。一些社区可能还是不成熟的多族裔聚居郊区,其功能介于传统民族飞地和多族裔聚居郊区之间。其他一些则可能会介于典型的多族裔聚居郊区和传统郊区之间,可以籍此发展多族裔聚居郊区类型体系以区分各具特点、不同形式的少数族裔社区。

(一)美国城市中的多族裔聚居郊区

"亚裔美国人郊区化的最佳例证是洛杉矶、旧金山和纽约

周边地区"（Fong，1998，46-47 页）。纽约和旧金山湾区的华人比洛杉矶地区还多：2000 年在洛杉矶为 477 075 人，纽约 537 293 人，而湾区为 518 107 人。华人占纽约人口总数的 2.5%、洛杉矶的 2.9% 和旧金山-奥克兰-圣何塞综合都市统计区的 7.4%。[3]

与洛杉矶类似，旧金山和纽约的华埠都可以回溯到 19 世纪。与洛杉矶不同的是他们的华埠仍住有大量华人移民，包括很多新移民，这使华埠民族商业活动重新焕发新的活力，并成为所在城市的主要旅游景点。[4] 与圣盖博谷相同，上述两个地区也有华人郊区聚居区，其中包括大量直接来此定居的新移民。

纽约地区 2000 年有近 14 万华人居住在皇后县，这使其成为继洛杉矶县和旧金山县之后全美第三大华人人口县。纽约华人集中在法拉盛及艾姆赫斯特-科罗娜（Elmhurst-Corona）地区。尽管作为纽约市的城镇之一，皇后县并不是真正意义上的郊区，华人移民绕过曼哈顿华埠直接来此定居仍然显示华人向外围移居的趋势。华人居民和企业沿 7 号地铁线的聚集增长造成该线路获得"东方快车"的绰号。华资银行、房地产经纪人和商业机构在吸引更多少数族裔居民和企业到皇后县发挥了重要的作用。法拉盛市中心一些华裔、华商购置了沿主街的几乎所有商户门面，振兴业已萧条的商业区。与此同时，华人房地产经纪人促进华人在法拉盛市中心地区聚居（银行访谈，199918 号；Smith，1995）。这些新的聚居区被学者和当地人称为"卫星华埠"。不过新的学术观点提出质疑——这些社区是否是曼哈顿华埠的克隆,其区别仅是规模和位置;亦或是他们代表一种与老华埠形成鲜明对比的过渡形式的少数族裔社区。陈(H. Chen)所著于1992年出版的《华埠不再》一书得出类似于本书的结论。作者指出"'法拉盛是新华埠'这种常见定型的观念并不妥当,也不能完全描述生活在法拉盛及艾姆赫斯特-科罗娜(Elmhurst-Corona)族裔混合街区的皇后区华人社区"。

全球华人称之为"三藩"的旧金山有美国建立最早和规模最大的华埠。2000年华人和其他亚裔美国人占华埠总人口的61.3%,仍然是美国大陆华人比例最高的城市。[5] 旧金山湾以东的奥克兰也有老华埠,最近正在振兴之中。在五六十年代亚裔美国人开始搬迁到湾区的其他地区,包括半岛、东湾、南湾,以谋求更好的工作机会和新的有所提高的生活环境。许多早期的郊区居民是出生在美国的华人。当位于南湾的圣塔克拉拉谷(以前被叫做"欢喜心谷")变成硅谷成为美国高科技行业的中心时,它吸引了更多的亚洲移民(包括华人)来此工作及定居。正如此地从出产李子到生产苹果电脑,圣塔克拉拉谷里的居民也已从"百合白"白人人口转变为彩虹般多彩的多族裔人口。至2000年,115 781名华人住在圣塔克拉拉县,比1990年增加了75.6%。这些华人多为企业家、管理人员、工程师和专业人员,但也有从事高科技行业的廉价劳动者。他们到此的主要目的是为了工作,但在之后到来的是投亲移民。其人数之多使硅谷的集成电路(Integrated Circuit)产业获得绰号为"印度和中国"工业(Saxenian,1999,v页)。华人和其他亚裔美国人促使一些硅谷城市由郊区卧城转变为兼具多种族邻里的高科技聚居区,比如库比蒂诺、弗里蒙、苗比达、山景、圣塔克拉拉和桑尼维尔。亚裔美国人聚居于此,尤其是在库比蒂诺和弗里蒙,主要因其有优质的学校所致。加州最好的两所高中蒙塔维斯塔(Monta Vista)和米慎圣何塞(Mission San Jose)位于库比蒂诺和弗里蒙。华人居民和企业在这些城市的相对集中对大型购物中心和当地商业景观烙下明显的印记。这些企业从华资银行的分行、连锁超市,到面包坊和珠宝首饰店大多为华人客户服务。人口约 50 500 的库比蒂诺一市就有三家华人超市。在硅谷有些大型亚洲主题商场由华人企业主导,如库比蒂诺村和苗比达广场,两者都是部分由亚裔美国人资助开发,并依托大华超市为主的商家(Akizuki,1999;W Li and Park,2006)。

在传统的华埠,洛杉矶型多族裔聚居郊区和缺乏少数族裔特质的郊区等各种形式的少数族裔社区中,我们发现两种过渡类型——皇后县风格的"多族裔城区"和硅谷的"技术型多族裔聚居郊区"。多族裔城区虽然从技术上讲并不位于郊区,具有很多内城区的特性如高层建筑和拥挤的商业街,不过其发展路径与多族裔聚居郊区相同。[6] 另一方面,技术多族裔聚居郊区是高科技中心和多种族邻里的组合。这些迥异的少数族裔社区类型为比较研究提供完整的全方位的素材。

(二)加拿大城市中的多族裔聚居郊区

被称为 MTV 的蒙特利尔、多伦多和温哥华是加拿大最大的三个都会区并继续作为移民门户城市,[7]特别是多伦多和温哥华,那里的华埠规模大,历史悠久。当地的华埠仍然是活跃的少数族裔居民区、商业区同时也是吸引游客的旅游景点。不过,最近少数族裔住宅及商业区空间格局主要由其在郊区的发展所决定。

多伦多的华埠仍然是加拿大乃至北美地区最大的。但近十年来,多伦多的华人居民主要居住在郊区。1996年在大多伦多的338 265名华人居民中,只有18%仍住在多伦多市,其近郊的东约克、怡陶碧谷、北约克、士嘉堡和约克占大多伦多区华人人口总数的47%。[8]远郊的万锦市、密西沙加市和列治文山市,占剩余的35%。华人人口分别占高档社区集中的城市万锦市和列治文山市人口总数的20%和25%。华人企业也显示出在郊区形成新的聚集。1994年三大地带(多伦多市、近郊和远郊)分别拥有大多伦多区华人企业的34.2%、44.6%和21.1%。此外,华人经济在多伦多也经历了结构性的转变,从以餐饮杂货占主导变为各类消费者服务行业均有所涉及,其商业区位也已经从未经规划的零售地带转向规划建设的购物中心。在这一转变中郊区再次成为受欢迎的区位。1996年多伦多市在大多伦多地区所有华人购物中心中只有2家,近郊则有30家,而远郊也有20家,其中士嘉堡(27家)和列治文山(11家)在各自地带中领跑。

与洛杉矶相似,多伦多的华人也沿着来源国家或地区发生社会经济阶层分化,同时体现在住宅模式上。香港移民曾是多伦多最大的华人组群,他们受过良好教育并具有较强的工作技能，他们主要集中在万锦和列治文山高档远郊区城市社区。上述两个城市的香港华人聚居很容易解释两地香港式高档商场的存在。台湾移民集中在北约克的东北部，其聚居可以归因于该地优秀的公立学校。这个地段也是高档住宅区，表明这些台湾移民的富有。另一方面，根据1996年人口普查中国大陆移民主要集中在市中心华埠，包括以什帕迪纳大道与登打士街交叉口为中心的华埠和东面的老华埠。不过在过去的十年中，该地的中国大陆移民搬到郊区居住的也越来越多（Lo，2006）。

作为加拿大通往亚太地区的门户，西海岸的温哥华是加拿大最大的移民入境口岸之一。随着全球化带动移民的增加，加之温哥华温和的气候以及悠久的跨洋国际贸易传统，与东部城市相比温哥华距亚洲的实际和心理距离更短，这使在此定居的亚洲移民更有家的感觉。在过去的20年中加拿大政府比美国政府更加积极招揽商务/投资类型的移民。温哥华富有的商务移民比例极高。1996年这类移民中55%表示愿在温哥华居住，相比之下多伦多只有16.8%，而蒙特利尔为20.7%。

许多聚居在温哥华的香港华人移民是在香港回归中国前夕时移居加拿大的。这些从中产阶层到富裕家庭的香港移民大多拥有和居住在位于郊区的房子。B.K.雷（B. K. Ray）和他的同事们在谈到郊区的列治文时指出，"在多伦多北部郊区，经常可见少数族裔移民居住在高层（租赁）住宅，而周围则是加拿大白人和白人移民所拥有的独立住宅，列治文的居住模式几乎与之相反"（Ray、Halseth and Hohnson，1997，92页）。其中一个因素是香港商界大佬的儿子维克托·李积极参与发展建设列治文市的公寓并在香港进行营销。这些房产有助于华人在这个郊区社区中聚集。维克托的父亲李嘉诚和他的商业伙伴在20世纪80年代购买约占温哥华市中心1/6面积的前世博会用地。香港富裕华人经济实力的彰显导致了一些加拿大人厌港情绪的增加。有些夸大其实的绰号"香哥华"(Honcouver)意味着来自香港的财富正在"占领"这座城市。

在温哥华地区很多富裕香港家庭购买并拆毁独立住宅,然后建成几乎占据整个地段的巨型豪宅。如在美国洛杉矶的阿卡迪亚和圣马力诺,公众抗议谴责这些被称为"怪物房屋"的住宅。在硅谷,类似的房屋因其地中海式建筑风格和色彩被称为"粉红宫殿"或"粉红大象"。[9] 华人家庭拥有大房子的现象常见于多座城市并造成了不同的地方反应,从公开聆讯到市议会制定相关法规。

少数族裔郊区聚居的现象不仅只在上述讨论的城市中存在。罗伯·帕柔(Rob Paral,2000)的一项研究指出大量不同族裔背景的移民越过市中心街区直接在芝加哥郊区定居。美国的另一大亚洲商城——休斯敦西南郊区的"时代广场"是由在洛杉矶建造全统广场的同一家公司修建并参照了加州的原型。许多知名加州华人企业在时代广场开设连锁店或专卖店,其中包括大华超市、北海渔村、DD咖啡厅和新洋音乐世界(《中国日报》,1996年12月14日)。需要更多的学术研究以了解这些商业开发是如何将移民的人力和财力资源引入移民接收国的,面临的挑战将是所有人保持平等和共同繁荣。多族裔聚居郊区的经验可以从中揭示北美各大主要城市的郊区转型过程。

三、多族裔聚居郊区：机遇与挑战

圣盖博谷华人多族裔聚居郊区作为一种新型少数族裔聚居区的出现，它涉及种族与阶级在国际/国家和地方政治、社会条件、文化遗产、经济结构转变、人口构成变化的相互作用。多族裔聚居郊区建立的过程会导致迅速变化、种族间的冲突和跨种族的合作。

多族裔聚居郊区为少数族裔人士提供了前所未有的机遇，他们的经济实力可以在全球化的主流经济中发挥重要作用，同时他们可以在种族混合的街区和社区行使其政治权利。多族裔聚居郊区还为主流社会其他族裔的长期居民打开了一扇观察和体验其他种族文化和传统的窗口。多族裔聚居郊区的建立导致不同族裔的当地居民一起生活、工作并相互融合形成一个功能社区，同时各族裔还保持其传统并发展族裔认同感。多族裔聚居郊区作为全球前哨站的经济本质也使得地方民族经济更好地融入主流经济事务，有机会利用移民的技能和资源，在经济衰退期间采取替代战略加强其在全球化经济中的地位。

多族裔聚居郊区的形成和发展也将产生出新的挑战。多族裔聚居郊区因某些特定区域的大规模结构性变化与当地的条件的改变而出现，它会迅速地改变美国郊区的景观、人口结构、商业行为和社会关系。由于缺乏州、联邦层面的相关政策，多族裔聚居郊区所在的地方往往需要独自应对这些变化。国家层面的政策制定者通常没有预见到立法对特定地区的影响，因此在无意中造成地方性的问题。正如本书已揭示的各次移民潮与美国移民政策变化和国际地缘政治改变之间密切相关，这些变化直接或间接地与美国外交政策相联系。国家外交政策的制定倾向于只考虑美国战略利益，而不是对其他国家的居民或美国社区本身的影响。这在政策执行中所产生的难民或寻求庇护者的情形中尤为明显，来自东南亚国家的难民潮是很好的例子。东南亚难民虽然最初分散居住，但通过二次迁移逐渐聚集在休斯顿、橙县、圣何塞和圣盖博谷等几个地点。他们中的很多人没有做好在美国生活的准备，因此只能找到低工资的体力劳动类的工作并生活在贫困之中。他们的问题反过来又影响到他们所定居的当地社区。

但是很多的新移民希望学习英语并融入他们视为异己的社会（正如他们被美国社会视为异己）。这种良好意愿值得鼓励，政府和私营部门理应提供更多帮助。为保证其更平稳、更快速地转化融入美国社会，我们应该深刻审视移民社区所面临的挑战，包括文化适应、社会福利、移民权益及商业发展等挑战。不过这些问题往往留给各地方自己处理，造成地方政府和基层机构的巨大压力。

本土主义是多族裔聚居郊区面临的另一个挑战。本土主义在美国根深蒂固并依经济周期而波动。每当经济蓬勃发展，劳动力需求激增，工作机会增多，人们对移民倾向于更加"宽容"。通常在经济繁荣期，民众会对政府施压，让其制定法律、施行政策积极地招募外国劳工以缓解易被感知到的劳动力短缺。在今天迅速全球化的劳动力市场中，正如不断增长的 H1-B 签证需求所显示的，劳动力招聘更加集中于高科技专家和工人。这将会导致受过良好教育和专业培训的移民大量涌入，他们与过去的低技术、低教育程度移民属于完全不同的类型。在经济衰退和初期经济恢复阶段情况正好相反。移民更有可能变成容易攻击目标和替罪羊，他们被控夺走"真正"美国人的工作机会。在这些反移民浪潮期间，作为一个整体移民被描绘成低学历、低技术的工人，他们一心想充分利用甚至是滥用美国社会福利制度。这种负面描述经常成为福利改革计划、英文作为"官方"语言以及如何处置非法移民等讨论的起因。

此外，美国的历史已经证明经济因素并不是攻击移民的唯一依据。圣盖博谷多族裔聚居郊区的很多华人移民既不穷、不少受教育，也没有夺走非华人的工作。恰恰相反，很多华人移民都受过良好的教育，比在美国出生的人均经济状况更好，并且他们的经济活动和资源还创造出就业机会。其结果是在 20 世纪 90 年代初的经济衰退中，圣盖博谷在洛杉矶县地区失业率最低，地方经济最为健康。在这种情况下多族裔聚居郊区华人成为被攻击的目标是出于不同原因：他们"闯入"白人领地并未遵循白人长期居民所预期的、彻底同化后的行为准则。这种本土主义态度已转化为针对华人的种族化行动。

很多其他族裔背景的居民声称他们不喜欢华人新移民是因为他们的文化习俗。这种反应令人提出一系列的疑问：即什么样的人有资格做"美国人"？新移民（不论贫富）都被认为不适合在美国生活并因此禁止他们的全部权利和公民义务吗？文化差异或对主流美国生活方式缺乏了解从来都不应该作为公民身份的基础。相反，主流社会需要能够容忍这种差异，当其不可行时（例如触犯美国法律的做法）必须以教育为主，解决冲突使移民充分融入美国社会。在另一个层面，所有移民（不论贫富、劳动者或投资者、不同受教育程度）应该永远视其为"被容忍"的对象，而被容忍的程度因经济周期和不确定的政治环境而发生改变吗？或者美国人也应该完全拥抱和庆贺移民所带来的多样性，同时也应对因其带来的挑战，这些挑战包括社会的快速变化、人口结构的转变、经济的转型、社会整合以及政治参与？这些问题在全美范围十分重要，但在变化速度更快、规模更大的城市及郊区则更为紧迫。必须寻求自上而下和自下而上相结合的解决之道。

　　对移民的非难经常忽略移民其实是成份复杂的异质性群体。他们以不同的方式，诸如通过其金融投资、创造就业机会、技术创新以及劳动力方面对美国经济作出各自的贡献。他们还通过其多样化的文化，带来多种有价值的文化遗产与传统对美国社会作出贡献。移民和他们的后代已经作出、正在作出或是将要作出的贡献使美国成为世界最伟大的国家之一。来自世界各地移民的实体存在为美国人提供第一手的观察与理解全球化的世界多元文化与遗产的机会，并加强了美国与全世界的跨国关系。不但公众应该了解移民的作用，政策制定者尤其更应对新移民的贡献和挑战有敏锐体察并接受这方面的教育。我们必须了解变化中的少数族裔民族态度、行为和文化，评估少数族裔社区的贡献和挑战，并探索郊区少数族裔聚居对美国社会的意义。

美国是一个多族裔的社会。在美国城市以及整个国家不断升级的种族和阶级的紧张局势与冲突威胁到美国长期保有的开放民主国家的形象，它为许多人提供机会来此寻找自由、机遇和繁荣。

注　释

1. 本节主要描述 20 世纪 90 年代中期与圣盖博谷同期发展的其他四个大都市的多族裔聚居郊区现象。有关近十年来更多详细信息，请分别查看：纽约-Smith and Logan，2006；硅谷-Li and Park，2006；多伦多-Lo，2006；温哥华-Edgington et al.，2006。
2. Akizuki，1999；《中国日报》，1996 年 12 月 14 日；Chung，1993；Hiebert，1999；Lo and Wang，1998；Wood，1997。
3. 根据 2000 年人口普查 SF2 计算得出。这三个地区的地理单元是"综合城市统计区"，其中包括多个县。
4. Light，1996；Lin，1998；B. P. Wong，1998，2005；M. Zhou，1992。
5. 根据 2000 年人口普查 SF2 计算得出。
6. "多族裔城区"（ethnopolis）一词首次正式出现于 Laguerre，2000。但劳拉·李早在十几年前便建议笔者用这个词来描述在纽约的法拉盛或是旧金山的里士满区。
7. 该节对加拿大的城市的概述主要基于以下来源：加拿大公民和移民局（CIC），1999，事实与数字：移民概述，C & I-291-06-99E；Hiebert et al.，1998；Lo and Wang，1998；M. Luk Chiu，"多伦多华人社区"（www.ccilm.com/english/features/demograph_e.asp）和"多伦多的三个华人移民组群"（www.ccilm.com/english/features/immigrant_e.asp）；Mitchell，2004；Ray、Halseth and Hohnson，1997；S. G.

Wang，1999。

8. 从 1998 年 1 月 1 日起，多伦多普查都市区（CMA）的五个内郊市镇加入多伦多形成新的大多伦多市。
9. 有关温哥华请参阅 Ley，1995 和 P. S. Li，1994；作者在库比蒂诺的 2 和 14 号访谈。

参 考 文 献

Adams, J. S. et al. 1973. Interurban migration. Commentary. *Annals of the Association of American Geographers* 63:152–156.

Adjei-Barwuah, B., and H. M. Rose. 1972. Some comparative aspects of the west African Zongo and the black American ghetto. In *Geography of the ghetto: Perceptions, problems, and alternatives*, ed. H. M. Rose, 257–273. DeKalb, IL: Northern Illinois University Press.

Akizuki, D. 1999. Taiwan ties: Immigrants transform Fremont. *San Jose Mercury News*, August 1, 1A.

Alba, R. E. 1985a. *Italian Americans: Into the twilight of ethnicity*. Englewood Cliffs, NJ: Prentice-Hall, Inc.

———. 1985b. *Ethnicity and race in the U.S.A. Toward the twenty-first century*. London: Routledge and Kegan Paul.

———. 1992. Ethnicity. In *Encyclopedia of sociology*, eds. F. Edgar and M. L. Borgatta, vol. 2, 575–584. New York: Macmillan.

Aldrich, H. 1975. Ecological succession in racially changing neighborhoods: A review of the literature. *Urban Affairs Quarterly* 10:327–348.

Allen, J. P., and E. J. Turner. 1989. The most ethnically diverse places in the United States. *Urban Geography* 10 (1989): 523–539.

———. 1996. Ethnic diversity and segregation in the new Los Angeles. In *EthniCity: Geographic perspectives on ethnic change in modern cities*, eds. C. Roseman et al., 1–29. Lanham, MD: Rowman & Littlefield Publishers, Inc.

———. 2002. *Changing faces, changing places: Mapping Southern Californians*. Northridge, CA: California State University, Northridge.

Almaguer, T. 1994. *Racial fault lines: The historical origins of white supremacy in California*. Berkeley, CA: University of California Press.

Anderson, K. J. 1987. The idea of Chinatown: The power of place and institutional practice in the making of a racial category. *Annals of the Association of American Geographers* 77:580–598.

———. 1988. Cultural hegemony and the race-definition process in Chinatown. *Environment and Planning D: Society and Space* 6:127–149.

———1991. *Vancouver's Chinatown: Racial discourse in Canada, 1875–1980*, Montreal, ON: McGill-Queen's University Press.
Arax, M. 1987. Nation's 1st suburban Chinatown. *Los Angeles Times*, April 6.
Asia System Media. 1983. *Chinese Yellow Pages*. Monterey Park, CA.
Barrera, M. 1979. *Race and class in the Southwest: A theory of racial inequality*. Notre Dame, IN: University of Notre Dame Press.
Barron, D. 1991. *Reflections 1916–1991: Monterey Park's past, present and future*. City of Monterey Park, CA.
Basch, L., N. Glick Schiller, and C. Blanc-Szanton. 1994. *Nations unbound: Transnational projects, postcolonial predicaments, and deterritorialized nation-states*. Amsterdam: Gordon and Breach Science Publishers SA.
Beauregard, R. A. 1989. Urban restructuring in comparative perspective. In *Atop the urban hierarchy*, ed. R. A. Beauregard, 239–274. Totowa, NJ: Rowman & Littlefield Publishers, Inc.
Bluestone, B., and B. Harrison. 1982. *The great U-turn: Deindustrialization of America*. New York: Basic Books.
Bonacich, E., E. H. Light, and C. C. Wong. 1977. Koreans in business. *Society* 14:54–59.
Bonacich, E., and J. Modell. 1980. *The economic basis of ethnic solidarity: Small business in the Japanese American community*. Berkeley, CA: University of California Press.
Bonnett, A. 1997. Geography, "race" and whiteness: Invisible traditions and current challenges. *Area* 29:193–199.
Boudreau, J. 2008. Taiwanese in Bay Area return to island for closely fought presidential election. *San Jose Mercury News*, March 30. Accessed March 21, 2008 from http://www.mercurynews.com/news/ci_8635209?nclick_check=1
Brownstone, D. M. 1988. *The Chinese-American heritage*. New York: Facts on File.
Buddhist Light International Association. 1996. *Buddhist Lights Century*. Hacienda Heights, CA, January 16, 1996.
Cater, J., and T. Jones. 1987. Asian ethnicity, home-ownership and social reproduction. In *Race and Racism: Essays in social geography*, ed. P. Jackson, 190–211. London: Allen & Unwin.
Chan, S. 1986. *This bitter-sweet soil: The Chinese in California agriculture, 1860–1910*. Berkeley, CA: University of California Press.
Chen, H. 1992. *Chinatown no more: Taiwan immigrants in contemporary New York*. Ithaca, NY: Cornell University Press.
Chen, W. H. C. 1952. Changing socio-cultural patterns of the Chinese community in Los Angeles. PhD diss. University of Southern California.
Cheng, L., and S. Cheng. 1984. Chinese women of Los Angeles: A social historical survey. In *Linking our lives: Chinese American women of Los Angeles*, ed. Asian American Studies Center & Chinese Historical Society of Southern California, 1–25. Los Angeles: Chinese Historical Society of Southern California.
Cheng, S., and M. Kwok. 1988. The golden years of Los Angeles Chinatown: The beginning. *Los Angeles Chinatown 50th year: The golden years, 1938–1988*, 39–41, 45, 47. Los Angeles, CA: Chinese Chamber of Commerce.

Chinese Historical Society of America. 1994. *The repeal and its legacy: Proceedings of the conference on the 50th anniversary of the repeal of the Exclusion Acts*. San Francisco.

Chinese Yellow Pages, see Asia System Media.

Chiu, M. Luk. 1996. The Chinese community in Toronto. www.ccilm.com/english/features/demograph_e.asp

———. 1996. The three Chinese immigrant sub-groups in Toronto. http://www.ccilm.com/english/features/immigrant_e.asp. Accessed January 10, 2002.

Chou. 1996. Opinion. *Los Angeles Times*, September 28.

Chow, W. T. 1977. *The reemergence of an inner city: The pivot of Chinese settlement in the East Bay region of the San Francisco Bay area*. San Francisco: R & E Research Associates, Inc.

Citizenship and Immigration Canada. 1999. *Facts and figures: Immigration overview*. C&I-291-06-99E Ottawa, ON: CIC.

Clark, W. A. V. 1972. Patterns of black intraurban mobility and restricted relocation opportunities. In *Geography of the ghetto: Perceptions, problems, and alternatives*, eds. H. M. Rose and H. McConnell, 111-126. DeKalb, IL: Northern Illinois University Press.

Clarke, C., D. Ley, and C. Peach. 1984. *Geography and ethnic pluralism*. London: George Allen & Unwin.

Cohen, R. 1978. Ethnicity: Problem and focus in Anthropology. *Annual Review of Anthropology* 7:379-403.

Community Redevelopment Agency. 1985. *Official statement relating to Chinatown Redevelopment Project*. Los Angeles, CA: CRA.

Daniels, R. 1988. *Asian America Chinese and Japanese in the United States since 1850*. Seattle, WA: University of Washington Press.

Davis, M. 1992. Chinatown, revisited? The "internationalization" of downtown Los Angeles. In *Sex, death and God in L.A.*, ed. D. Reid, 19-53. New York: Random House, Inc.

Dear, M. J. 1991. Taking Los Angeles seriously: Time and space in the postmodern city. *Architecture California* 13:36-42.

———, ed. 1996. *Atlas of Southern California*. Southern California Study Center. Los Angeles, CA: University of Southern California.

Defalla, P. M. 1960. Lantern in the western sky. *Historical Society of Southern California* 42:57-88.

Deng, H. 1995. The formation of "New Little Taipei" in east San Gabriel Valley. *Chinese Daily News*, February 13, 1995, B15.

Dunn, K. 2005. A paradigm of transnationalism for migration studies. *New Zealand Population Review* 31:15-31.

Dymski, G. A., and J. M. Vietich. 1996a. Financing the future in Los Angeles: From depression to 21st century. In *Rethinking Los Angeles*, eds. M. J. Dear, H. E. Schockman, and G. Hise, 35-55. Thousand Oaks, CA: SAGE Publications, Inc.

———. 1996b. Financial transformation and the metropolis: Booms, busts, and banking in Los Angeles. *Environment and Planning A*. 287 (July 1996): 1233-1260.

Edgington, D. W., M. A. Goldberg, and T. A. Hutton. 2006. Hong Kong business, money, and migration in Vancouver, Canada. In *From urban enclave to ethnic suburb: New Asian communities in Pacific Rim countries*, ed. Wei Li, 155–183. Honolulu, HI: University of Hawai'i Press.

Ernst, R. T. 1976. Growth, development, and isolation of an all-black city: Kinlock, Missouri. In *Black America geographic perspectives*, eds. R. T. Ernst and L. Hugg, 368–388. Garden City, NY: Anchor Press.

Espiritu, Y. L. 1992. *Asian American panethnicity: Bridging institutions and identities*. Philadelphia, PA: Temple University Press.

Farley, J. E. 1986. Segregated city, segregated suburbs: To what extent are they products of black-white socioeconomic differentials? *Urban Geography* 7:164–171.

Feason, Joe R., and Clairece B. Feason. 1994. Theoretical perspectives in race and ethnic relations. In *Race and Ethnic Conflict*, eds. F. L. Pincus and H. J. Ehrlich, 41–59. Boulder, CO: Westview Press.

Ferguson, C. 1942. Political problems and activities of Oriental residents in Los Angeles and vicinity. MA thesis, University of California Los Angeles.

Fernald, P. 2000. New Gold Mountain: Contrasts in Chinese migration and settlement patterns in Australia. MA thesis, University of Connecticut.

Flanigan, J. 1998. Crisis management: Small banks see opportunity in Southern California's new economy. *Los Angeles Times*, July 22, 1998, D1, D6.

Fong, Timothy. 1994. *The first suburban Chinatown: The remaking of Monterey Park, California*. Philadelphia, PA: Temple University Press.

———. 1996. Transnational newspapers: The making of the post-1965 globalized/localized San Gabriel Valley Chinese community. *Amerasia Journal* 22, no. 3:65–77.

———. 1998. *The contemporary Asian American experience: Beyond the model minority*. Upper Saddle River, NJ: Prentice Hall.

Gans, H. J. 1979. Symbolic ethnicity: The future of ethnic groups and cultures in America. *Ethnic and Racial Studies* 2:1–19.

Garreau, J. 1992. *Edge City: Life on the new frontier*. New York: Doubleday

Gilley, B. 1998. Buyers' market. *Far East Economic Review*, August 27.

Gleason, P. 1992. *Speaking of diversity: Language and ethnicity in twentieth-century America*. Baltimore, MD: Johns Hopkins University Press.

Glick Schiller, N., L. Basch, and C. Blanc–Szanton. 1992. *Towards a transnational perspective on migration: Race, class, ethnicity, and nationalism reconsidered*. New York: The New York Academy of Sciences.

———. 1995. From immigrant to transmigrant: Theorizing transnational migration. *Anthropological Quarterly* 68, no.1:48–63.

Golden, Tim, and Jeff Gerth. 1999. China sent cash to U.S. Bank, with suspicions slow to rise. *New York Times*, A1 May 12.

Gordon, M. M. 1964. *Assimilation in American life: The role of race, religion, and national origins*. New York: Oxford University Press.

Grayson, G. W. 1995. *The North American Free Trade Agreement: Regional community and the new world order*. Lanham, MD: University Press of America.

Hamilton, D. 1997. 99 and counting. *Los Angeles Times*, April 27.
Handelman, D. 1977. The organization of ethnicity. *Ethnic Groups* 1:187–200.
Harvey, David. 1972. Revolutionary and counter-revolutionary theory in geography and the problem of ghetto formation. In *Geography of the ghetto: Perceptions, problems, and alternatives*, eds. H. M. Rose and H. McConnell, 1–26. DeKalb, IL: Northern Illinois University Press.
Hiebert, D. 1993. Jewish immigrants and the garment industry of Toronto, 1901–1931: A study of ethnic and class relations. *Annals of the Association of American Geographer* 83, no. 2:243–271.
——— et al. 1999. Immigration and the changing social geography of greater Vancouver. *BC Studies* 121:35–82.
Hing, B. O. 1994. Reflections on exclusion: We punish boat people. In *The repeal and its legacy: Proceedings of the conference on the 50th anniversary of the repeal of the Exclusion Acts*, 16–18. San Francisco, CA, Chinese Historical Society of America.
Hollinger, D. A. 1995. *Postethnic America: Beyond multiculturalism*. New York: Basic Books.
Hom, B. M., and L. Fong. 1988. Los Angeles Chinatown 1958–1968. In *Los Angeles Chinatown 50th year: The golden years 1938–1988*, 51, 55. Los Angeles: Chinese Chamber of Commerce.
Horton, J. 1995. *The politics of diversity: Immigration, resistance, and change in Monterey Park, California*. Philadelphia, PA: Temple University Press.
Hune, S. et al. 1991. *Asian Americans: Comparative and global perspectives*. Pullman, WA: Washington State University Press.
Hsu, M. Y. 2002. *Dreaming of gold, dreaming of home: Transnationalism and migration between the United States and South China 1882–1943*. Stanford, CA: Stanford University Press.
Hutchinson, E. P. 1981. *Legislative history of American immigration policy 1798–1965*. Philadelphia, PA: University of Pennsylvania Press.
Hwang, D. H. 1994a. The FENB Story. Mimeo (June).
———, 1994b. Biography of Henry Y. Hwang. Mimeo.
Hwang, S. S. et al. 1985. The effects of race and socioeconomic status on residential segregation in Texas, 1970–80. *Social Forces* 63:732–747.
Ignatiev, N. 1995. *How the Irish became white*. New York: Routledge and Kegan Paul.
Ip, D., C. Inglis, C. T. Wu, et al. 1997. Concepts of citizenship and identity among recent Asian immigrants in Australia. *Asian and Pacific Migration Journal* 63, no. 4:363–384.
Jackson, P. 1987. The idea of "race" and the geography of racism. In *Race and racism: Essays in social geography*, ed. P. Jackson, 3–18. London: Allen and Unwin.
Jacobson, M. F. 1998. *Whiteness of a different color: European immigrants and the alchemy of race*. Cambridge, MA: Harvard University Press.
Jakle, J. A., S. Brunn, and C. C. Roseman. 1976. *Human spatial behavior: A social geography*. North Scituate, MA: Duxbury Press.

Jakubs, J. F. 1986. Recent racial segregation in U.S. SMSAs. *Urban Geography* 7:146–163.
Jaret, C. 1991. Recent structural change and US urban ethnic minorities. *Journal of Urban Affairs* 13:307–336.
Johnston, R. J. 1994. Ghetto. In *The dictionary of human geography*, 3rd edition, eds. R. J. Johnston, Derek Gregory, and David M. Smith, 231. Oxford: Blackwell Publishers Ltd.
Kaplan, D. 1998. The spatial structure of ethnic economies. *Urban Geography* 19: 489–501.
King, H., and B. L. Francis. 1980. Chinese in the U.S.: A century of occupational transition. *International Migration Review* 14:15–24.
Klein, K. E. 1997. At home in America. *Los Angeles Times*, April 20.
Kotkin, J. 1991. The Chinese connection. *Los Angeles Times*, December 22.
Knapp, R. 1992. *Chinese landscapes: The village as place*. Honolulu, University of Hawai'i Press.
Kobayashi, A., and L. Peake. 2000. Racism out of place: Thoughts on whiteness and antiracist geography in the new millennium. *Annals of the Association of American Geographers* 90, no. 2:392–403.
Kwong, P. 1987. *The new Chinatown*. New York: Hill and Wang.
———. 1996. *The new Chinatown*. Revised ed. New York: Hill and Wang.
Laguerre, M. S. 2000. *The global ethnopolis: Chinatown, Japantown and Manilatown in American society*. New York: Palgrave Macmillan.
Lai, D. C. 1988. *Chinatowns: Towns within cities in Canada*. Vancouver, B.C.: University of British Columbia Press.
Lai, H. M. 1994. Unfinished business: The confession program. In *The repeal and its legacy: Proceedings of the conference on the 50th anniversary of the repeal of the Exclusion Acts*, 47–57. San Francisco, CA, Chinese Historical Society of America.
Lee, E. 2003. *At America's gates: Chinese immigration during the Exclusion Era, 1882–1943*. Chapel Hill, NC: University of North Carolina Press.
Lee, M. S. 1939. The recreational interests and participation of a selected group of Chinese boys and girls in Los Angeles, California. MA thesis. University of Southern California.
Leong, K. 1994. Gender, race and the Page Law. In *The repeal and its legacy: Proceedings of the conference on the 50th anniversary of the repeal of the Exclusion Acts*, 33–41. San Francisco: Chinese Historical Society of America.
Leung, C. K. 1993. Personal contacts, subcontracting linkages, and development in the Hong Kong–Zhujiang delta regions. *Annals of the Association of American Geographers* 83, no. 2:272–302.
Levin, J., and W. J. Leong. 1973. Comparative reference group behavior and assimilation. *Phylon* 34:289–294.
Lew, K. 1988. Chinatown: The present. In *Chinatown Los Angeles: The golden years 1938–1988*, 59, 63. Los Angeles, CA: Chinese Chamber of Commerce.
Ley, David. 1995. Between Europe and Asia: The case of the missing sequoias. *Ecumene* 2 (2): 185–210.

Li, P., B. Wong, and F. Kwan. 1974. *Garment industry in Los Angeles Chinatown 1973–1974*. Los Angeles, CA: Asian American Studies Center, UCLA.

Li, P. S. 1994. Unneighbourly houses and unwelcome Chinese: The social construction of race in the battle over "monster houses" in Vancouver, Canada. *International Journal of Comparative Race and Ethnic Studies* 1:14–33.

———. 1998. *Chinese in Canada*. 2nd ed. Toronto: Oxford University Press.

———. 2003. *Destination Canada: Immigration debates and issues*. Don Mills, ON: Oxford University Press.

Li, W. 1990. Downtown-uptown: A geographical study of the Chinese experience in the Washington and Baltimore metropolitan area. Unpublished research proposal. University of Maryland at College Park, College Park, MD.

———. 1998a. Anatomy of a new ethnic settlement: The Chinese *ethnoburb* in Los Angeles. *Urban Studies* 353:479–501.

———. 1998b. Los Angeles' Chinese *ethnoburb*: From ethnic service center to global economy outpost. *Urban Geography* 196:502–517.

———. 1998c. Ethnoburb versus Chinatown: Two types of urban ethnic communities in Los Angeles. *Cybergeo* 10:1–12. http://www.cybergeo.presse.fr/culture/weili/weili.htm

———. 1999. Building ethnoburbia: The emergence and manifestation of the Chinese *ethnoburb* in Los Angeles' San Gabriel Valley. *Journal of Asian American Studies* 21:1–28.

———. 2004. Chinese Americans. In *Encyclopedia of the world's minorities*, ed. Carl Skutsch, 296–301. New York: Routledge and Kegan Paul.

———. 2006. *From urban enclave to ethnic suburb: New Asian communities in Pacific Rim countries*. Honolulu: University of Hawai'i Press.

———, and G. Dymski 2007. Globally connected and locally embedded financial institutions: Analyzing the ethnic Chinese banking sector. In *Chinese ethnic economy: Global and local perspectives*, eds. Eric Fong and L. Chiu, 35–63. London: Routledge.

———, G. Dymski, Y. Zhou, M. Chee, and C. Aldana. 2002. Chinese American banking and community development in Los Angeles County. *Annals of Association of American Geographers* 924, no. 4:777–796.

———, and E. Park. 2006. Asian Americans in Silicon Valley: High technology industry development and community transformation. In *From urban enclave to ethnic suburb: New Asian communities in Pacific Rim countries*, ed. Wei Li, 119–133. Honolulu: University of Hawai'i Press.

Liberson, S. 1961. The impact of residential segregation on ethnic assimilation. *Social Forces* 40:52–57.

Light, I., P. Bhachu, and S. Karageorgis. 1993. Migration networks and immigration entrepreneurship. In *Immigration and entrepreneurship: Culture, capital, and ethnic networks*, eds. I. Light and P. Bhachu, 25–49. New Brunswick, NJ: Transaction Publishers.

———, and E. Bonacich. 1988. *Immigrant entrepreneurs: Koreans in Los Angeles, 1965–1982*. Berkeley, CA: University of California Press.

———, and S. Karageorgis. 1994. Economic saturation and immigrant entrepreneurship. In *Immigration and Absorption: Issues in a multicultural perspective*, eds. Lazin Isralowitz and I. Light, 89–108. Beer-Sheva, Israel: Ben-Gurion University of the Negev.

———, and C. Rosenstein. 1995. *Race, ethnicity, and entrepreneurship in urban America*. New York: Aldine de Gruyter.

———, G. Sabagh, M. Bozorgmehr, and C. Der-Martirosian. 1994. The four Iranian ethnic economies in Los Angeles. In *Immigration and absorption: Issues in a multicultural perspective*, eds. Lazin Isralowitz and I. Light, 109–132. Beer–Sheva, Israel: Ben–Gurion University of the Negev.

Lin, J. 1998. *Reconstructing Chinatown: Ethnic enclave, global change*. Minneapolis: University of Minnesota Press.

Ling, H. 2005. *Chinese St. Louis: From enclave to cultural community*. Philadelphia: Temple University Press.

Lipsitz, G. 1998. *The possessive investment in whiteness: How white people profit from identity politics*. Philadelphia, PA: Temple University Press.

Liu, J. M., and L. Cheng. 1994. Pacific Rim development and the duality of post–1965 Asian immigration to the United States. In *The new Asian immigration in Los Angeles and global restructuring*, eds. P. Ong, E. Bonacich, and L. Cheng, 77–99. Philadelphia, PA: Temple University Press.

Lo, L. 2006. Suburban housing and indoor shopping: The production of the contemporary Chinese landscape in Toronto. In *From urban enclave to ethnic suburb: New Asian communities in Pacific Rim countries*, ed. Wei Li, 134–154. Honolulu: University of Hawai'i Press.

———, and Shuguang Wang. 1998. Settlement patterns of Toronto's Chinese immigrants: Convergence or divergence? *Canadian Journal of Regional Science* 21, no. 2:49–72.

Loo, C., and D. Mar. 1982. Desired residential mobility in a low income ethnic community: A case study of Chinatown. *Journal of Social Issues* 38:95–106.

Lou, M. 1982. The Chinese American community of Los Angeles, 1870–1900: A case of resistance, organization, and participation. PhD diss. University of California, Irvine.

Lowenthal, A., et al. 1996. International linkages. In *Atlas of Southern California*, ed. M. J. Dear, 27–33. Los Angeles, CA: University of Southern California.

Lyman, S. M. 1988. *Chinatown and Little Tokyo*. Millwood, NY: Associated Faculty Press.

Mangiafico, L. 1988. *Contemporary American immigrants. Patterns of Filipino, Korean, and Chinese settlement in the United States*. New York: Praeger.

Mason, W. 1967. The Chinese in Los Angeles. *Museum Alliance Quarterly* 6, no. 2:15–20.

Mathews, J. Asian–Americans in ascendancy. *Washington Post*, November 29, 1983.

Miller, D. W. 2000. The new urban studies: Los Angeles scholars use their region and their ideas to end the dominance of the "Chicago School." *Chronicle of Higher Education*, August 18, A15.

Miller, V. P., and J. M. Quigley. 1990. Segregation by racial and demographic group: Evidence from the San Francisco Bay Area. *Urban Studies* 27:3–21.

Min, P. G. 1994. The economic bases of ethnic solidarity: The New York Korean Community. Paper presented at Department of Sociology seminar. Los Angeles, CA: University of Southern California.

Mitchell, K. 1993. Multiculturalism, or the united colors of capitalism? *Antipode* 254:263–294.

———. 2004. *Crossing the neoliberal line: Pacific Rim migration and the metropolis.* Philadelphia, PA: Temple University Press.

Modell, J. 1977. *The economics and politics of racial accommodation: The Japanese of Los Angeles, 1900–1942.* Urbana, IL: University of Illinois Press.

Monterey Park Oral History Project. 1990. Monterey Park, CA: Monterey Park City library (audio tapes).

Morrill, R. L. 1965. The Negro ghetto: Problems and alternatives. *Geographical Review* 55:339–61.

National Association of Chinese American Bankers (NACAB). 1992. *Bird's–Eye View* 3, no. 2 (May).

———. 2000. *The National Association of Chinese American Bankers 13th Convention 2000.* Los Angeles, CA: NACAB.

Newmark, M. H., and M. R. Newmark. 1916. *Sixty years in Southern California, 1853–1913, containing the reminiscences of Harris Newmark.* New York: Knickerbocker Press.

Omi, Michael, and H. Winant. 1986. *Racial formation in the United States: From the 1960s to the 1980s.* New York: Routledge and Kegan Paul.

———. 1994. *Racial formation in the United States: From the 1960s to the 1990s.* 2nd ed. New York: Routledge and Kegan Paul.

Ong, P. M. 1984. Chinatown unemployment and the ethnic labor market. *The Amerasia Journal* 1:35–54.

———, and John M. Liu. 1994. U.S. immigration policies and Asian migration. In *The New Asian immigration in Los Angeles and global restructuring,* eds. Paul Ong, E. Bonacich, and L. Cheng, 45–73. Philadelphia, PA: Temple University Press.

Padgett, D. 1980. Symbolic ethnicity and patterns of ethnic identity assertion in American–born Serbs. *Ethnic Groups* 3:55–77.

Paral, R. 2000. *Suburban immigrant communities: Assessments by key characteristics and needs.* Chicago: The Fund for Immigrants and Refugees.

Park, R. E. 1950. *Race and Culture.* Glencoe, IL: Free Press.

———, and H. Miller. 1921. *Old World traits transplanted.* New York: Harper and Brothers.

Pearlstone, Z. 1990. *Ethnic L.A.* Beverly Hills, CA: Hillcrest Press.

People's Daily Overseas Edition. 2000. Chinese "little overseas students" in the U.S. June 17, 4.

Peterson, G. E., and W. Vroman. 1992. *Urban labor markets and job opportunity.* Washington, D.C: Urban Institute Press.

Philpott, T. L. (1991). *The slum and the ghetto: Immigrants, Blacks, and reformers in Chicago, 1880–1930*, Belmont, CA: Wadsworth Publishing Co.

Portes, A., and R. L. Bach. 1985. *Latin journey: Cuban immigrants in the United States.* Berkeley: University of California Press.

———, L. E. Guarnizo, and P. Landolt. 1999. The study of transnationalism: Pitfalls and promise of an emergent research field. *Ethnic and Racial Studies* 222:217–237.

———, and L. Jensen. 1987. What's an ethnic enclave? The case for conceptual clarity. *American Sociological Review* 52:768–771.

Pulido, L. 1996. *Environmentalism and economic justice: Two Chicano struggles in the Southwest.* Tucson: The University of Arizona Press.

———. 2002. Reflections on a white discipline. *The Professional Geographer* 541:42–49.

Quan, E. Y. 1988. Pioneer families share their history. In *Chinatown Los Angeles: The golden years 1938–1988*, 29, 31. Los Angeles, CA: Chinese Chamber of Commerce.

Ray, B. K., G. Halseth, and B. Hohnson. 1997. The changing "face" of suburbs: Issues of ethnicity and residential changes in suburban Vancouver. *International Journal of Urban and Regional Research* 21, no. 1:75–99.

Roche, J. P. 1982. Suburban ethnicity: Ethnic attitudes and behavior among Italian Americans in two suburban communities. *Social Science Quarterly* 63:145–153.

Roediger, D. R. 1991. *The wages of whiteness: Race and the making of the American working class.* London: Verso.

Rose, H. M. 1970. The development of an urban subsystem: The case of the Negro ghetto. *Annals of the Association of American Geographers* 60, no. 1:1–17.

———. 1971. *The Black ghetto: A spatial behavioral perspective.* New York: McGraw-Hill Book Company.

———. 1976a. Metropolitan Miami's changing Negro population, 1950–1960. In *Black America geographic perspectives*, eds. R. T. Ernst and L. Hugg, 89–104. Garden City, NY: Anchor Press.

———. 1976b. The origin and pattern of development of urban black social areas. In *Black America geographic perspectives*, eds. R. T. Ernst and L. Hugg, 34–43. Garden City, NY: Anchor Press.

Roseman, C. C. 1971. Migration as a spatial and temporal process. *Annals of the Association of American Geographers* 61:589–598.

Rowe, S., and J. Wolch. 1990. Social networks in time and space: Homeless women in Skid Row Los Angeles. *Annals of the Association of American Geographers* 80:184–204.

Saito, L. T. 1998. *Race and politics: Asian Americans, Latinos, and whites in a Los Angeles suburb.* Urbana: University of Illinois Press.

Sanchez, G. J. 1999. Face the nation: Race, immigration, and the rise of nativism in late-twentieth-century America. In *The handbook of international migration: The American experience*, eds. C. Hirschman, P. Kasinitz, and J. De Wind, 371–382. New York: The Russell Sage Foundation.

Sanders, J., and V. Nee. 1987. On testing the enclave-economy hypothesis, *American Sociological Review* 52:771–773.

Sanders, R. A., and J. S. Adams. 1976. Age structure in expanding ghetto space: Cleveland, Ohio, 1940–1965. In *Black America geographic perspectives*, eds. R. T. Ernst and L. Hugg, 105–113. Garden City, NY: Anchor Press.
Sassen, S. 1994. America's immigration "problem." In *Race and ethnic conflict*, eds. F. L. Pincus and H. J. Ehrlich, 229–236. Boulder, CO: Westview Press.
Satzewich, V. and L. Wong eds. 2006. *Transnational identities and practices in Canada.* Vancouver, BC: University of British Columbia Press.
Saxenian, A. 1999. *Silicon Valley's new immigrant entrepreneurs.* San Francisco, CA: Public Policy Institute of California.
———. 2002. *Local and global networks of immigrant professionals in Silicon Valley.* San Francisco, CA: Public Policy Institute of California.
Saxton, A. 1995. *The indispensable enemy labor and the anti–Chinese movement in California.* Berkeley: University of California Press.
Schoenberger, K. 1993. Chinese: Immigrants boost southland economy. *Los Angeles Times*, October 4, 5.
Scott, A. J. 1988. *Metropolis: From the division of labor to urban form.* Berkeley: University of California Press.
———. 1993. *Technopolis: High-technology industry and regional development in Southern California.* Berkeley: University of California Press.
Seo, D. 1992. Sun down for Chinatown? *Los Angeles Times City Times.* November 1, 24–26.
Singer, A., S. Hardwick, and C. Brettell, eds. 2008. *Suburban immigrant gateways: Immigration and incorporation in new U.S. metropolitan destinations.* Washington, DC: Brookings Institution.
Siu, P. C. P. 1987. *The Chinese laundryman: A study of social isolation.* New York: New York University Press.
Skeldon, R. 1999. Migration of entrepreneurs from Hong Kong: Background, trends and impacts. *New Zealand Geographer* 552:66–71.
Skop, E., and W. Li. 2003. From the ghetto to the invisoburb: Shifting patterns of immigrant settlement in contemporary America. In *Multi-cultural geographies: Persistence and change in U.S. racial/ethnic geography,* eds. John W. Frazier and Florence L. Margai, 113–124. Binghamton, NY: Global Academic Publishing.
Smith, Christopher J. 1995. Asian New York: The geography and politics of diversity. *International Migration Review* 24, no. 1:59–84.
———, and J. Logan. 2006. Flushing 2000: Geographic explorations in Asian New York. In *From urban enclave to ethnic suburb: New Asian communities in Pacific Rim countries,* ed. Wei Li, 41–74. Honolulu: University of Hawai'i Press.
Soja, E. 1989. *Postmodern geographies: The reassertion of space in critical social theory.* London, Verso.
———, R. Morales, and G. Wolff. 1989. Urban restructuring: An analysis of social and spatial changes in Los Angeles. In *Atop the urban hierarchy,* ed. R. A. Beauregard, 87–122. Totowa, NJ: Rowman & Littlefield Publishers, Inc.

Sowell, T. 1981. *Ethnic America: A history.* New York: Basic Books, Inc. Publishers.
Stearns L. B., and J. R. Logan. 1986. The racial structuring of the housing market and segregation in suburban areas. *Social Forces* 65:28–42.
Sterry, N. 1922. Housing conditions in Chinatown Los Angeles. *Journal of Applied Sociology* 7, no. 2:70–75.
———. 1923. Social attitudes of Chinese immigrants. *Journal of Applied Sociology* 7, no. 6:325–333.
Storper, M., and R. Walker. 1989. *The capital imperative: Territory, technology, and industrial growth.* Cambridge, MA: Blackwell Publishers.
Tanzer, A. 1985. Little Taipei. *Forbes,* May 6, 68–71.
Thompson, R. H. 1979. Ethnicity versus class: An analysis of conflict in a North American Chinese community. *Ethnicity* 6:306–326.
———. 1989. *Toronto's Chinatown: The changing social organization of an ethnic community.* New York: AMS Press, Inc.
Thrift, N., and K. Olds. 1996. Refiguring the economic in economic geography. *Progress in Human Geography* 203:311–337.
Torrieri, N. K. 1982. Residential dispersal and the survival of the Italian community in metropolitan Baltimore 1920–1980. PhD diss. University of Maryland at College Park, Department of Geography.
Tsai, S. H. 1986. *The Chinese experience in America.* Bloomington: Indiana University Press.
Tseng, Y. 1994a. Suburban ethnic economy: Chinese business communities in Los Angeles. PhD diss. University of California, Los Angeles
———.1994b. Chinese ethnic economy: San Gabriel Valley, Los Angeles County. *Journal of Urban Affairs* 16, no. 2:169–189.
———. 1995. Beyond "Little Taipei": The development of Taiwanese immigrant businesses in Los Angeles. *International Migration Review* 24, no. 1:33–35.
Tung, W. 1974. *Chinese in America, 1820–1970: A chronology and fact book.* Dobbs Ferry, NY: Oceana Publications Inc.
U.S. Bureau of the Census. Various census reports, by year. Washington, DC: Government Printing Office.
    1860 census year: 1864. *Population of the United States in 1860.*
    1890 census year: 1890. *Eleventh Census of the United States.*
    1910 census year: 1913. *Thirteenth Census of the United States.* Abstract.
    1920 census year: 1923. *Fourteenth Census of the United States.* Abstract.
    1930 census year: 1932. *Fifteenth Census of the United States 1930.*
    1940 census year: 1940. *Sixteenth Census of the United States 1940.*
    1950 census year: 1954. *Census of Population, 1950.*
    1960 census year: 1963. *Census of Population, 1960.* Special Report 1c.
    1970 census year: 1971. *Census of Population, 1970.*
    1980 census year: 1988. *Census of Population, 1980.*
    1990 census year: 1992. *Census of Population, 1990.*

2000 census year: http://factfinder.census.gov/servlet/DTTable. Last accessed: January 7, 2004.

———. 1990. *Census of Population and Housing.* Washington, DC, Government Printing Office.

———. 1992. *Census of Population and Housing,* Summary Tape Files 3a. Washington, DC: Government Printing Office.

U.S. Congress. 1882. *CHAP. 126: An act to execute certain treaty stipulations relating to the Chinese.* Rpt. in Chinese Historical Society of America, 1994. *The repeal and its legacy: Proceedings of the conference on the 50th anniversary of the repeal of the Exclusion Acts.* San Francisco: Chinese Historical Society of America.

———. 1943. *An act to repeal the Chinese Exclusion Acts, to establish quotas, and for other purposes.* Rpt. in Chinese Historical Society of America, 1994. *The repeal and its legacy: Proceedings of the conference on the 50th anniversary of the repeal of the Exclusion Acts.* San Francisco: Chinese Historical Society of America.

———. 1965. Immigration and nationality act: Amendments Public Law 89–236 H.R. 2580. *U.S. Code Congressional & Administrative News, 89th Congress–First Session.* 883–987.

———. 1991. Immigration Act of 1990: Public Law 101–649. *U.S. Code Congressional & Administrative News, 101th Congress–Second Session.* St. Paul, MN: West Publishing Co.

U.S. Immigration and Naturalization Service. 1993. *Statistical yearbook of the Immigration and Naturalization Service.* Washington, DC: Government Publishing Office.

Vertovec, S. 1999. Conceiving and researching transnationalism. *Ethnic and Racial Studies* 222:447–462.

Vrana, D. 1998. East West Bank taking an unusual route to go public. *Los Angeles Times,* December 14.

Waldinger, Roger D., Howard Aldrich, and Robin Ward. 1990. Opportunities, group characteristics, and strategies. In *Ethnic entrepreneurs: Immigrant business in industrial societies,* eds. R. D. Waldinger et al., 13–48. Newbury Park, CA: SAGE Publications, Inc.

———, and Y. Tseng. 1992. Divergent diasporas: The Chinese communities of New York and Los Angeles compared. *Revue Europeénne des Migrations Internationals* 8, no. 3:91–115.

Wang, L. L. 1994. Politics of the repeal of the Chinese Exclusion Laws. In *The repeal and its legacy: Proceedings of the conference on the 50th anniversary of the repeal of the Exclusion Acts,* 66–80. San Francisco: Chinese Historical Society of America.

Wang, S. G. 1999. Chinese commercial activity in the Toronto CMA: New development patterns and impacts. *Canadian Geographer* 431:19–35.

Ward, D. 1971. *Cities and immigrants: A geography of changes in nineteenth-century America.* New York: Oxford University Press.

Waters, M. C. 1999. *Black identities: West Indian immigrant dreams and American realities.* New York: Russell Sage Foundation.

Wells Fargo & Co. 1882. *Directory of principal Chinese business firms in San Francisco.* San Francisco, CA: Wells Fargo & Co.

Wilson, K. L., and A. Portes. 1980. Immigrant enclaves: An analysis of the labor market experiences of Cubans in Miami. *American Journal of Sociology* 86:295–319.

Winsberg, M. D. 1986. Ethnic segregation and concentration in Chicago suburbs. *Urban Geography* 7:135–145.

Wolch, J. R., and M. J. Dear. 1993. *Malign neglect: Homelessness in an American City.* San Francisco, CA: Jossey–Bass Publishers.

Wong, B. P. 1982. *Chinatown, economic adaptation and ethnic identity of the Chinese.* New York: Holt, Rinehart and Winston.

———. 1988. *Patronage, brokerage, entrepreneurship and the Chinese community of New York.* New York: AMS Press.

———. 1998. *Ethnicity and entrepreneurship: The New Chinese immigrants in the San Francisco Bay Area.* Boston, MA: Allyn and Bacon.

———. 2005. *The Chinese in Silicon Valley: Globalization, social networks, and ethnic identity.* Lanham, MD: Rowman and Littlefield.

Wong, Charles C. 1980. The continuity of Chinese grocers in Southern California. *The Journal of Ethnic Studies* 82, no. 2:63–82.

Wood, J. 1997. Vietnamese-American placemaking in northern Virginia. *Geographical Review* 87, no. 2:58–72.

Zelinsky, W., and B. A. Lee. 1998. Heterolocalism: An alternative model of the sociospatial behaviour of immigrant ethnic communities. *International Journal of Population Geography* 4, no. 4:281–298.

Zhao, Xiaojian. 2002. *Remaking Chinese America: Immigration, family, and community, 1940–1965.* New Brunswick, NJ: Rutgers University Press.

Zhou, M. 1992. *Chinatown: The socioeconomic potential of an urban enclave.* Philadelphia, PA: Temple University Press.

———. 1997. Segmented assimilation: Issues, controversies, and recent research on the new second generation. *International Migration Review* 314:975–1008.

———. 1998. "Parachute kids" in Southern California: The educational experience of Chinese Children in transnational families. *Educational Policy* 12, no. 6:682–704.

———, and R. Kim. 2003. A tale of two metropolises: Immigrant Chinese communities in New York and Los Angeles. In *Los Angeles and New York in the new millennium*, ed. David Halle, 124–149. Chicago, IL: University of Chicago Press.

———, Yen-Fen Tseng, and Rebecca Y. Kim. 2008. "Suburbanization and new trends in community development: The case of Chinese ethnoburbs in the San Gabriel Valley, California. In *Contemporary Chinese America: Immigration, ethnicity, and community transformation*, M. Zhou. Philadelphia: Temple University Press.

Zhou, Y. 1996a. Ethnic networks as transactional networks: Chinese networks in the producer service sectors of Los Angeles. PhD diss. University of Minnesota.

———. 1996b. Inter-firm linkages, ethnic networks and territorial agglomeration: Chinese computer firms in Los Angeles. *Papers in Regional Science* 753:265–291.
———. 1998a. How places matter? Comparative study of Chinese immigrant communities in Los Angeles and New York City. *Urban Geography* 196:531–553.
———. 1998b. Beyond ethnic enclaves: Location strategies of Chinese producer service firms in Los Angeles. *Economic Geography* 743:228–251.

主题词对照表

（以英文字母排序）

209 1790 年入籍法案 Naturalization Law of 1790
1868 年伯林盖姆条约 Burlingame Treaty of 1868
1875 年佩吉法案 Page Act（An Act Supplemental to Acts in Relation to Immigration，March 3，1875）
1882 年年排华法案 1882 Chinese Exclusion Act，34. See also Chinese Exclusion Act
1892 年 Geary 法案 1892 Geary Law
1907 年君子协定 1907 Gentlemen's Agreement
1917 年移民法案 1917 Immigration Act
1924 年国家起源法法案 1924 National Origins Act
1934 年泰丁斯 McDuffie 法案 1934 Tydings-McDuffie Act
1964 年民权法案 1964 Civil Rights Act
1965 年移民和国籍法 1965 Immigration and Nationality Act
1965 年投票权利法案 1965 Voting Rights Act
1968 年公平住房法 1968 Fair Housing Act
1980 年难民法 80 Refugee Act
1990 年移民法 Immigration Act of 1990
99 大华超市 99 Ranch Market
美籍华人 American-born Chinese（ABC）
  文化适应-同化 Acculturation-assimilation

阿尔罕布拉 Alhambra

1998年美国的竞争力和劳力改进法 American Competitiveness and Workforce Improvement Act of 1998（ACWIA）

美洲印第安人 American Indians

天使岛 Angel Island

盎格鲁美国人 Anglo Americans

盎格鲁-撒克逊 Anglo-Saxon

反跨族裔通婚 anti-miscegenation

阿卡迪亚 Arcadia

阿灵顿 Arlington

阿蒂西亚 Artesia

亚裔美国人 Asian Americans

亚洲印度人 Asian Indians

亚洲太平洋经济合作论坛（亚太经合组织）Asian Pacific Economic Cooperation Forum（APEC）

亚洲移民禁区 Asiatic Barred Zone

同化 Assimilation

种族同化 racialized assimilation

分段同化 segmented assimilation

东南亚国家联盟（东盟）Association of Southeastern Asian Nations（ASEAN）

大西洋大道 Atlantic Boulevard

澳大利亚 Australia

中国台湾华信商业银行 Bank SinoPac of Taiwan

北京市 Beijing

贝尔艾尔 Bel Air

本省人 *ben sheng ren*

百老汇 Broadway

佛教 Buddhist

伯班克 Burbank

柬埔寨 Cambodia
广东（广州）Canton (Guangzhou)
广东话 Cantonese
国泰银行 Cathay Bank
　　　白种人 Caucasian
　　　　人口普查特区 Census Designated Places (CDPs)
塞里托斯 Cerritos
周蝉 Chan，F. Chow
陈凯洛格 Chan，Kellogg
陈李婉若 Chen，Lily Lee
陈水扁 Chen Shui Bian
芝加哥 Chicago
芝加哥学派的社会学 Chicago School of Sociology
中国国际信托及投资公司（中信）China International Trust and Investment Corporation (CITIC)
中国城，华埠，唐人街 Chinatown
　　中国城大门 Chinatown Gate
　　　　中国城广场 Chinatown Plaza
中国空军 Chinese Air Force
　　　美国华人 Chinese American
中国文化中心 Chinese Cultural Center
　　　华人多族裔聚居郊区 Chinese ethnoburb
排华法案 Chinese Exclusion Act
中国学生保护法案 Chinese Student Protection Act
中国性 Chineseness
贝蒂·汤姆·楚 Chu，Betty Tom
赵美心 Chu, Dr. Judy
马歇尔·庄 Chuang，Marshal
中信嘉华银行有限公司 CITIC Ka Wah Bank Ltd
工业市 City of Industry

洛杉矶市 City of Los Angeles
蒙特利公园市 City of Monterey Park
多伦多市 City of Toronto
同族裔 co-ethnic（s）
学院街 College Street
康普顿 Compton
忏悔项目 Confession Program
科维那 Covina
凯奥特要隘 Coyote Pass
立方米空气条例 Cubic Air Ordinance
库比蒂诺 Cupertino
库比蒂诺村 Cupertino Village
德尔玛大道 Del Mar Avenue
民主进步党 Democratic Progress Party
钻石吧 Diamond Bar
顶好市场 DiHo Market
下城与上城 Downtown versus Uptown
东湾 East Bay
东海岸 East Coast
东洛杉矶 East Los Angeles
华美储蓄 East West Savings
东约克 East York
东区 Eastern District
EB-5 签证 EB-5 visa
回声公园 Echo Park
艾姆赫斯特-科罗娜 Elmhurst-Corona
飞地经济 enclave economy
二世主 *er shi zhu*
民族经济 ethnic economic niche
  移民经济 immigrant economy

整合的民族经济 integrated ethnic economy
族裔地理 Ethnic Geography
种族多元化 ethnicity-pluralism
多族裔聚居郊区 ethnoburb
多族裔聚居郊区形成 ethnoburb formation
多族裔城区 ethnopolis
怡陶碧谷 Etobicoke
欧裔美国人或欧洲美国人 Euro-American or European American
远东国民银行 Far East National Bank (FENB)
FCB 台湾加州银行 FCB Taiwan California Bank
风水 feng shui
菲律宾 Filipinos
金融、保险和房地产 finance, insurance, and real estate (FIRE)
第一银行 First Commercial Bank
法拉盛 Flushing
"四九年人" forty-niners
弗里蒙 Fremont
佛光山 Fu Kuang Shan
福建省 Fujian Province
福州市 Fuzhou
加维大道 Garvey Avenue
关贸总协定 General Agreement of Tariffs & Trade (GATT)
格伦代尔 Glendale
全球化 Globalization
大洛杉矶 Greater Los Angeles
大多伦多地区 Greater Toronto Area (GTA)
广东省 Guangdong Province
H-1B 签证 H-1B visa
哈岗 Hacienda Heights
西班牙 Hispanic

香港 Hong Kong
家庭收入 household income
休斯敦 Houston
西来寺 Hsi Lai Temple (Coming West Temple)
谢福康 Hsieh, Frederick Fukang
戴维·亨利·黄 Hwang, David Henry
黄保华 Hwang, Henry Y
移民经济 immigrant economy
收入 Income
家庭收入 household income
个人收入 personal income
印度 Indian
印度支那 Indochina
印度支那人 Indochinese
印度尼西亚 Indonesia
英格尔伍德 Inglewood
融合性民族经济 integrated ethnic economy
入侵演替 Invasion-succession
尔湾 Irvine
日本镇 Japan Town
日本 Japanese
犹太 Jewish
塞缪尔·江 Kiang, Samuel
朝鲜 Korean
朝鲜战争 Korean War
L-1 签证 L-1 visa
拉蓬特 La Puente
兰利老人中心 Langley Senior Center
老侨 *lao qiao*
老挝 Laos

拉斯图纳斯大道 Las Tunas Boulevard
拉斯维加斯 Las Vegas
拉丁美洲 Latin America
拉丁美洲人 Latin American
拉丁裔 Latino
李政道 Lee，T. C.（Li Zhengdao）
小意大利 Little Italy
小台北 Little Taipei
小东京 Little Tokyo
长滩 Long Beach
长滩高速公路 Long Beach Freeway
洛杉矶 Los Angeles（LA）
洛杉矶市 Los Angeles City
洛杉矶县 Los Angeles County
洛杉矶时报 *Los Angeles Times*
南加州 Los Angeles/Southern California
中国大陆 Mainland China
马来西亚 Malaysia
普通话 Mandarin
曼哈顿 Manhattan
万锦市 Markham
墨裔美国人 Mexican American
墨西哥比弗利山庄 Mexican Beverly Hills
中西部 Midwest
苗必达 Milpitas
苗必达广场 Milpitas Square
闽南 Min Nan
密西沙加 Mississauga
蒙特贝洛 Montebello
蒙特利高地 Monterey Highlands

蒙特利公园 Monterey Park
蒙特利公园口述历史项目 Monterey Park Oral History Project 1990
蒙特利要隘路 Monterey Pass Road
蒙特利尔 Montreal
山景 Mountain View
内人 *nei ren*
内在美 *nei zai mei*
纽约市 New York City
新西兰 New Zealand
新兴工业化国家 Newly Industrialized Countries（NICs）
伍建民 Ng, Dominic
非西裔人白人 Non-Hispanic white
北美自由贸易协定 North America Free Trade Agreement（NAFTA）
北美 North American
北约克 North York
诺瓦克 Norwalk
橙县 Orange County
俄勒冈州 Oregon
太平洋海岸 Pacific Coast
太平洋岛民 Pacific Islanders
太平洋沿岸地区 Pacific Rim
帕洛斯弗迪斯 Palos Verdes
泛族裔认同 panethnicity
帕萨迪纳 Pasadena
中华人民共和国 People's Republic of China（PRC）
个人收入 personal income
司徒彼得 Peter Soo Hoo
凤凰城 Phoenix
波莫纳 Pomona

波特兰 Portland
　　　　公共使用微观数据集 Public Use Microdata Sample（PUMS）
　　　　公众使用微观数据区 Public Use Microdata Area（PUMA）
清朝 Qing Dynasty
皇后区 Queens
种族关系 Race relation
种族形成 Racial formation
种族化 racialization
中华民国（台湾）Republic of China（Taiwan）
蒙特利公园居民协会 Residents Association of Monterey Park（RAMP）
列治文区 Richmond District
列治文山 Richmond Hill
滚石丘 Rolling Hills
柔似密 Rosemead
罗兰岗 Rowland Heights
罗兰岗购物广场 Rowland Heights Shopping Plaza
西贡 Saigon
圣伯那迪诺 San Bernadino
圣地亚哥 San Diego
旧金山 San Francisco
旧金山湾区 San Francisco Bay Area
圣盖博 San Gabriel
圣盖博购物广场 San Gabriel Shopping Plaza
　　　　　　全统广场 San Gabriel Square
　　　　　　圣盖博谷 San Gabriel Valley
圣马力诺 San Marino
圣塔克拉拉 Santa Clara
圣塔克拉拉县 Santa Clara County
圣塔克拉拉谷 Santa Clara Valley
圣塔莫尼卡 Santa Monica

卫星唐人街 Satellite Chinatown
士嘉堡 Scarborough
西雅图 Seattle
　　　隔离 segregation
上海市 Shanghai
上海人 Shanghainese
硅谷 Silicon Valley
新加坡 Singapore
　　　社会经济 socioeconomic
旅居者 sojourner
南湾 South Bay
洛杉矶中南部 South Central Los Angeles
南埃尔蒙特 South El Monte
韩国 South Korea
南帕萨迪纳 South Pasadena
南圣盖博 South San Gabriel
　　　东南亚国家 Southeast Asia
　　　东南亚 Southeast Asian
南加州 Southern California
结构化 structuration
桑尼维尔 Sunnyvale
郊区唐人街 Suburban Chinatown
太空人 *tai kong ren*
台北市 Taipei
　　　台湾 Taiwan
大华 Tawa
　　　大华商业物业发展公司 Tawa Commercial Property Development Corp
　　　大华投资公司 Tawa Investment Inc
　　　大华超市 Tawa Supermarket

技术型多族裔聚居郊区 techno/ethnoburb
坦波市 Temple City
多伦多 Toronto
跨国主义 Transnationalism
跨国连接 transnational connections
信托储蓄和贷款 Trust Savings and Loan
英国 United Kingdom
苏联 USSR
山谷大道 Valley Boulevard
温哥华 Vancouver
　　　弗农 Vernon
　　　越南 Vietnam
越南战争 Vietnam War
越南人 Vietnamese
外省人 *wai sheng ren*
核桃市 Walnut
玛丽娜·王 Wang, Marina
战争新娘法 *War Brides Act*（Public Law 713）
西科维那 West Covina
西洛杉矶 West Los Angeles
西部 Westside
威尔伯·吴 Woo, Wilbur
世界贸易组织（世贸组织）World Trade Organization（WTO）
第二次世界大战 World War II
新侨 *xin qiao*
杨振宁 Yang Zhenning（C. N. Yang）
横滨村 Yokohama Village
约克 York

中文版后记

本书自研究之初至中文版译成长达二十余年，这二十余年世界复杂多变，这二十余年作者不尽探索。从柏林墙倒塌到苏联解体，从"9·11"恐怖袭击到阿拉伯之春，从两岸九二共识到香港九七回归，从中国入世到经济腾飞，从奥巴马当选到茶党和"占领运动"兴起，世界局势动荡复杂，全球经济发展前景扑朔迷离。而在同一时期美国华人总数由 1990 年的 1 648 696 人增至 2010 年的 4 025 055 人，为 20 年前的 2.4 倍。在此期间，分别有一位男性华人移民和女性华裔公民首次入选美国联邦众议院。作者本人，亦由一名博士生历经助理教授、副教授而成为今天的终身正教授，任职于美国亚利桑那州州立大学。本书英文原版也荣获美国亚裔研究学会 2009 年度社会科学书籍奖。回忆我的研究成长历程，个中滋味难以言表。而今得以出版此书的中文版，倍感欣慰。本书在翻译原著的基础上，根据 2010 年人口普查数据对书中原有数据进行了部分更新。现借此书献给祖国和中文世界各同人同好，希望本书能够有益于增进中美了解，增强华人地位。

本书中文版的出版比英文版晚了数年。在此期间，我和同事曾在中文书籍出版界的海洋中寻寻觅觅、起起浮浮、跌跌撞撞，渴望找到一家严肃认真的出版社能够重视本书的学术价值和潜在影响。香港城市大学出版社社长邝子器先生与总编辑陈家扬先生曾给予鼓励指导。与商务印书馆科技室李娟编辑联系后这一愿望终于得以实现，自此开始了我们愉快的合作，在此向她表示衷心的感谢。

我由衷地感谢共同译者南京师范大学徐旳博士，中国科学院王昊博士，北京一中退休特级教师贺信淳先生，美国亚利桑那州州立大学于琬女士（我的博士研究生）和中文教师朱婕女士在中文版准备过程中所作贡献。亚利桑那州州立大学人文研究所（Institute of Humanity Research）为本书提供了出版赞助；中文领航项目（Chinese Flagship Program）的司马德琳主任（Madeline Spring）和米娅·塞古拉（Mia Segura）女士为中文版提供各项赞助与方便；亚利桑那州州立大学社会科学学院前院长王林达·莱者曼（Linda Ledgeman）教授，社会转型学部主任玛丽·玛格丽特·福诺（Mary Margaret Fonow）教授和亚美研究分部中川教授（Kathryn Nagakawa）对我的工作予以多种支持与鼓励，在此一并致谢。

译　后　记

  2007年寒假之前，我与李唯教授素不相识。适逢首批国家教育部公派留学生项目申请在即，之前初步沟通好的克里斯托弗·欧茨（Kristopher Olds）教授因为临时安排的学术假期与我的访学时间冲突，此次申请眼看就要泡汤。在申请结束前夕，我抱着试试看的心态给李唯教授发去一封"套瓷"邮件，没成想李唯老师竟很快回复并欣然应允。来美后得知，当时李唯教授刚要结束富布莱特高级访问学者项目，准备独自驾车横越加拿大沿北美西海岸从多伦多返回旧金山，亚利桑那州州立大学地理学院的寒假假期还未结束，由于申请资料上报截止日期临近，加之多方邮件沟通不顺畅，我与李唯老师邮件往来火药味十足。不打不相识，因缘际会，我成了李唯教授的学生。

  首次阅读这本著作是在李唯老师为亚利桑那州州立大学高年级学生和研究生开设的移民课程中，我当时的兴趣和博士论文选题与李唯教授国际移民、华人在美聚居的研究相关性并不大，第一次通读这本书完全是出于应付课程学习的需要。在美学习期间，李唯老师总是在她繁忙的科研教学工作间隙，每周抽空安排时间与我探讨学术议题。回国毕业工作后，近两年来，我在南京师范大学地理科学学院教授人口地理学课程，随着对人口地理学认识的不断加深，我开始重新审视这本著作，同时也萌生了与李唯教授合作翻译出版该书的念头，并与科学出版社进行了初步接洽。2011年夏，李唯教授几经辗转联系到了香港中文大学出版社，邮件联系我希望能与她一起翻译该书，2011年是我的多事之秋，年初家父病情急剧恶化，10月20日因大面积心肌梗死突然离世，合作翻译一事就此搁置。2013年初李唯老师回国讲学，商务印书馆李娟编辑积极接洽，联系出版该书，李老师再次力邀我合作翻译该书，在接下来的近一年时间里与李唯老师合作完成了初稿，并多次修订，读者现在看到的版本，是由李唯教授和我合作翻译并由原作者李唯教授亲自审校的。

翻译的过程也是学习的过程，我对美国多族裔聚居郊区的概念模型的认识进一步深入。该书是李唯教授在南加大地理系博士论文基础上完成的，20世纪90年代李唯老师以其过人的学术敏感性，利用自己身为新一代华人移民的"局内人"身份，从华人移民的视角出发，敏锐地把握美国华人移民在人口结构、聚居形态等多个方面的变化，进而归纳提出多族裔聚居郊区的概念模型，以此卓越的研究成果跻身于美国主流地理学界，还多次获得全美地理学和亚美研究领域学术奖项。本书英文版荣获美国亚裔研究学会2009年度社会科学类最佳著作奖。

因为中美国情的差异，加之国内人口学和人口地理学研究学科发展与美国存在差距，李唯教授的研究对于当时国内学术界而言可能还是过于超前，因此对其知之甚少。2010年中国人口普查中增加了关于居住在中国的外籍人口的调查项,北京、上海、广州等一线城市中纷纷出现外国人集聚区,例如广州的黑人区和日籍人口聚居区,即便是南京这样的二线城市,也出现了为数不少的韩籍人士聚居区(如南京的五台山地区、月牙湖地区)。随着全球化的日益加深,中国在全球经济中的作用越来越大,人口、资金、技术在中国和全球范围内的交换愈加频繁,人口的国际迁移问题在中国城市逐渐显现,该著作对研究中国类似现象将大有裨益。李唯教授提出的"多族裔聚居郊区模型"为研究中国城市的类似现象提供了基础性的概念原型;在模型机理上,基于多个空间层次(全球、国家、地方)的相关因素整合分析框架也为中国学者研究此类问题提供了强有力的分析工具。有充足的理由相信,这本紧紧把握国际人口学、人口地理学发展动向的前沿性研究成果的中文版的出版,将极大地促进相关研究议题在国内学术界的开展。

  感谢恩师李唯教授,没有她对一封来自陌生的大陆学生的"套瓷"邮件的热情回应,也就不可能使我有幸成为她的学生,也就不可能与她一起合作翻译该书。在合作翻译书稿的过程中,无论是请教具体的语言问题,还是对相关理论问题的探讨,甚至对我自己的未来发展规划,李老师总是在第一时间予以细心地解答指导。感谢商务印书馆李娟编辑的辛勤工作和她的充分理解。在翻译期间,我的爱女徐望恬出生,耽误了出版进度,她不仅没有责怪,反而给了我充裕的时间,没有她认真细致耐心的工作,这本书的质量也无法得到保证。感谢吾妻冯欣和家人对我工作的全力支持。

译事艰难，幸而有原书的作者李唯教授与我一起合作翻译该书，在很大程度上避免了其他译著因沟通不畅而导致的瑕疵，尽管如此，因为中美学界专业用词表达上的差异，中文译本可能还是不能完全达到原著清晰准确的表达程度，谨以此与学界同人切磋研讨。

徐　昀

2014 年春于南师大随园

江苏省地理信息资源开发与利用协同创新中心

图书在版编目（CIP）数据

多族裔聚居郊区：北美城市的新型少数族裔社区/（美）李唯著；徐昀，李唯译.—北京：商务印书馆，2017
ISBN 978-7-100-14066-9

Ⅰ.①多⋯　Ⅱ.①李⋯②徐⋯　Ⅲ.①移民—研究—美国　Ⅳ.①D771.238

中国版本图书馆 CIP 数据核字（2017）第 132711 号

权利保留，侵权必究。

多族裔聚居郊区
——北美城市的新型少数族裔社区

李唯　著

徐昀　李唯　译

商务印书馆出版
（北京王府井大街36号　邮政编码100710）
商务印书馆发行
北京冠中印刷厂印刷
ISBN 978-7-100-14066-9

2017年11月第1版　开本 880×1230 1/32
2017年11月北京第1次印刷　印张 9

定价：42.00 元